Susan Pulham

Statistik leicht gemacht

Susan Pulham

Statistik leicht gemacht

Grundlagen für den Bachelor –
Mit Aufgaben und Lösungen

GABLER

Bibliografische Information der Deutschen Nationalbibliothek
Die Deutsche Nationalbibliothek verzeichnet diese Publikation in der
Deutschen Nationalbibliografie; detaillierte bibliografische Daten sind im Internet über
<http://dnb.d-nb.de> abrufbar.

1. Auflage 2011

Alle Rechte vorbehalten
© Gabler Verlag | Springer Fachmedien Wiesbaden GmbH 2011

Lektorat: Irene Buttkus

Gabler Verlag ist eine Marke von Springer Fachmedien.
Springer Fachmedien ist Teil der Fachverlagsgruppe Springer Science+Business Media.
www.gabler.de

Umschlaggestaltung: KünkelLopka Medienentwicklung, Heidelberg
Druck und buchbinderische Verarbeitung: AZ Druck und Datentechnik, Berlin
Gedruckt auf säurefreiem und chlorfrei gebleichtem Papier
Printed in Germany

ISBN 978-3-8349-1871-0

Vorwort

Auf der Liste der tollsten Sachen auf dieser Welt steht bei mir persönlich Statistik mindestens auf Platz 3. Es gibt nur wenige Konzepte und Methoden, die so mächtig, aber auch so gefährlich und so oft unverstanden sind wie statistische Fachbegriffe und Verfahren. Dabei ist es eigentlich ganz einfach und logisch.

Dieses Buch soll Ihnen helfen, Ängste und Vorurteile abzubauen, und Ihnen ein Gefühl, evtl. sogar Verständnis für Statistik geben. Und vielleicht sagen Sie ja nach der Lektüre auch. Mensch, eigentlich macht das ja Spaß.

Auch wenn vorne auf dem Deckel nur mein Name steht, so ist dieses Buch keine Einzelleistung. Viele Menschen haben zum Gelingen beigetragen. Alle kann ich hier nicht auflisten, stellvertretend nenne ich einige Namen, denen ich zu besonderem Dank verpflichtet bin: Zuallererst ist hier Ruth Drechsler zu nennen, die nach wie vor Schuld daran ist, dass ich für eine verständliche Vermittlung von statistischen Grundlagen kämpfe, die den Spaß an der Sache nicht aus den Augen verliert und mit so vielen Formeln wie nötig, aber so wenig Formalismus wie möglich einhergeht.

Weiterhin danke ich unzähligen Studenten, die sich mit mir durch diverse Vorversionen gekämpft und zur Verbesserung maßgeblich beigetragen haben, u.a. Katharina Puhl, Jonas Manderscheid und Nicole Johannes. Aber mein Dank gilt auch meinen Hiwis, die in mühseliger Kleinarbeit die Übertragung der Manuskripte in Word vollbracht haben und nicht müde wurden: Manon Stitz, Frederik Strauß und Julian Zewe. Herzlichen Dank für die ganze Arbeit.

Den Mitarbeiterinnen von Springer Fachmedien, Susanne Kramer und Irene Buttkus, danke ich für ihre Geduld. Schließlich bin ich das Manuskript lange Zeit schuldig geblieben.

Ich kann meinem Lebensgefährten, Dr. Michael Diener, gar nicht genug für seine Unterstützung, für seinen Langmut und für seine Diskussionsbereitschaft danken. Die kulturwissenschaftliche Perspektive ist für die Statistik tatsächlich nützlich und wichtig.

Meinen vierbeinigen Mitbewohnern danke ich für alles, was sie nicht gemacht haben: Keiner ist über die Tastatur gerannt, keiner hat Kaffee über den Rechner gekippt, keiner hat über das normale Maß hinaus genervt.

Bleibt nur noch eins: Ich widme dieses Buch Lea Sophie Drechsler, die gerade das Licht der Welt erblickt. Ich wünsche ihr ein wunderbares Leben, in dem vielleicht auch die Statistik einen Platz findet.

Saarbrücken, im Mai 2011 Susan Pulham

Inhaltsverzeichnis

Statistische Geheimsprache

#	Anzahl von
$\in$	ist Element von
$\ni$	es gibt / es existiert
$\forall$	für alle
$\mid$	für die gilt; unter der Bedingung, dass
$\lvert A \rvert$	Anzahl der Elemente der Menge A
$\lfloor x \rfloor$	untere Gaußklammer von x, größte ganze Zahl $\leq$ x
α	kleines alpha, steht für Misstrauenswahrscheinlichkeit bzw. Fehlerwahrscheinlichkeit 1. Art
B_{xy}	Bestimmtheitsmaß
β	kleines beta, steht für Fehlerwahrscheinlichkeit 2. Art
χ	kleines chi, $\chi 2$ bezeichnet einerseits die Kontingenz zweier Merkmale bzw. Zufallsvariablen; andererseits gibt es eine $\chi 2$-Verteilung, deren Quantile im Anhang tabelliert sind
$E[X]$	Erwartungswert der Zufallsvariablen X
F_n	empirische Verteilungsfunktion
$\widehat{F}_n$	empirische Verteilungsfunktion für klassierte Daten
F_n^*	linear interpolierte empirische Verteilungsfunktion für klassierte Daten
$F_{n,p}$	Verteilungsfunktion der Binomialverteilung
F^X	Verteilungsfunktion einer Zufallsvariablen X
f^X	Dichtefunktion einer Zufallsvariablen X
h_i	relative Häufigkeit der Merkmalsausprägung i
h_{ij}	gemeinsame relative Häufigkeit der Merkmalsausprägungen i und j
K	Kontingenzkoeffizient
K^*	normierter Kontingenzkoeffizient

λ	kleines lambda, steht für den Parameter der Poisson- bzw. der Exponentialverteilung
μ	kleines mü, bezeichnet den Erwartungswert $E[X]$ einer Zufallsvariablen
n	Stichprobenumfang; Anzahl der Ziehungen
$\mathbb{N}$	natürliche Zahlen (1, 2, 3, …)
$\mathbb{N}_0$	natürliche Zahlen und 0 (0, 1, 2, 3, …)
Φ	großes Phi, steht für die Verteilungsfunktion der Standardnormalverteilung
φ	kleines phi, steht für die Dichte der Standardnormalverteilung
p	Trefferwahrscheinlichkeit bei der Binomialverteilung
P	Wahrscheinlichkeit
$P(A|B)$	bedingte Wahrscheinlichkeit, dass A eintritt, wenn feststeht, dass B eingetreten ist
$\hat{Q}_p$	p-Quantil
$\mathbb{R}$	reelle Zahlen (Brüche und irrationale Zahlen, z.B. e, π etc.)
r_{Sp}	Rangkorrelationskoeffizient von Spearman
r_{xy}	Korrelationskoeffizient von Bravais-Pearson
ρ	kleines rho, bezeichnet die Korrelation zweier Zufallsvariablen
s	empirische Standardabweichung
s^2	empirische Varianz
σ	kleines sigma, bezeichnet die Standardabweichung einer Zufallsvariablen
σ^2	Varianz einer Zufallsvariablen
$\hat{\sigma}^2$	erwartungstreue Schätzung für die Varianz einer Zufallsvariablen
ϑ	kleines theta, steht für einen allgemeinen unbekannten Parameter
V	Variationskoeffizient
$Var(X)$	Varianz der Zufallsvariablen X
$\subseteq$	ist Teilmenge von

1 Was soll das eigentlich mit der Statistik?

Tja, da haben Sie im Zweifelsfall gerade ihr (mindestens) erstes Semester an irgendeiner Hochschule hinter sich gebracht, sind völlig erschlagen von der ganzen Mathematik, die sich mehr oder weniger überraschend für Sie in dem von Ihnen gewählten Studiengang versteckt, und schon wartet die nächste böse Überraschung in Form von Statistik auf Sie. Und ja, ich muss Ihre schlimmsten Befürchtungen bestätigen, auch bei Statistik handelt es sich um eine Form der Mathematik. Aber erfahrungsgemäß finden die meisten Menschen Statistik weitaus weniger schlimm als andere Formen der Mathematik.

Dass ich sogar finde, dass es die schönste und beste Art ist, Mathematik anzuwenden, wird Sie sicherlich nicht weiter überraschen und wohl auch nicht von Ihrer Skepsis abbringen. Aber schauen wir mal, ob Sie am Ende der Lektüre / der Veranstaltung nicht auch zugeben müssen, dass Statistik wichtig ist und meistens sogar Spaß macht.

Gut, beginnen wir mit der folgenden Übersicht über die wichtigsten Teilgebiete der Statistik bzw. Stochastik. Denn genau so ist das vorliegende Buch aufgebaut:

Abbildung 1.1   Teilgebiete der Stochastik

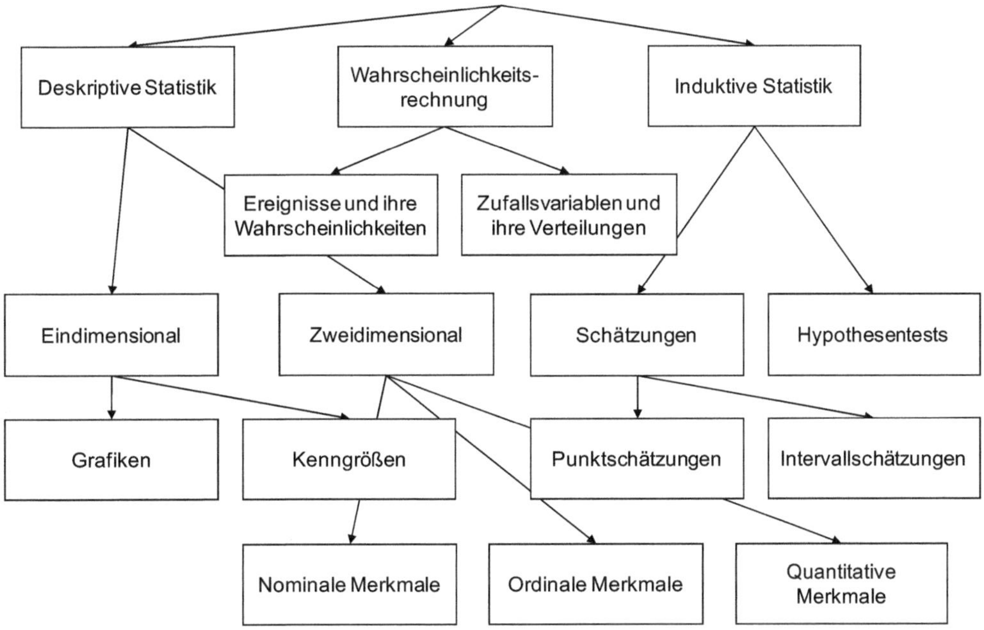

Die Stochastik besteht im Wesentlichen aus drei Teilgebieten: der deskriptiven Statistik, der Wahrscheinlichkeitsrechnung und der induktiven Statistik. Jeder einzelne Teilbereich ist wichtig und schön, aber ich finde nach wie vor, dass die induktive Statistik die Königs-disziplin der Statistik ist. Aber wie immer im Leben ist es ein langer und steiniger Weg in die Königsklasse.

Wir beginnen in diesem Buch in Kapitel 2 mit der deskriptiven Statistik. Die deskriptive Statistik hat zur Aufgabe, große Datenmengen für Menschen, insb. für Menschen, die sich nicht so gut mit Statistik auskennen, fassbar zu machen. Ich spreche hier (zumindest in der Praxis) von Excel-Tabellen mit einigen zehntausend Einträgen, da sollte Ihnen klar sein, dass Sie da noch so lange rauf- und runterscrollen können, ohne dass Sie auch nur einen blassen Schimmer davon haben, was mit diesen Datensätzen los ist. Und versuchen Sie mal, Ihrem (zukünftigen) Chef so eine Excel-Tabelle vorzulegen. Der (oder die) wird sich bedanken. Hier setzt die deskriptive Statistik mit ihren Instrumenten an: Wir werden hier grafische Darstellungen kennen lernen, denn ein Bild sagt mehr als 1000 Formeln, und wir werden einige Kenngrößen besprechen, die von den statistischen Experten als charakteris-tisch für Datenmengen angesehen werden. Übrigens machen wir es am Anfang nicht zu kompliziert: Wir interessieren uns erstmal nur für einen Sachverhalt, z.B. Umsätze, Noten oder Haarfarben, und analysieren die zugehörigen Datensätze.

Im folgenden Kapitel 3 wird die Sache dann doppelt (oder quadratisch?) so kompliziert, denn nun schauen wir uns nicht nur einen Sachverhalt an, sondern zwei Sachverhalte gleichzeitig. Nun steht die Frage nach Zusammenhängen und Beeinflussungen im Vorder-grund: Wie kriege ich raus, ob meine Werbeaktivitäten tatsächlich einen Einfluss auf den Umsatz haben? Hängen Haar- und Augenfarbe irgendwie voneinander ab? Haben Noten in Mathematik und Informatik einen Zusammenhang? All das sind Fragestellungen, die Sie nach Durcharbeiten dieses Kapitels beantworten können. Denn je nachdem, mit was für Daten Sie es zu tun haben, müssen Sie vollkommen unterschiedliche Methoden an-wenden.

Das nun folgende Kapitel 4 fällt aus dem Rahmen. Bis dahin haben wir es mit „real existie-renden" Daten zu tun gehabt. Nun geht es um theoretische Hirngespinste, nämlich um Wahrscheinlichkeiten. Die können Sie nicht anfassen, und es gibt auch Menschen, die das Konzept der Wahrscheinlichkeiten mit dem Argument ablehnen, dass sie auch nicht an den Zufall glauben.[1] Nun, wie Sie das künftig handhaben, ist Ihnen überlassen, aber bis zu einer etwaigen Statistik-Klausur gilt, dass Sie das Konzept zumindest verstanden haben müssen, sonst wird's eng mit dem Bestehen. Über Wahrscheinlichkeiten können Sie hier zweierlei lernen: einerseits die Modellierung und den Umgang mit Wahrscheinlichkeiten, mein absolutes Highlight hier der Umgang mit bedingten Wahrscheinlichkeiten. Anderer-seits lernen Sie die wichtigsten Zufallsvariablen und ihre Verteilungen kennen. Ein Thema von hoher praktischer Relevanz, da zufallsbehaftete Vorgänge in freier Wildbahn nur

---

[1] Ein wunderschöner Beleg dafür, dass Mathematik tatsächlich keine Naturwissenschaft, sondern eine Philosophie ist.

selten ein Namensschild mit der ihnen zugehörigen Verteilung tragen, also müssen Sie sie wohl oder übel selbst erkennen und zuordnen können. Und egal, ob Sie im wirtschaftlichen, im technischen oder im naturwissenschaftlichen Bereich arbeiten, überall stoßen Sie auf (mehr oder weniger) zufällige Sachverhalte, die Sie mit ein bisschen Sachverstand viel besser untersuchen und kontrollieren können.

Naja, und für uns hier ganz pragmatisch sind Wahrscheinlichkeiten ein notwendiges Instrument, um im letzten Kapitel 5 endlich zur Krönung der Statistik zu kommen, der induktiven Statistik. Hier lehnen wir uns mal richtig weit aus dem Fenster und gehen im Vergleich zur deskriptiven Statistik einen Schritt weiter: Anstatt uns darauf zu beschränken, die Datenmengen zu beschreiben, die uns vorliegen, erlauben uns die Methoden der induktiven Statistik, ausgehend von den vorliegenden Daten, also einer Stichprobe, Rückschlüsse auf die Allgemeinheit zu ziehen. Und das geht nachvollziehbar für Dritte nur, wenn man das Konzept der Wahrscheinlichkeiten akzeptiert (oder zumindest benutzt). Hierbei sind zwei Problemstellungen von herausragender Wichtigkeit. Einerseits möchte man oft bestimmte Größen in einer Situation (vorurteilsfrei) schätzen. Wie groß ist der zu erwartende Inhalt einer Lieferung von Ravioli-Dosen, wenn man nicht jede Dose öffnen kann? Wie viele Silvester-Raketen einer Lieferung funktionieren ordnungsgemäß? Man kann wohl kaum jede abfeuern, wenn man noch welche verkaufen möchte…

Zwei Möglichkeiten gibt es hier, die Werte zu schätzen: Entweder Sie wollen eine Zahl als Ergebnis erhalten, dann benötigen Sie einen Punktschätzer. Oder Ihnen genügt es, wenn Sie mit einer hinreichenden Sicherheit sagen können, dass der gesuchte Wert zwischen a und b liegt. Dann suchen Sie einen Intervallschätzer.

Etwas anders sieht die Situation aus, wenn Sie bereits eine Vermutung haben, die ihre unbekannte Größe betrifft. Wenn Sie als Leiter der Wareneingangskontrolle eines Supermarkts vermuten, dass der Hersteller der Ravioli-Dosen zu wenig Inhalt in die Dosen füllt, dann sind Sie nicht mehr vorurteilsfrei, sondern Sie haben eine Hypothese bezüglich des Inhalts, die Sie überprüfen bzw. testen möchten. Auch das ist eine induktive Fragestellung, weil Sie nur eine Stichprobe untersuchen, aber Schlussfolgerungen auf die gesamte Lieferung ziehen.

Sie merken schon, es kommt ein bunter Blumenstrauß auf Sie zu. Ich wünsche Ihnen viele neue Erkenntnisse und viel Spaß dabei!

2 Eindimensionale deskriptive Statistik

In diesem Kapitel lernen Sie die wichtigsten Elemente der eindimensionalen deskriptiven Statistik kennen, also dem Teilgebiet der Statistik, das sich mit der Beschreibung von eindimensionalen Daten beschäftigt. Im Wesentlichen haben wir es in diesem Kapitel immer mit der gleichen Fragestellung zu tun: Stellen Sie sich vor, Sie haben eine große Menge an Daten erhoben, und Sie möchten nun gerne die wesentlichen Eigenschaften dieser Datenmenge darstellen. Ganz klar, wenn Sie die Rohdaten jemandem (z. B. Ihrem Chef) zeigen, werden Sie umgehend (aus dem Büro) rausgeworfen, Sie brauchen also eine Möglichkeit, mit wenig Aufwand „das Wichtige" der Datensätze zu extrahieren.

Nun, die einfachste Möglichkeit besteht darin, die Daten graphisch darzustellen.[2] Welche Arten der graphischen Aufbereitung es gibt, werden Sie nach den unvermeidlichen Fachbegriffen im übernächsten Abschnitt kennenlernen.

Eine weitere Möglichkeit der Beschreibung von Daten stellt die empirische Verteilungsfunktion dar. Diese werden wir auch in abgewandelter Form in der Wahrscheinlichkeitstheorie wieder treffen. Das Konzept ist nämlich wirklich praktisch.

Darüber hinaus haben sich Statistiker vor Ihnen aber auch schon damit beschäftigt, welche Kenngrößen besonders geeignet sind, um Daten zu beschreiben. Diese Kenngrößen stelle ich Ihnen im letzten Abschnitt des vorliegenden Kapitels vor.

2.1 Grundbegriffe

Wenn man sich mit deskriptiver Statistik beschäftigt, muss man einige Fachtermini kennen, die im allgemeinen deutschen Sprachgebrauch oftmals nicht sinngemäß verwendet werden. Das darf Ihnen natürlich auf keinen Fall passieren!

Bezeichnung 1

Merkmal

Unter einem Merkmal versteht man einen Sachverhalt, den man mit statistischen Methoden untersucht.

---

[2] Wir alle, aber insbesondere Männer, können einfach besser gucken als lesen.

Bezeichnung 2

Merkmalsausprägung

Unter einer Merkmalsausprägung versteht man eine Konkretisierung des Sachverhalts, den man mit statistischen Methoden untersucht.

Bezeichnung 3

Merkmalsträger

Unter einem Merkmalsträger versteht man ein zu untersuchendes Objekt, dass das Merkmal aufweist, das man untersucht.

Klingt komisch, nicht wahr? Schauen wir uns dazu mal ein Beispiel an:

Beispiel 1

Nehmen wir an, Sie untersuchen die Körpergröße von Studierenden in Ihrem Fachbereich. Dann untersuchen Sie das Merkmal „Körpergröße". Mögliche Merkmalsausprägungen sind z.B. 1,72 m, 1,86 m etc. Merkmalsträger sind die Studierenden des Fachbereichs.

Bleiben wir direkt bei dem Beispiel. Wie beschrieben wurde nur die Körpergröße von Studenten Ihres Fachbereichs untersucht, nicht die Körpergröße jedes jemals existierenden Menschen auf Gottes weiter Welt. Das hat den Vorteil, dass Sie eine klar abgegrenzte Menge von Menschen untersuchen.

Bezeichnung 4

Grundgesamtheit

Die Menge aller zu betrachtenden Merkmalsträger heißt Grundgesamtheit.

Das klingt zwar sehr logisch, der Teufel steckt aber im Detail, hier in der genauen Abgrenzung. Denn nicht immer ist klar, wer nun zur Grundgesamtheit gehören soll und wird nicht. Nehmen wir das weibliche Kaufverhalten. Dann stellt sich die Frage, sollen alle Frauen dieser Welt in der Grundgesamtheit sein oder nur die deutschen oder nur die erwachsenen Frauen? Und es kommt ein zweites Problem in der Praxis hinzu: Im vorliegenden Beispiel können Sie sicherlich noch jeden einzelnen Studenten vermessen, die meisten Grundgesamtheiten sind allerdings so groß, dass man nicht mehr jeden Merkmalsträger untersuchen kann. Man beschränkt sich auf einige und versucht dann Rückschlüsse auf die Grundgesamtheit zu ziehen.[3]

---

[3] Wie man mit vernünftigen Methoden Rückschlüsse zieht, ist Forschungsgebiet der induktiven Statistik. Das lernen Sie etwas später.

Bezeichnung 5

Stichprobe

Unter einer Stichprobe versteht man eine zufällig ausgewählte Teilmenge der Grundgesamtheit. Die Anzahl der Elemente der Stichprobe heißt Stichprobenumfang bzw. n.

Tja, und auch hier stecken wie oft die praktischen Schwierigkeiten in scheinbaren Kleinigkeiten. Hier im Wörtchen „zufällig". Das bedeutet nämlich, dass jedes Element der Grundgesamtheit die gleiche Wahrscheinlichkeit besitzt, für die Stichprobe ausgewählt zu werden. Und das ist in der Praxis oft ein Problem. Bei Schrauben, die man in einen Eimer schmeißt, umrührt und mit verschlossenen Augen einige rauszieht, mag das ja noch gehen, aber wie zieht man zufällig Menschen? Früher gab es immer den Tipp, man sollte sich das Telefonbuch nehmen, irgendeine Seite aufschlagen und mit dem Finger auf einen Namen tippen, geht aber nicht, da immer mehr Menschen gar nicht im Telefonbuch stehen und die logischerweise gar nicht ausgewählt werden können. Naja, und wie geht die Praxis mit dem Problem um? Praktiker denken sich komplizierte Kriterien aus, die Interviewer bei der Auswahl ihrer Befragungsteilnehmer beachten müssen (x% Frauen, y% aus jeder Altersklasse, z% Beamte etc.) und nennen das Ganze dann repräsentative Stichprobe. Toll. Denn erstens ist das natürlich alles andere als zufällig, also immer noch keine Stichprobe, und zweitens gibt es da noch ein fettes logisches Problem. Mal schauen, ob Sie es verstehen. Nehmen wir an, Sie wollen das Wahlverhalten der deutschen Wahlberechtigten bei der nächsten Bundestagswahl prognostizieren. Logischerweise können Sie nicht alle Wahlbeteiligten befragen, also müssen Sie eine Stichprobe ziehen. Was machen jetzt die Meinungsforschungsinstitute? Sie befragen Männer, Frauen, Alte, Junge, Städter und Landbevölkerung etc. Hunderte von Kriterien müssen erfüllt sein, und dann jubeln sie: Die Stichprobe ist repräsentativ[4] Da fragt man sich doch aber: Wofür ist diese Stichprobe denn repräsentativ? Für alle Wahlberechtigten? Stimmen die Menschen in der Stichprobe also genau so ab wie alle Wahlberechtigten? Woher wissen die Meinungsforscher das denn? Die Umfrage wird doch gerade durchgeführt, weil man das Wahlverhalten nicht kennt?! Klingt irgendwie, als ob sich die Katze in den Schwanz beißt, oder?[5]

Gut, soviel zu den absoluten Grundlagen. Jetzt können Sie sich in statistischen Fachkreisen schon verständlich machen und müssen nicht immer mit dem Finger auf die Dinge zeigen, die Sie haben wollen. Aber es geht gleich weiter: Nicht alle Merkmale sind gleich und müssen daher auch unterschiedlich behandelt werden.[6]

---

[4] Geben Sie zu, das klingt doch, als wenn Sie es mit einer besonders tollen Stichprobe zu tun hätten, oder?

[5] Viel ausführlicher und super erklärt finden Sie die Problematik bei Von der Lippe / Kladroba (2002), Repräsentativität, Marketing, 24 (2002), S. 227 -238

[6] Noch heute werde ich manchmal nachts schweißgebadet wach und habe von dem angehenden Mediziner geträumt, der für seine Doktorarbeit die Frage stellte, was denn der Durchschnitt von grünen und braunen Augenfarben sei. Ich kann bis heute nicht beantworten, was (grün + braun):2 ist, vielleicht lila getupft?

Erfahrungsgemäß fällt es Studierenden etwas schwer, die einzelnen Merkmalsarten auseinanderzuhalten. Dabei ist es ganz einfach, wenn man sich immer die richtigen Fragen stellt. Schauen wir uns das mal im Einzelnen an:

Bezeichnung 6

Merkmalsarten

Die erste Frage, die Sie sich stellen müssen, ist die Frage, ob es bei dem vorliegenden Merkmal Sinn macht, einen Durchschnittswert zu bilden. Wenn Sie sich diese Frage mit „ja" beantworten, haben Sie es mit einem quantitativen Merkmal zu tun. Wenn die Durchschnittsbildung nicht sinnvoll ist, handelt es sich bei dem Merkmal um ein qualitatives Merkmal.

Quantitative Merkmale können noch genauer untergliedert werden: Hierzu müssen Sie sich fragen, ob zwischen zwei Ausprägungen immer noch mindestens eine weitere Ausprägung liegen kann. Wichtig ist hierbei das Wörtchen „immer"! Wenn die Antwort „ja" ist, handelt es sich um ein stetiges (oder auch kontinuierliches) Merkmal, sonst um ein diskretes Merkmal.[7]

Auch qualitative Merkmale kann man genauer klassifizieren. Hierzu lautet die Frage, ob eine Reihenfolge im Sinne von „ist besser als" Sinn macht. Wenn es eine solche Reihenfolge gibt, kämpfen Sie mit einem ordinalen Merkmal, ansonsten ist das Merkmal nominal.

Abbildung 2.1 stellt die Fragen und die Folgerungen noch einmal übersichtlich dar.

Beispiel 2

Die Augenfarbe mit Ausprägungen wie grün, braun, blau etc. ist ein qualitativ nominales Merkmal, da man weder die durchschnittliche Augenfarbe berechnen kann, noch ethisch vertretbar eine Reihenfolge im Sinne von „ist besser als" angeben kann.

Die Körpergröße eines Menschen ist definitiv ein quantitatives Merkmal, da man durchaus an der durchschnittlichen Körpergröße interessiert ist. Ob man es als stetiges oder diskretes Merkmal betrachtet, hängt von der Messgenauigkeit ab. Wenn man „nur" auf den Zentimeter genau misst, also z. B. 1,72 m; 1,73 m etc. handelt es sich streng genommen um ein diskretes Merkmal, denn zwischen 1,72 m und 1,73 m gibt es keine weitere Merkmalsausprägung mehr. Falls man aber eine (im Prinzip) unendliche Messgenauigkeit unterstellt, kann man das Merkmal auch als stetig auffassen.

---

[7] Auch hier noch ein bisschen Praxisluft schnuppern. Logischerweise ist in der Praxis der Unterschied zwischen diskret und stetig nie ganz eindeutig. Sie haben das Problem der Messgenauigkeit. Denn was können Sie denn schon beliebig genau messen? Und auf der anderen Seite: Wenn die Ausprägungen Ihres Merkmals alle im Milliarden-Euro-Bereich liegen, spielt es dann wirklich eine Rolle, dass Sie nur ganze Cent messen?

Abbildung 2.1   Klassifizierung von Merkmalen

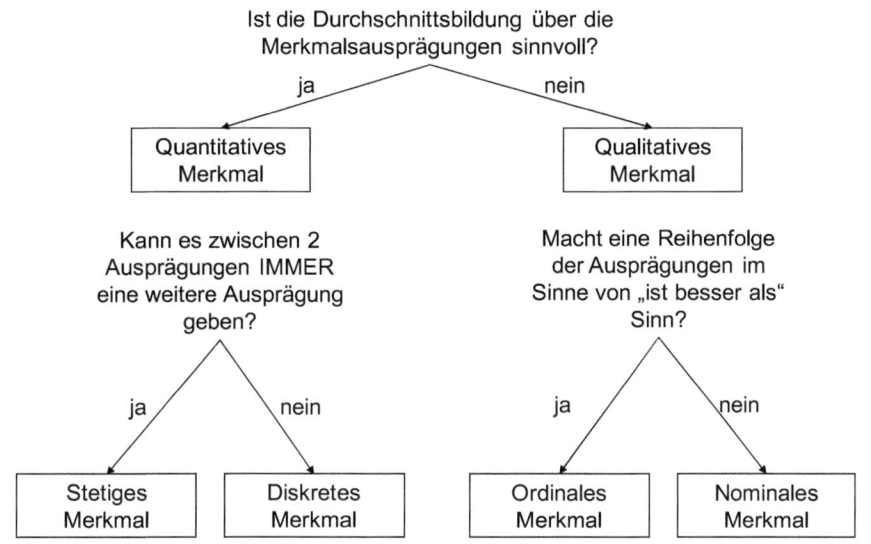

2.2   Graphische Darstellungen von Daten

Insbesondere qualitative Merkmale zeichnen sich dadurch aus, dass man mit ihnen nicht viel rechnen kann.[8] Daher versucht man oft, sich einen Überblick über die Datenlage zu verschaffen, indem man sich die Datenverteilung, also die Häufigkeiten der einzelnen Merkmalsausprägungen, bildlich darstellt. Zum Beispiel gibt es hierzu Balken-, Säulen-, Stab- und Kreissektordiagramme, aber auch die in Abschnitt 2.4 behandelten Histogramme gehören streng genommen zu den graphischen Darstellungen. Zuerst brauchen wir aber noch ein paar Bezeichnungen:

Bezeichnung 7

Graphische Bezeichnungen

Die Anzahl, wie oft eine Merkmalsausprägung vorkommt, nennt man absolute Häufigkeit der Merkmalsausprägung bzw. n_i.

Der Anteil, wie oft eine Merkmalsausprägung vorkommt, nennt man relative Häufigkeit der Merkmalsausprägung bzw. h_i, wobei gilt: $h_i = \frac{n_i}{n}$.

---

[8] Denken Sie an die Frage, die Sie sich gestellt haben: Nicht mal die Bildung eines Durchschnitts macht Sinn…

In einer Urliste trägt man die erhobenen Merkmalsausprägungen in der Reihenfolge der Erhebung ein. Manchmal werden Urlisten mit Hilfe von Strichlisten umgeformt.[9] Dann verlieren Sie aber selbstverständlich die ursprüngliche Reihenfolge der Messwerte.

In einer Häufigkeitstabelle trägt man in tabellarischer Form folgende Informationen ein:

- Merkmalsausprägung
- absolute Häufigkeit
- relative Häufigkeit
- Prozentanteil
- Gradzahl für das Kreissektordiagramm (gegebenenfalls)

Es gibt ein paar Eigenschaften, die Häufigkeiten immer aufweisen. Manchmal kann man das ausnutzen, um zu überprüfen, ob man sich verrechnet hat:

Wichtig 1

Häufigkeitsregeln

- **Absolute und relative Häufigkeiten sind immer positiv oder 0: $n_i \geq 0, h_i \geq 0$.**
- **Wenn man die absoluten Häufigkeiten aller Merkmalsausprägungen addiert, erhält man (logischerweise) den Stichprobenumfang: $\sum_{i=1}^{k} n_i = n$ für die Merkmalsausprägungen x_i, i = 1, 2,..., k.**
- **Wenn man die relativen Häufigkeiten aller Merkmalsausprägungen addiert, kommt 1 raus: $\sum_{i=1}^{k} h_i = 1$ für die Merkmalsausprägungen x_i, $i = 1, 2, ..., k$.**

Beispiel 3

Nehmen wir an, bei der Erhebung der Körpergrößen von 10 Studenten Ihres Fachbereichs ergab sich folgende Urliste: 1,72; 1,86; 1,92; 1,56; 1,53; 1,68; 1,72; 1,67; 1,67; 1,56.

Dann lautet die (geordnete) Häufigkeitstabelle:

Merkmalsausprägung	absolute Hfgk. n_i	relative Hfgk. h_i	Prozent %
1,53	1	0,1	10%
1,56	2	0,2	20%
1,67	2	0,2	20%
1,68	1	0,1	10%
1,72	2	0,2	20%
1,86	1	0,1	10%
1,92	1	0,1	10%

---

[9] Das Wort erkläre ich nicht, das müssen Sie kennen!

2.2.1 Balkendiagramm

In einem Balkendiagramm wird für jede Merkmalsausprägung ein waagerechter Balken einer einheitlichen Dicke gezeichnet. Die Länge des Balkens entspricht der absoluten bzw. relativen Häufigkeit der Merkmalsausprägung.

Beispiel 4

Für die obige Erhebung sieht das Balkendiagramm wie in Abbildung 2.2 aus.

Abbildung 2.2 Beispiel für ein Balkendiagramm

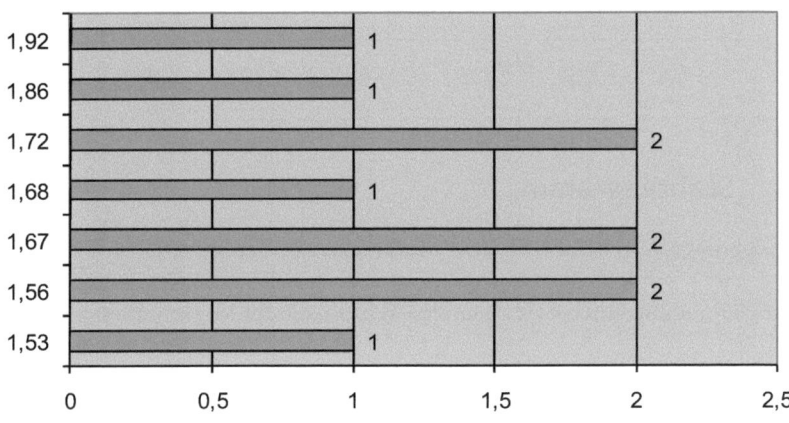

2.2.2 Säulendiagramm

Sie werden es geahnt haben: In einem Säulendiagramm wird für jede Merkmalsausprägung eine senkrechte Säule einer einheitlichen Breite gezeichnet. Die Länge der Säule entspricht der absoluten bzw. relativen Häufigkeit der Merkmalsausprägung.

Beispiel 5

Für die obige Erhebung sieht das Säulendiagramm wie in der folgenden Abbildung aus.

Abbildung 2.3   Beispiel für ein Säulendiagramm

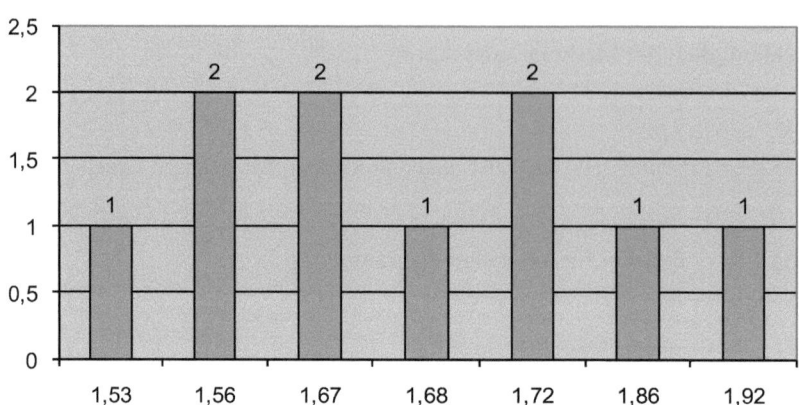

2.2.3   Stabdiagramm

In einem Stabdiagramm wird für jede Merkmalsausprägung eine senkrechte Linie gezeichnet. Meistens schließt die Linie mit einem etwas dickeren Punkt ab. Die Länge der
Linie entspricht der absoluten bzw. relativen Häufigkeit der Merkmalsausprägung.

<u>*Beispiel 6*</u>

Für die obige Erhebung sieht das Stabdiagramm wie in der folgenden Abbildung aus.

Abbildung 2.4   Beispiel für ein Stabdiagramm

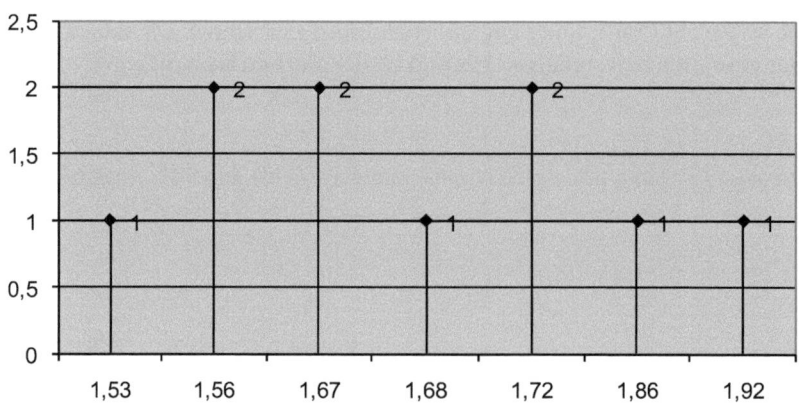

2.2.4 Liniendiagramm

Ein Liniendiagramm dürfen Sie nicht in jedem Fall anwenden. Es eignet sich nur für quantitative Merkmale, und zwar streng genommen auch nur für stetige. Zusätzlich müssen Sie eine sinnvolle Interpretation für die Verbindungslinien haben. Daher macht diese Diagrammart für die Körpergrößen der Studierenden aus unserem Beispiel wenig Sinn.

Beispiel 7

Am häufigsten werden Liniendiagramme zur Darstellung von Veränderungen eines quantitativen Merkmals im Zeitablauf verwendet. Hier kann man die Linien als Annäherung der Veränderung zwischen den gemessenen Zeitpunkten interpretieren. Betrachten wir daher die folgende Abbildung, in der der Aktienkurs eines Unternehmens in einem Jahr dargestellt wird. Gemessen wurde aber nur einmal pro Monat:

Abbildung 2.5   Beispiel für ein Liniendiagramm

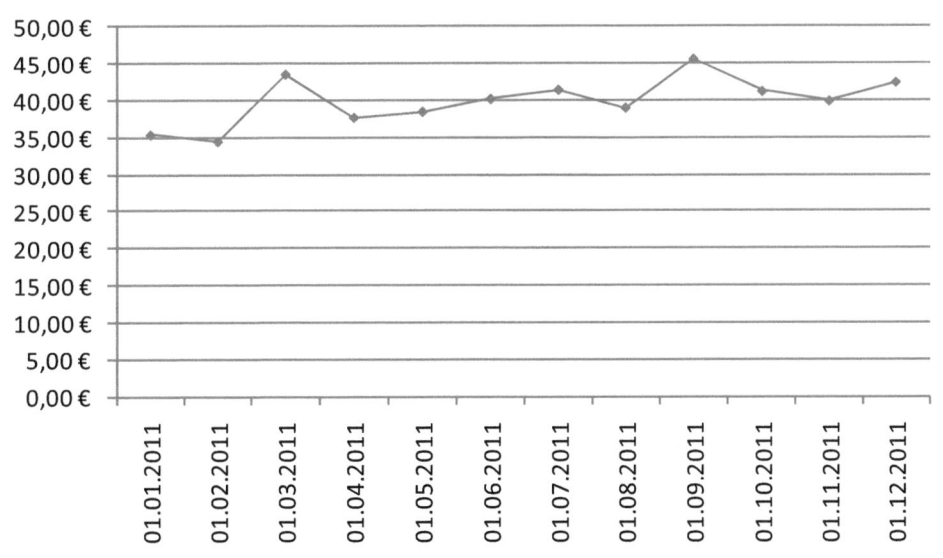

Streng genommen haben wir es beim Liniendiagramm mit einem Diagramm zu tun, das eigentlich in das nächste Kapitel gehört, denn wir betrachten hier zwei Merkmale gleichzeitig (Zeit und Aktienkurs). Aber im Zweifelsfall wäre Ihnen das eh nicht aufgefallen, und so haben Sie es schon einmal gesehen. ☺

2.2.5   Kreissektordiagramm

In einem Kreissektordiagramm repräsentiert die Dicke eines „Tortenstücks" die absolute bzw. relative Häufigkeit der zugehörigen Merkmalsausprägung. Um ein Kreissektordiagramm zu zeichnen, zeichnet man zuerst einen Kreis der gewünschten Größe und einen senkrechten Radius ein. Anschließend müssen die Winkel der einzelnen Tortenstücke berechnet werden. Dies geschieht mit Hilfe der Formel: $\alpha_i = h_i \cdot 360°$ bzw. $\alpha_i = \frac{n_i}{n} \cdot 360°$. An den entsprechenden Stellen werden Radien gezogen.

Beispiel 8

*Für die obige Erhebung sieht das Kreissektordiagramm wie in **Abbildung 2.6** aus.*

Abbildung 2.6   Beispiel für ein Kreissektordiagramm

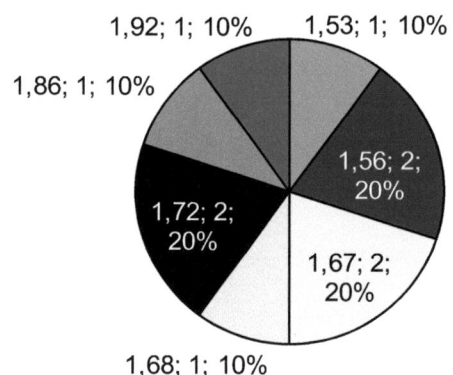

2.3   Empirische Verteilungsfunktionen

Empirische Verteilungsfunktionen antworten (auf unterschiedliche Weise) auf die Frage: Wie groß ist der Anteil der Merkmalsträger, die höchstens die Merkmalsausprägung x aufweisen? Es gibt daher eine empirische Verteilungsfunktion nur für quantitative Merkmale. Empirische Verteilungsfunktionen sind deswegen so wichtig, weil wir mit ihnen üben können, uns für den Anteil … „höchstens"… zu interessieren. Das ist im empirischen Fall vielleicht nicht ganz so wichtig, aber im Zusammenhang mit Wahrscheinlichkeiten, wo wir auf die (wirklich wahre) Verteilungsfunktion treffen werden, hat man oft nichts anderes. Und da ist es dann praktisch, wenn man schon in der Art und Weise denken kann, die dort benötigt wird.

2.3.1   Empirische Verteilungsfunktion

Bislang haben wir uns nur für die Häufigkeiten einzelner Merkmalsausprägungen interessiert. Viel häufiger interessiert man sich in der Praxis aber dafür, wie groß der Anteil der Messwerte ist, der höchstens einen bestimmten Wert beträgt.[10]

Beispiel 9

Zum Beispiel könnte man sich fragen, wie hoch im obigen Beispiel der Anteil der Studierenden ist, die höchstens 1,72 m groß sind. Was man da machen muss, ist ja klar: Man addiert einfach alle relativen Häufigkeiten[11] der Merkmalsausprägungen, die höchstens 1,72m betragen. Das sind in diesem Fall: 0,1 + 0,2 + 0,2 + 0,1 + 0,2 = 0, 8. Also beträgt der Anteil 80%. Diesen Anteil kann man nun in Abhängigkeit von der betrachteten Höchstgrenze ausdrücken:

Bezeichnung 8
Empirische Verteilungsfunktion

Seien $x_1, x_2, \dots, x_n$ Ausprägungen eines quantitativen Merkmals. Dann ist $F_n(x) = \sum_{i=1}^{k} h_i(x_i)$ der Anteil der Merkmalsausprägungen mit $x_k \leq x$ (x ist hierbei eine Variable). $F_n(x)$ heißt empirische Verteilungsfunktion.

Keine Frage, das ist harter Tobak![12] Schauen wir uns das an unserem alten Beispiel einmal an:

Beispiel 10

Zur Erinnerung, die gemessenen Körpergrößen betrugen (geordnet): 1,53; 1,56; 1,56; 1,67; 1,67; 1,68; 1,72; 1,72; 1,86; 1,92.

Um die empirische Verteilungsfunktion anzugeben, muss man sich für jeden möglichen Wert x (von $-\infty$ bis $+\infty$) überlegen, wie hoch der Anteil der Messwerte ist, die höchstens diesen Wert x betragen.[13]

Dabei muss Ihnen unbedingt klar sein, dass für x zwar prinzipiell jede Zahl eingesetzt werden kann, auch Zahlen, die gar keine Messwerte sind, dass aber nur bei den Messwerten eine Veränderung der empirischen Verteilungsfunktion eintreten kann. Denn nur dort ändern sich ja die relativen Häufigkeiten.

---

[10] Es dürfte klar sein, dass diese Fragestellung nur bei quantitativen Merkmalen Sinn macht!

[11] Es geht ja um den Anteil!

[12] Übrigens: Falls Sie sich fragen, was eigentlich empirisch bedeutet, es bedeutet, dass die Verteilungsfunktion aus Messwerten gewonnen wurde. Es gibt auch nicht-empirische Verteilungsfunktionen, die lernen wir später kennen.

[13] Nur zur Sicherheit: Das bedeutet, dass man das auch für negative Zahlen machen muss!

Außerdem sollte auch klar sein, dass für alle Werte x, die kleiner als der erste Messwert sind,
$F_n(x) = 0$ *sein muss. Denken Sie immer an den Satz: „Wie groß ist der Anteil der Messwerte,*
die z.B. höchstens 1,40 sind?" Na klar: 0.

Daher lautet die empirische Verteilungsfunktion für das Körpergrößenbeispiel wie folgt:

$$F_{10}(x) = \begin{cases} 0; & x < 1{,}53 \\ 0{,}1; & 1{,}53 \le x < 1{,}56 \\ 0{,}3; & 1{,}56 \le x < 1{,}67 \\ 0{,}5; & 1{,}67 \le x < 1{,}68 \\ 0{,}6; & 1{,}68 \le x < 1{,}72 \\ 0{,}8; & 1{,}72 \le x < 1{,}86 \\ 0{,}9; & 1{,}86 \le x < 1{,}92 \\ 1; & x \ge 1{,}92 \end{cases}$$

Oft bereitet der Unterschied zwischen den $\le$ und $<$ - Zeichen am Anfang Schwierigkeiten. Dabei
ist es wirklich ganz einfach, wenn man sich an den Messwerten die Frage stellt:

„Wie groß ist der Anteil der Messwerte, die z. B. höchstens 1,679 sind?". Die Antwort lautet 5
Messwerte, also 0,5. Aber wie groß ist der Anteil der Messwerte, die z. B. höchstens 1,68 sind?
Hier sind es 6 Messwerte, also 0,6. An dieser Stelle muss sich $F_n(x)$ also verändern.

Grafisch schaut das Ganze dann wie in der folgenden Abbildung aus.

Abbildung 2.7   Beispiel für eine empirische Verteilungsfunktion

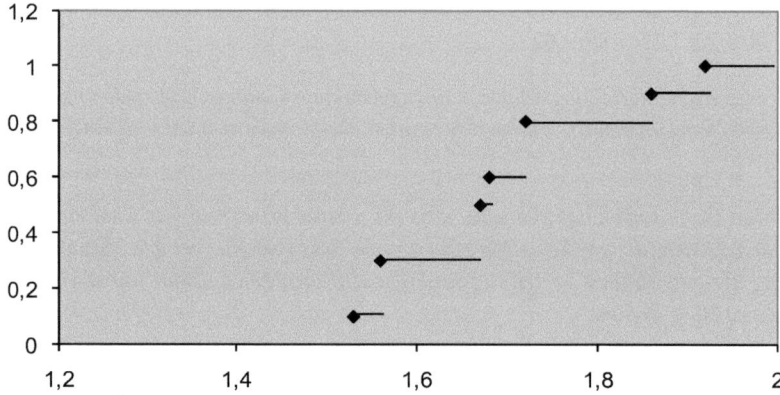

Empirische Verteilungsfunktionen besitzen übrigens einige Eigenschaften, die nützlich
sind, wenn man überprüfen will, ob das, was man gezeichnet hat, tatsächlich eine Verteilungsfunktion ist.

Wichtig 2

Eigenschaften einer empirischen Verteilungsfunktion

- F_n ist eine Treppenfunktion, d. h. sie besteht aus waagerechten Geradenstücken. Die Sprünge passieren an den Messwerten, die Höhe des Sprungs ist immer die relative Häufigkeit h_i des Messwerts.
- F_n ist monoton wachsend.
- F_n geht für kleine x-Werte gegen 0, für große x-Werte gegen 1 bzw. $\lim_{x \to -\infty} F_n(x) = 0$ und $\lim_{x \to \infty} F_n(x) = 1$. Es gilt sogar: $F_n(x) = 0$ für alle Werte x, die kleiner als der kleinste Messwert sind, und $F_n(x) = 1$ für alle Werte x, die größer oder gleich dem größten Messwert sind.

F_n ist rechtsseitig stetig, d. h. wenn man von rechts nach links auf der Funktion langwandert, gehört der „linkeste" Punkt immer mit zur Gerade.

Wir haben jetzt übrigens schon mehrfach über geordnete Daten gesprochen. Auch hierfür gibt es eine Schreibweise, die einem Missverständnisse erspart.

Bezeichnung 9

geordnete Daten

Gegeben seien n Beobachtungswerte $x_1, x_2, \ldots, x_n$ eines ordinalen oder quantitativen Merkmals. Dann heißen $x_{(1)}, x_{(2)}, \ldots, x_{(n)}$ die geordneten Daten, in dem Sinne, dass $x_{(1)}$ der kleinste Messwert ist, $x_{(n)}$ der größte usw.

2.3.2 Empirische Verteilungsfunktion für klassierte Daten

Wenn man eine empirische Verteilungsfunktion für große Datensätze erstellt, kann man oftmals nichts mehr erkennen. Daher betrachtet man in diesem Fall nicht mehr jeden Datensatz einzeln, sondern fasst die Datensätze zu sinnvollen Klassen zusammen.

Wenn man aber nur noch weiß, wie viele Datensätze in den einzelnen Klassen sind und nicht mehr, wo sie genau in den Klassen liegen, kann man aber natürlich nicht mehr genau die empirische Verteilungsfunktion bestimmen. Daher hat man sich in der Statistik dazu entschieden, auf Nummer sicher zu gehen. Das bedeutet, bei der Beantwortung der alten Frage „Wie groß ist der Anteil der Messwerte, die höchstens x sind?" berücksichtigt man nur die Datensätze, bei denen man sich sicher sein kann, dass sie tatsächlich kleiner oder gleich x sind. Die, bei denen man es nicht genau weiß, ignoriert man.[14]

So erklärt es sich, dass die empirische Verteilungsfunktion für klassierte Daten wie folgt definiert ist:

---

[14] Das sind immer genau die Datensätze, die sich in der aktuellen Klasse befinden, denn da weiß man ja nicht, ob sie nicht vielleicht alle am rechten Rand kleben.

Bezeichnung 10

Empirische Verteilungsfunktion für klassierte Daten

Gegeben seien n Beobachtungswerte $x_1, x_2, \dots, x_n$, die in k Klassen $(A_1, A_2, \dots, A_k)$ einge-teilt sind. Die Klassen lauten dabei wie folgt:

$$A_1 = [e_0 \,;\, e_1], A_2 =]e_1 \,;\, e_2], \dots, A_k =]e_{k-1} \,;\, e_k].$$

h_i sei die relative Häufigkeit der Beobachtungen in der Klasse A_i. Dann heißt die Funktion

$$\hat{F}_n(x) = \begin{cases} 0; \ x < e_1 \\ \displaystyle\sum_{j=1}^{i-1} h_j; \ e_1 \leq x < e_i; 2 \leq i \leq k \\ 1; \ e_k \leq x \end{cases}$$

die empirische Verteilungsfunktion der klassierten Daten.

Das sehen wir uns direkt an einem Beispiel an:

Beispiel 11

   Bei der Messung der Körpergröße von 100 Studierenden des Fachbereichs Wirtschaft wurde nur festgehalten, ob sich die Größe in einer der folgenden Klassen befindet:

$$A_1 = [0; \ 1{,}50]; \ A_2 =]1{,}50; \ 1{,}65]; \ A_3 =]1{,}65; \ 180]; \ A_4 =]1{,}80; \ 2{,}50]$$

Es ergaben sich folgende relativen Häufigkeiten:

$$h_1 = 0{,}03; \ h_2 = 0{,}38; \ h_3 = 0{,}42; \ h_4 = 0{,}17$$

Daher lautet die empirische Verteilungsfunktion für die klassierten Daten:

$$\hat{F}_{100}(x) = \begin{cases} 0; \ x < 1{,}50 \\ 0{,}03; \ 1{,}50 \leq x < 1{,}65 \\ 0{,}41; \ 1{,}65 \leq x < 1{,}80 \\ 0{,}83; \ 1{,}80 \leq x < 2{,}50 \\ 1; \ 2{,}50 \leq x \end{cases}$$

Grafisch schaut das Ganze dann folgendermaßen aus:

Abbildung 2.8   Beispiel für eine empirische Verteilungsfunktion für klassierte Daten

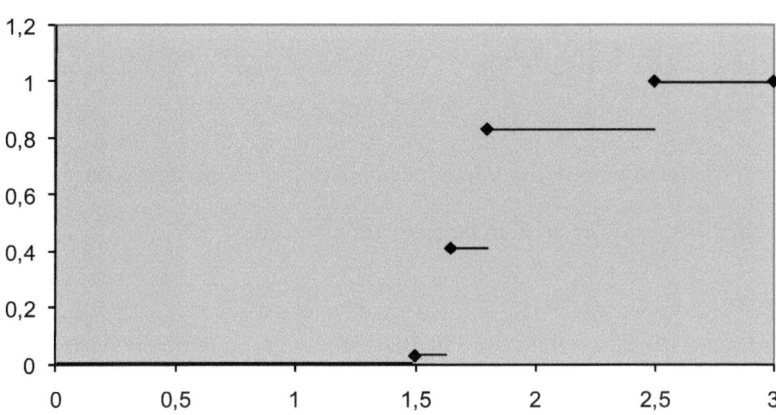

2.3.3 Linear interpolierte empirische Verteilungsfunktion für klassierte Daten

Ok, mit der empirischen Verteilungsfunktion für klassierte Daten macht man sicherlich keinen Fehler bei der Beantwortung der oben schon mehrfach aufgeführten Frage, aber befriedigend ist die Antwort auch nicht. Schließlich ist es ja extrem unwahrscheinlich, dass sich alle Messwerte ganz rechts an der Intervallgrenze befinden. Da möchte man ja schon ganz gerne ein bisschen mutiger und damit realistischer sein.

Auch dafür haben Statistiker eine Idee entwickelt. Wenn man unterstellt, dass die Daten in den einzelnen Klassen gleichverteilt sind, verändert die empirische Verteilungsfunktion ihre Gestalt: Statt einer Treppenfunktion entsteht eine stückweise lineare Funktion, die aus Geradenstücken zusammengesetzt ist. Auch diese kann man mit wenig Aufwand berechnen:

<u>Bezeichnung 11</u>
<u>Linear interpolierte Verteilungsfunktion für klassierte Daten</u>
Gegeben seien n Beobachtungswerte $x_1, x_2, \ldots, x_n$, die in k Klassen $A_1, A_2, \ldots, A_k$ eingeteilt sind. Die Klassen lauten dabei wie folgt:
$A_1 = [e_0; e_1]$, $A_2 =]e_1; e_2]$, $\ldots$, $A_k =]e_{k-1}; e_k]$
mit den zugehörigen Klassenbreiten
$d_i = e_i - e_{i-1}$.
h_i sei die relative Häufigkeit der Beobachtungen in der Klasse A_i.

Dann heißt die Funktion

$$F_n^*(x) = \begin{cases} 0; \ x < e_0 \\ \displaystyle\sum_{j=1}^{i-1} h_j + \frac{h_i}{d_i}(x - e_{i-1}); \ e_{i-1} \leq x < e_i; 1 \leq i \leq k \\ 1; \ e_k \leq x \end{cases}$$

die linear interpolierte empirische Verteilungsfunktion der klassierten Daten.

Auch das sehen wir uns kurz an dem Beispiel von oben an:

Beispiel 12

Bei der Messung der Körpergröße von 100 Studierenden des Fachbereichs Wirtschaft wurde nur festgehalten, ob sich die Größe in einer der folgenden Klassen befindet:

$$A_1 = [0; \ 1{,}50]; \ A_2 =]1{,}50; \ 1{,}65]; \ A_3 =]1{,}65; \ 180]; \ A_4 =]1{,}80; \ 2{,}50]$$

mit den Klassenbreiten

$d_1 = 1{,}50; \ d_2 = 0{,}15; \ d_3 = 0{,}15; \ d_4 = 0{,}70$

Es ergaben sich folgende relativen Häufigkeiten:

$h_1 = 0{,}03; \ h_2 = 0{,}38; \ h_3 = 0{,}42; \ h_4 = 0{,}17$

Daher lautet die linear interpolierte empirische Verteilungsfunktion für die klassierten Daten:

$$F_{100}^*(x) = \begin{cases} 0; \ x < 0 \\ 0 + \dfrac{0{,}03}{1{,}50}(x - 0) = 0{,}02x; \ 0 \leq x < 1{,}50 \\ 0{,}03 + \dfrac{0{,}38}{0{,}15}(x - 1{,}50) = 2{,}533x - 3{,}77; \ 1{,}50 \leq x < 1{,}65 \\ 0{,}41 + \dfrac{0{,}42}{0{,}15}(x - 1{,}65) = 2{,}8x - 4{,}21; \ 1{,}65 \leq x < 1{,}80 \\ 0{,}83 + \dfrac{0{,}17}{0{,}70}(x - 1{,}80) = 0{,}243x + 0{,}393; \ 1{,}80 \leq x < 2{,}50 \\ 1; \ 2{,}50 \leq x \end{cases}$$

Grafisch schaut diese Funktion dann wie folgt aus.

Abbildung 2.9 Beispiel einer linear interpolierten Verteilungsfunktion für klassierte Daten

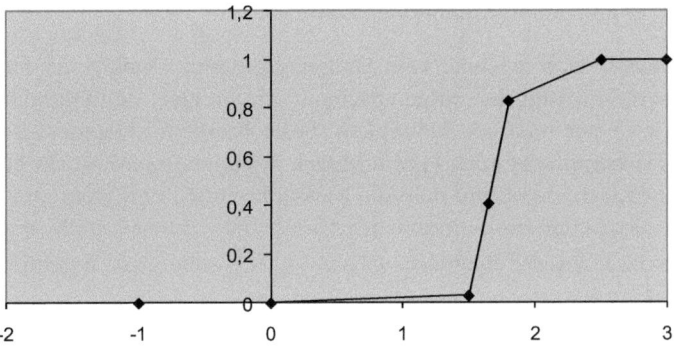

2.4 Histogramme

Die Diagramme, die wir bisher betrachtet haben, haben die Eigenschaft, dass immer die Länge des Balkens / der Säule / des Stabs die relative Häufigkeit repräsentiert. Untersuchungen haben aber ergeben, dass das menschliche Auge streng genommen nicht auf die Länge eines Balkens reagiert, sondern auf seinen Flächeninhalt. Dazu betrachten wir folgendes Bild.

Abbildung 2.10 Kontraintuitives Säulendiagramm

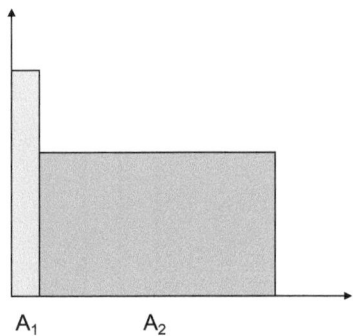

In welcher Klasse, würden Sie rein intuitiv sagen, liegen mehr Datensätze? Die meisten Menschen antworten auf diese Frage, dass in der zweiten Klasse mehr Datensätze liegen, der Flächeninhalt des Balkens ist nämlich größer, obwohl die Höhe niedriger ist.

In der Situation, dass alle Daten bekannt sind, spielt dieser Sachverhalt ehrlich gesagt keine Rolle, weil ja alle Säulen eh gleich breit sind und daher Länge und Flächeninhalt eines Balkens proportional sind. Zum Problem wird es erst dann, wenn man es mit klassierten Daten zu tun hat. Denn nirgendwo ist gefordert, dass alle Klassen gleich breit sind, und dann kann es zu Fehlinterpretationen kommen.

Der Ausweg lautet: Man zeichnet kein Säulendiagramm, sondern ein Histogramm. Das Histogramm berücksichtigt den obigen Sachverhalt und setzt den Flächeninhalt der Säule einer Klasse gleich der relativen Häufigkeit dieser Klasse h_i. Dooferweise kann man bei Kenntnis des Flächeninhalts noch kein Rechteck zeichnen, man braucht Höhe und Breite. Naja, Breite ist einfach, da nimmt man die Klassenbreite d_i, und wenn man sich jetzt noch ein wenig an die Geometrie-Stunden der Unterstufe erinnert, sollte man auf die Idee kommen, dass die Höhe des Rechtecks k_i wohl $k_i = \frac{h_i}{d_i}$ sein muss. Eigentlich ganz einfach. Sehen wir uns das Histogramm zum Körpergrößenbeispiel mal an:

Beispiel 13

Klasse A_i	Klassenbreite d_i	relative Hfgk. h_i	Säulenhöhe k_i
$A_1 = [0;\ 1{,}50]$	1,50	0,03	0,02
$A_2 =]1{,}50;\ 1{,}65]$	0,15	0,38	2,533
$A_3 =]1{,}65;\ 1{,}80]$	0,15	0,42	2,8
$A_4 =]1{,}80;\ 2{,}50]$	0,70	0,17	0,243

Grafisch sieht das Histogramm dann so aus:

Abbildung 2.11   Beispiel für ein Histogramm

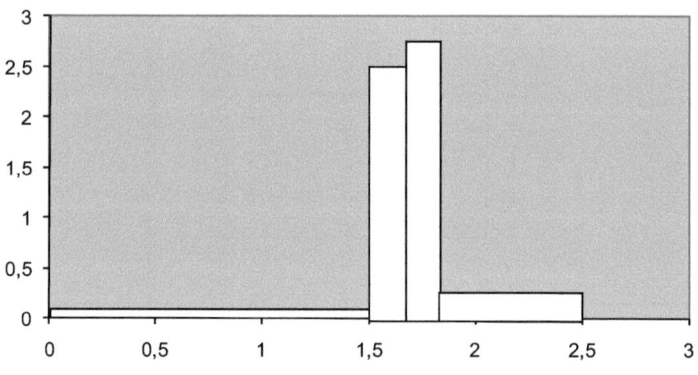

2.5 Kenngrößen von Daten

Erinnern wir uns kurz, dass die Aufgabenstellung der deskriptiven Statistik darin besteht, dass man die wichtigsten Eigenschaften großer Datenmengen erfasst. Dann erscheint es naheliegend, dass man z.B. einen Wert angibt, der nach irgendwelchen Kriterien in der Mitte der Datensätze liegt. So einen Parameter nennt man Lageparameter. Zusätzlich will man aber auch wissen, wie sich die Datensätze um diesen Lageparameter „tummeln", also ob sie eng neben dem Lageparameter liegen oder ob sie weit verstreut um ihn verteilt sind. Parameter, die das messen, nennt man Streuungsparameter. Für beide Arten von Kenngrößen lernen Sie nun einige Beispiele kennen.

2.5.1 Lageparameter

Nur kurz zur Erinnerung: Jetzt kommen Werte, die nach irgendwelchen Kriterien in der Mitte der Messwerte liegen.

2.5.1.1 Arithmetisches Mittel

Der bekannteste Lageparameter ist sicherlich der „Durchschnitt". Den kennen Sie bereits alle, und es dürfte Ihnen klar sein, dass der Durchschnitt in der Mitte der Datensätze liegt. Also machen wir es kurz:

<u>Bezeichnung 12</u>

<u>arithmetisches Mittel</u>

Gegeben seien n Messwerte $x_1, x_2, \ldots, x_n$ eines quantitativen Merkmals.

- Dann heißt $\bar{x} = \frac{1}{n}\sum_{i=1}^{n} x_i$ das arithmetische Mittel der x_i.
- Wenn $\alpha_1, \alpha_2, \ldots, \alpha_n$ Gewichte sind mit $\alpha_i \geq 0$ und $\sum_{i=1}^{n} \alpha_i = 1$,
- dann heißt $\tilde{x} = \sum_{i=1}^{n} \alpha_i \cdot x_i$ gewichtetes arithmetisches Mittel der x_i.

Leider hat das arithmetische Mittel einige Nachteile: Es kann nur bei quantitativen Merkmalen berechnet werden, ok, aber hinzu kommt, dass es sehr empfindlich auf Ausreißer reagiert. Wer schon mal einen Ausrutscher in den Noten hatte, weiß, wovon ich rede. Aber während man bei Noten noch argumentieren kann, dass es gerechtfertigt ist, dass der Durchschnitt absackt, wenn man eine Note verhaut, wird das Ganze kritisch, wenn man es mit Ausreißern aufgrund von Messfehlern zu tun hat. Aber Gottseidank gibt es ja Alternativen:

2.5.1.2   Empirischer Median und Quantile

Da die Durchschnittsbildung nur bei quantitativen Merkmalen Sinn macht, brauchen wir auch Lageparameter, die sich (neben den quantitativen Merkmalen) auch für qualitative eignen. Für (mindestens) ordinale Merkmale kann man auch den Median berechnen. Dieser Wert liegt in der Mitte, da er den Wert angibt, für den 50% aller Messwerte kleiner oder gleich und 50% der Messwerte größer oder gleich sind.

<u>Bezeichnung 13</u>

<u>Median</u>

Gegeben seien n Messwerte $x_1, x_2, \ldots, x_n$ eines quantitativen oder ordinalen Merkmals. Dann ist der empirische Median der Messwerte definiert als[15]

$$x_{med} = \hat{Q}_{0,5} = \begin{cases} x_{\left(\frac{n+1}{2}\right)}, & n \text{ ungerade} \\ \left[x_{\left(\frac{n}{2}\right)}; \; x_{\left(\frac{n}{2}+1\right)} \right], & n \text{ gerade} \end{cases}$$

Bei quantitativen Daten mit geradem Stichprobenumfang geht man übrigens auch häufig hin und wählt aus dem Intervall des Medians den Mittelpunkt aus und bezeichnet diesen als Median. In diesem Fall (quantitatives Merkmal und gerader Stichprobenumfang) gilt dann:

$$x_{med} = \frac{1}{2} \cdot \left(x_{\left(\frac{n}{2}\right)} + x_{\left(\frac{n}{2}+1\right)} \right)$$

Und der Median ist logischerweise robust bezüglich Ausreißern, denn er interessiert sich gar nicht für die Messwerte selbst, sondern nur für ihre Position in geordneter Darstellung, und da spielt s keine Rolle, ob der größte Messwert viel größer ist als alle anderen: er bleibt der größte Messwert. Und der kleinste bleibt auch der kleinste, egal wie klein er ist.

Die Idee des Medians, dass nämlich mindestens 50% aller Messwerte kleiner oder gleich und gleichzeitig mindestens 50% der Messwerte größer oder gleich dem Median sind, lässt sich mit wenig Aufwand verallgemeinern. Die so entstandenen Kenngrößen lernen Sie jetzt kennen:

<u>Bezeichnung 14</u>

<u>p-Quantil</u>

Gegeben seien n Messwerte $x_1, x_2, \ldots, x_n$ eines quantitativen oder ordinalen Merkmals.

---

[15] Achtung: Ein beliebter Anfängerfehler besteht darin, die Daten nicht der Größe nach zu ordnen, dann kann das Ergebnis gar nicht mehr richtig werden. Also, unbedingt Daten der Größe nach ordnen!

Dann ist das empirische p-Quantil der Messwerte definiert als[16]

$$\hat{Q}_p = \begin{cases} x_{(\lfloor np \rfloor + 1)}, np \text{ nicht ganzzahlig} \\ [x_{(np)}; x_{(np+1)}], np \text{ ganzzahlig} \end{cases}$$

Das bedeutet also für das p-Quantil, dass mindestens $p \cdot 100\%$ aller Messwerte kleiner oder gleich und mindestens $(1-p) \cdot 100\%$ der Messwerte größer oder gleich dem p-Quantil sind. Auch für das p-Quantil gilt, dass man bei quantitativen Daten oft die Mitte des Intervalls als Wert angibt.

Übrigens sind einige Quantile so wichtig, dass sie einen eigenen Namen bekommen haben:

- ■ $\hat{Q}_{0,5}$ heißt Median.

- ■ $\hat{Q}_{0,25}$ heißt unteres Quartil.

- ■ $\hat{Q}_{0,75}$ heißt oberes Quartil.

- ■ $\hat{Q}_{0,125}$ heißt erstes Oktil.

- ■ $\hat{Q}_{0,1}$ heißt erstes Dezentil.

- ■ $\hat{Q}_{0,01}$ heißt erstes Perzentil.

2.5.1.3   Boxplot

Der Boxplot ist gar kein neuer Parameter, sondern eine sehr ansprechende grafische Darstellung der Lageparameter Median, Quartile und kleinster und größter Messwert. Man kann einen Boxplot nur für quantitative Messwerte zeichnen, denn Sie brauchen eine x-Achse für Ihre Merkmalsausprägungen. Oberhalb dieser x-Achse machen Sie beim kleinsten und beim größten Messwert einen dicken Punkt, bei den Quartilen und dem Median einen senkrechten Strich. Dann verbinden Sie die drei senkrechten Linien mit zwei waagerechten Linien zu einem Kasten[17] und verbinden die beiden dicken Punkte durch waagerechte Linien mit dem Kasten. Fertig ist der Boxplot.

Anbei sehen Sie den Boxplot für die Körpergrößen der 10 Studierenden, die wir schon die ganze Zeit untersuchen. Die Berechnung der Kenngrößen können Sie übrigens sofort im nächsten Beispiel nachlesen.

---

[16] Keine Angst vor $\lfloor np \rfloor$. Es heißt untere Gaußklammer und bedeutet, dass man die größte ganze Zahl unterhalb der Kommazahl nehmen soll, z. B. $\lfloor 7,9 \rfloor = 7$, $\lfloor 15 \rfloor = 15$.

[17] Aha, also daher kommt der Name BOXplot.

Abbildung 2.12 Beispiel für einen Boxplot

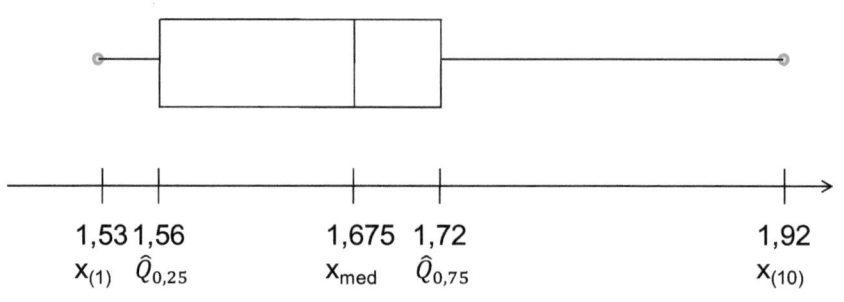

$$1{,}53 \ 1{,}56 \qquad 1{,}675 \ 1{,}72 \qquad 1{,}92$$
$$x_{(1)} \ \hat{Q}_{0{,}25} \qquad x_{med} \ \hat{Q}_{0{,}75} \qquad x_{(10)}$$

Im Zweifelsfall erinnert Sie das jetzt mehr an „Punkt, Punkt, Komma, Strich, fertig ist das Mondgesicht." als an ernst zu nehmende Mathematik. Aber kein Spaß, diese Abbildung ist wertvoll. Dazu müssen Sie sich klar machen, dass in jedem der vier Bereiche $\left[x_{(1)}; \hat{Q}_{0{,}25}\right], \left[\hat{Q}_{0{,}25}; x_{med}\right], \left[x_{med}; \hat{Q}_{0{,}75}\right], \left[\hat{Q}_{0{,}75}; x_{(n)}\right]$ jeweils ein Viertel der Datensätze liegen. Und das bedeutet, Sie können schon an der Zeichnung sehen, wo es sich knubbelt und wo wenig los ist. Es knubbelt sich nämlich da, wo der Bereich kurz ist (im obigen Beispiel im ersten und im dritten Bereich), und wenig ist los, wo der Bereich lang ist (im obigen Beispiel betrifft das den zweiten und den vierten Bereich). Lange „Schwänze"[18] sind übrigens ein Indiz dafür, dass Sie evtl. Ausreißer in Ihren Daten haben. Muss nicht sein, aber ich würd mir die Daten noch mal anschauen.

2.5.1.4 Modalwert

Ein weiterer Kennwert zur Lage einer Datenreihe ist z. B. der Wert, der am häufigsten vorkommt. Denn ihm bemisst man aufgrund seiner Häufigkeit eine besondere Aussagekraft bei. Ein weiterer Vorteil des Modalwerts liegt darin, dass er auch problemlos für nominale Daten verwendet werden kann.

Bezeichnung 15

Modalwert/Modus

Die Merkmalsausprägung, die bei den Messwerten am häufigsten auftritt, heißt Modalwert bzw. Modus x_{mod}.

Gut, jetzt kennen sie die wichtigsten Lageparameter. Schauen wir sie uns noch einmal an einem Beispiel an:

---

[18] Wehe, Sie müssen jetzt pubertär kichern.

Beispiel 14

Bei der Erhebung der Körpergrößen von 10 Studenten eines Fachbereichs ergaben sich folgende geordnete Messwerte:

_1,53; 1,56; 1,56; 1,67; 1,67; 1,68; 1,72; 1,72; 1,86; 1,92._

Dann beträgt

$$\bar{x} = \frac{1}{10}(1,53 + 1,56 + 1,56 + 1,67 + 1,67 + 1,68 + 1,72 + 1,72 + 1,86 + 1,92) = 1,689.$$

Dies kann man auch durchaus als gewichtetes arithmetisches Mittel auffassen, wenn man die relative Häufigkeit der Messwerte als Gewichte versteht:

$$\tilde{x} = 0,1 \cdot 1,53 + 0,2 \cdot 1,56 + 0,2 \cdot 1,67 + 0,1 \cdot 1,68 + 0,2 \cdot 1,72 + 0,1 \cdot 1,86 + 0,1 \cdot 1,92 = 1,689$$

Der Median ist nicht eindeutig (n = 10 gerade). Prinzipiell ist das gesamte Intervall $\left[x_{(5)}; x_{(6)}\right]$ Median, also gilt: $x_{med}= \hat{Q}_{0,5} = [1,67; 1,68]$. Da es sich bei den Körpergrößen um ein quantitatives Merkmal handelt, kann man den Median auch festlegen:

$$x_{med} = \frac{1}{2}(1,67 + 1,68) = 1,675.$$

Zur Berechnung des unteren Quartils muss man zuerst $0,25 \cdot 10 = 2,5$ berechnen. Das ist eindeutig nicht ganzzahlig, also brauchen wir die erste Formel. Ihr entnehmen wir, dass wir $x_{(3)} = 1,56$ suchen. Analog läuft es für das obere Quartil: $0,75 \cdot 10 = 7,5$ ist sicherlich auch nicht ganzzahlig. Wir brauchen also $x_{(8)} = 1,72$.

Auch der Modalwert ist nicht eindeutig festgelegt: 1,56, 1,67 und 1,72 kommen jeweils am häufigsten (nämlich doppelt) vor und sind somit alle Modalwert.

2.5.2   Streuungsparameter

Bei den Streuungsparametern verhält es sich so, dass sie zu jeweils einem Lageparameter gehören, d.h. dass es immer einen Lageparameter gibt, der das entsprechende Abstandsmaß für einen gegebenen Datensatz minimiert.[19]

2.5.2.1   Varianz und Standardabweichung

Die empirische Varianz und die empirische Standardabweichung gehören zum arithmetischen Mittel. Die Idee der beiden Streuungsparameter ist auch schnell erzählt und eigentlich sehr einleuchtend:

---

[19] Wenn Sie das jetzt nicht so ganz verstanden haben, ist das kein Problem. Hauptsache, Sie merken sich, dass jeweils ein Lage- und ein Streuungsparameter zusammen gehören.

Man möchte wissen, wie weit die Datensätze im Durchschnitt vom arithmetischen Mittel entfernt sind, also muss man von jedem Datensatz x_i seinen Abstand zum arithmetischen Mittel $\bar{x}$ berechnen. Wenn man hierüber den Durchschnitt bildete, stellte man fest, dass sich das Problem ergibt, dass die Abstände teilweise positiv und teilweise negativ sind, was immer dazu führt, dass sie sich komplett bei der Addition aufheben und da immer 0 rauskommt.[20]

Was tut man also? Nun, man quadriert alle Abstände, dann werden sie definitiv alle positiv und nichts hebt sich auf. Darüber bildet man noch den Durchschnitt und fertig ist die empirische Varianz. Wäre da nicht noch das Problem der Interpretation, sprich, wenn da jetzt z. B. 25 rauskommt, was bedeutet das dann?

Naja, streng genommen heißt das, dass der durchschnittliche quadratische Abstand der Messwerte vom arithmetischen Mittel 25 beträgt, bloß kann man sich darunter ja ehrlich gesagt nichts vorstellen. Daher geht man zum Schluss noch einmal hin und zieht aus der Varianz die Wurzel. Dieser Wert heißt dann empirische Standardabweichung und kann als durchschnittlicher Abstand der Messwerte vom arithmetischen Mittel angesehen werden.

Und jetzt noch mal „auf Statistik":

<u>Bezeichnung 16</u>
<u>Empirische Varianz und empirische Standardabweichung</u>
Die empirische Varianz s^2 berechnet sich wie folgt:

$$s^2 = \frac{1}{n} \sum_{i=1}^{n} (x_i - \bar{x})^2$$

Die empirische Standardabweichung berechnet sich wie folgt:

$$s = \sqrt{s^2}$$

Ehrlich gesagt benutzt die Definition der empirischen Varianz aber kein Mensch. Viel einfacher ist die Berechnung der empirischen Varianz mit Hilfe der folgenden Formel, die auch gleich erläutert wird:

---

[20] Wer's nicht glaubt, kann's gerne nachrechnen. Kann man auch beweisen. ☺

Wichtig 3

Es gilt: $s^2 = \overline{x^2} - (\overline{x})^2$.

Glauben Sie ja nicht, dass da 0 rauskommt. Man muss die Formel lesen können.

$\overline{x^2}$ bedeutet, dass Sie jeden einzelnen Messwert quadrieren und über die quadrierten Werte den Durchschnitt bilden müssen. Auf Mathe sieht das folgendermaßen aus: $\overline{x^2} = \frac{1}{n}\sum_{i=1}^{n} x_i^2$.

$(\overline{x})^2$ bedeutet, dass Sie das arithmetische Mittel über die Messwerte bilden und die Zahl zum Schluss quadrieren müssen.

Daher ist das Ergebnis eigentlich nie 0!

Wichtig 4

Und ganz wichtig ist das Folgende: Die empirische Varianz kann nicht negativ werden! Wenn Sie das Bedürfnis verspüren, ein negatives Ergebnis Ihrer Berechnung zu erhalten, können Sie sich darauf verlassen, dass Sie sich irgendwo verrechnet haben![21]

Beispiel 15

Berechnen wir einmal die empirische Varianz und die empirische Standardabweichung für das Körpergrößenbeispiel.

Es ergibt sich Folgendes:

$\overline{x^2} = 2,86711$, $(\overline{x})^2 = 1,689^2 = 2,852721$.

Also gilt für die empirische Varianz:

$s^2 = \overline{x^2} - (\overline{x})^2 = 2,86711 - 2,852721 = 0,014389$.

Die empirische Standardabweichung ergibt sich somit zu

$\sqrt{s^2} = \sqrt{0,014389} = 0,119954157$.

Das bedeutet also, dass die Körpergröße der Studenten durchschnittlich um ca. 12 cm von der Durchschnittsgröße 1,689 m nach oben bzw. nach unten abweicht.

---

[21] Übrigens können alle Ihre Taschenrechner die wichtigsten Kenngrößen, also arithmetisches Mittel und Standardabweichung mit einigen wenigen Tastendrücken ausrechnen. Da aber jedes Modell eine andere Tastenbelegung besitzt, kann ich hier nicht jedes Modell erklären. Und schließlich haben Sie ja auch die Bedienungsanleitung.

2.5.2.2   Variationskoeffizient

Auch wenn die Standardabweichung eine nachvollziehbare inhaltliche Bedeutung hat, fällt es schwer, Zahlenwerte der Standardabweichung einzuschätzen. Ist eine Standardabweichung von s = 10.000 groß oder klein? Prinzipiell klingt die Zahl sehr groß, wenn aber das arithmetische Mittel $\bar{x}$ = 100.000.000 beträgt, erscheint eine Standardabweichung von 10.000 wirklich sehr gering, man würde schlussfolgern, dass die Daten sehr eng am Mittelwert „kleben".

Um einen besseren Eindruck zu gewinnen, betrachtet man das Verhältnis von Standardabweichung und Mittelwert:

Bezeichnung 17

Variationskoeffizient

Der Variationskoeffizient bildet das Verhältnis von empirischer Standardabweichung zu arithmetischem Mittel:

$$V = \frac{s}{\bar{x}}$$

Beispiel 16

Im vorliegenden Beispiel ergibt sich demnach:

$$V = \frac{s}{\bar{x}} = \frac{0{,}119954157}{1{,}689} = 0{,}071020815$$

s beträgt also ca. 7% von $\bar{x}$

2.5.2.3   Durchschnittliche Abweichung

Ein anderer Weg, den durchschnittlichen Abstand zu ermitteln, besteht darin, dass man die einzelnen Abstände nicht quadriert, sondern den Betrag bildet, bevor man den Durchschnitt berechnet. Dieses Abstandsmaß gehört zum Median, daher berechnet er sich wie folgt:

Bezeichnung 18

Durchschnittliche Abweichung

Die durchschnittliche Abweichung zum Median lautet:

$$d_m = \frac{1}{n} \sum_{i=1}^{n} |x_i - x_{med}|$$

Beispiel 17

Im Beispiel der Körpergrößen ergibt sich also:

d_m

$= \frac{1}{10} \cdot (|1{,}53 - 1{,}675| + |1{,}56 - 1{,}675| + |1{,}56 - 1{,}675| + |1{,}67 - 1{,}675| + |1{,}67 -$
$1{,}675 + 1{,}68 - 1{,}675 + 1{,}72 - 1{,}675 + 1{,}72 - 1{,}675 + 1{,}86 - 1{,}675 + 1{,}92 - 1{,}675$

$= \frac{1}{10} (0{,}145 + 0{,}115 + 0{,}115 + 0{,}005 + 0{,}005 + 0{,}005 + 0{,}045 + 0{,}045 + 0{,}185 + 0{,}245$

$= 0{,}091$

2.6 Übungsaufgaben

Aufgabe 1

Einem Unternehmen können unter anderem folgende Merkmale zugeordnet werden:

Mitarbeiterzahl, Familienstand des Chefs, hergestellte Produkte, Qualität der Produkte, Umsatz eines Jahres, Rechtsform, Betriebsklima, Kundenzufriedenheit, Sitz der Zentrale, Wert der Immobilien, Gründungsjahr.

a)   Geben Sie zu den einzelnen Merkmalen jeweils eine mögliche Menge an Ausprägungen an.

b)   Bestimmen Sie die jeweils zugrunde liegende Art der Merkmale.

Aufgabe 2

In der nachfolgenden Liste sind die Preise angegeben, die bei einer Weinauktion für

Bordeaux-Weine erzielt worden sind (in Euro):

800, 850, 1.000, 1.500, 850, 900, 1.000 , 1.200, 850, 1.400, 800, 1.800, 900, 2.000, 1.200, 1.000, 850, 2.500, 1.500, 800, 600, 1.400, 1.000, 2.700, 850, 1.000, 1.200, 1.400, 850, 1.000, 1.300, 1.700, 1.500, 850, 2.500, 2.000, 900, 1.400, 1.000, 2.000

a)   Berechnen Sie die absolute und die relative Häufigkeitsverteilung.

b)   Zeichnen Sie die empirische Verteilungsfunktion.

c)   Berechnen Sie den Anteil der Weine, die einen Preis von

   a. weniger als 1.000 Euro,

   b. mehr als 1.500 Euro,

   c. zwischen 1.100 und 2.600 Euro erzielt haben.

d) Bestimmen Sie den Median, den Modalwert und das arithmetische Mittel.

e) Fertigen Sie ein Histogramm für die Klassenbildung [600; 1000],]1000; 1500],]1500; 2000],]2000; 2700] an.

f) Zeichnen Sie für die obige Klasseneinteilung die empirische Verteilungsfunktion für klassierte Daten und die linear interpolierte empirische Verteilungsfunktion der klassierten Daten.

Aufgabe 3

In der nachfolgenden Tabelle sind die Arbeitskosten je geleisteter Arbeitsstunde im Jahr 2000 in verschiedenen Ländern der EU aufgelistet (Quelle: Eurostat, Pressemitteilung 23/2003).

Land	Kosten in Euro
Dan.	27,1
BRD	26,54
Gr.	10,4
Sp.	14,22
Fr.	24,39
Irl.	17,34
Lux.	24,33
Niederl.	22,99
Ö.	23,6
Por.	8,13
Fin.	22,13
Sw.	28,56
Gb	23,85

Berechnen Sie das arithmetische Mittel, die Standardabweichung und das untere sowie das obere Quartil und den Variationskoeffizienten.

3 Zweidimensionale deskriptive Statistik

OK, solange wir nur ein Merkmal betrachten, haben Sie jetzt evtl. eine Vorstellung, was man an sinnvollen Rechenoperationen mit diesen Daten durchführen kann. Aber wenn Sie glauben, das wäre jetzt schon alles, muss ich Sie enttäuschen: Weit gefehlt! Richtig spannend wird es nämlich, wenn man zwei (oder sogar noch mehr) Merkmale gleichzeitig betrachtet und sich für Wechselwirkungen zwischen den Merkmalen, z.B. mögliche Einflüsse, interessiert.

Auch bei diesem Aufgabengebiet kommt es immer wieder darauf an, mit welcher Art Merkmale man es zu tun hat. Daher lernen Sie hier Methoden für nominale, ordinale und für quantitative Merkmale kennen.

3.1 Zusammenhangsuntersuchung bei nominalen Merkmalen

In diesem Abschnitt interessieren wir uns für zwei nominale Merkmale, also die Merkmale, mit denen man gar nicht rechnen kann, und möchten wissen, ob es einen Zusammenhang zwischen den beiden Merkmalen gibt und wenn ja, wie stark er ist.

3.1.1 Kontingenztabellen

Nun, das Einzige, was man mit nominalen Merkmalen tun kann, ist die Häufigkeiten ihrer Ausprägungen zu betrachten, daher erstellen wir zuerst eine so genannte Kontingenztabelle, in der die Häufigkeiten der einzelnen Ausprägungen beider Merkmale eingetragen werden. Aber nicht isoliert, sondern zweidimensional, d. h. man trägt die Häufigkeiten ein, die gleichzeitig bei Merkmal A die Ausprägung A_i und bei Merkmal B die Ausprägung B_j besitzen.

Bezeichnung 19

Kontingenztabelle

Eine Kontingenztabelle betrachtet zwei Merkmale gleichzeitig und stellt die gemeinsamen Häufigkeiten (die je zwei Merkmalsausprägungen betreffen) und die Randhäufigkeiten, die nur ein Merkmal erfassen übersichtlich dar. Kontingenztabellen werden sowohl mit absoluten als auch mit relativen Häufigkeiten erstellt:

	B_1	B_2	...	B_l	Randhäufigkeiten MM A
A_1	n_{11}	n_{12}	...	n_{1l}	$n_{1\bullet}$
A_2	n_{21}	n_{22}	...	n_{2l}	$n_{2\bullet}$
...	...	...	...	...	...
A_k	n_{k1}	n_{k2}	...	n_{kl}	$n_{k\bullet}$
Randhäufigkeiten MM B	$n_{\bullet 1}$	$n_{\bullet 2}$	...	$n_{\bullet l}$	n

Hier bezeichnet n_{ij} die absolute gemeinsame Häufigkeit, mit der bei Merkmal A die Ausprägung A_i und gleichzeitig bei Merkmal B die Ausprägung B_j auftrat. $n_{i\bullet}$ bzw. $n_{\bullet j}$ bezeichnet die absolute Randhäufigkeit, mit der bei Merkmal A die Ausprägung A_i bzw. bei Merkmal B die Ausprägung B_j auftrat, ohne dass man sich für das jeweils andere Merkmal interessiert.[22] n bezeichnet den Stichprobenumfang, den man natürlich berechnet, indem man die Randhäufigkeiten eines Merkmals addiert.

Und weil's so schön war, kommt hier noch die Kontingenztabelle mit relativen Häufigkeiten:

	B_1	B_2	...	B_l	Randhäufigkeiten MM A
A_1	h_{11}	h_{12}	...	h_{1l}	$h_{1\bullet}$
A_2	h_{21}	h_{22}	...	h_{2l}	$h_{2\bullet}$
...	...	...	...	...	...
A_k	h_{k1}	h_{k2}	...	h_{kl}	$h_{k\bullet}$
Randhäufigkeiten MM B	$h_{\bullet 1}$	$h_{\bullet 2}$	...	$h_{\bullet l}$	1

Hier bezeichnet h_{ij} die relative gemeinsame Häufigkeit, mit der bei Merkmal A die Ausprägung A_i und gleichzeitig bei Merkmal B die Ausprägung B_j auftrat. $h_{i\bullet}$ bzw. $h_{\bullet j}$ bezeichnet die relative Randhäufigkeit, mit der bei Merkmal A die Ausprägung A_i bzw. bei Merkmal B die Ausprägung B_j auftrat, ohne dass man sich für das jeweils andere Merkmal interessiert.[23] Wenn man die Randhäufigkeiten eines Merkmals addiert, muss selbstverständlich 1 das Ergebnis sein.

---

[22] Man berechnet diese Randhäufigkeit, indem man die zugehörigen gemeinsamen Häufigkeiten addiert.

[23] Man berechnet diese Randhäufigkeit, indem man die zugehörigen gemeinsamen Häufigkeiten addiert.

Schauen wir uns direkt ein Beispiel zu den Kontingenztabellen an.

Beispiel 18

Prinzipiell kann man Kontingenztabellen für alle Arten von Merkmalen darstellen.[24] Da es für ordinale und quantitative Merkmale aber ehrlich gesagt bessere Zusammenhangsmaße gibt, schauen wir uns zwei nominale Merkmale an - für die gibt's einfach keine bessere Methode. Naja, und die klassischen nominalen Beispielsmerkmale sind: Haarfarbe und Augenfarbe! Also betrachten wir eine Stichprobe von 100 Studierenden, bei denen gleichzeitig Haar- (Merkmal A) und Augenfarbe (Merkmal B) erhoben wurde.

Folgendermaßen sah das Ergebnis (mit absoluten Häufigkeiten) aus:

		Augenfarbe (AF)			
		blau	braun	grün	Randhäufigkeit HF
	braun	12	23	8	43
Haarfarbe	blond	19	4	15	38
(HF)	rot	2	1	5	8
	schwarz	1	8	2	11
Randhäufigkeit AF		34	36	30	100

Man kann an der Tabelle erkennen, dass insgesamt 100 Studierende befragt wurden. Vier von ihnen hatten blonde Haare und braune Augen; insgesamt waren 30 Studierende grünäugig.

Und so sieht die Kontingenztabelle mit relativen Häufigkeiten aus:

		Augenfarbe (AF)			
		blau	braun	grün	Randhäufigkeit HF
	braun	0,12	0,23	0,08	0,43
Haarfarbe	blond	0,19	0,04	0,15	0,38
(HF)	rot	0,02	0,01	0,05	0,08
	schwarz	0,01	0,08	0,02	0,11
Randhäufigkeit AF		0,34	0,36	0,30	1

---

[24] Einzige Ausnahme sind quantitativ stetige bzw. diskrete unendliche Merkmale, da bräuchte man unendlich viele Zeilen und Spalten!

3.1.2   Bedingte Häufigkeiten

Bei der gleichzeitigen Betrachtung zweier Merkmale gibt es ein interpretatorisches Problem. Schauen Sie sich dazu noch einmal das obige Beispiel an, und zwar die Studenten mit grünen Augen und roten Haaren. Davon gab es 5 bzw. der Anteil betrug 0,05 oder 5%, was sicherlich nicht viel ist. Wenn man jetzt aber nur die Rothaarigen betrachtet, so muss man zugeben, dass viele rothaarige Studierende grüne Augen besitzen, nämlich 62,5%. Das erscheint doch schon recht viel. Und um Sie vollends zu verwirren: Wenn wir nur die Grünäugigen betrachten, hatten von denen 16,7% rote Haare.

Was das Beispiel Ihnen zeigen soll, ist, dass man neben den gemeinsamen Häufigkeiten („Wie viele Merkmalsträger weisen Merkmalsausprägung A$_i$ und Merkmalsausprägung B$_j$ gleichzeitig auf?") noch eine weitere Häufigkeitsart kennen muss - die bedingten Häufigkeiten ("Wie viele von denjenigen Objekten, die bereits Merkmalsausprägung A$_i$ aufweisen, weisen Merkmalsausprägung B$_j$ auf?"). Und Achtung, das ist etwas völlig anderes, und um es noch schlimmer zu machen, Psychologen haben festgestellt, dass Menschen mit bedingten Häufigkeiten ein fettes Problem haben.[25] Viele Menschen können die beiden bedingten Häufigkeiten Anteil derjenigen Objekte, die Merkmalsausprägung B$_j$ aufweisen, an denen, die Merkmalsausprägung A$_i$ aufweisen, und Anteil derjenigen Objekte, die Merkmalsausprägung A$_i$ aufweisen, an denen, die Merkmalsausprägung B$_j$ aufweisen, nicht auseinander halten. Aber das obige Beispiel zeigt doch ganz deutlich, dass es einen Unterschied geben muss, denn 62,5% und 16,7% sind einfach unterschiedliche Zahlen!

Auf Mathe sieht es noch ein bisschen komplizierter aus, aber ehrlich gesagt, ist das für mich eine der Stellen, an denen ich immer dankbar für eine Formel bin, weil ich die Formel einfacher finde als die verwurschtelten Schwurbelsätze der deutschen Sprache. Die Formel ist klar strukturiert, und es gibt auch nur eine mögliche Ausdrucksweise.[26]

Bezeichnung 20
Bedingte Häufigkeiten, bedingte (Häufigkeits-)Verteilung
Es sei $n_{\bullet j} > 0$.
Dann heißt $h_{A=A_i|B=B_j} = \dfrac{n_{ij}}{n_{\bullet j}} = \dfrac{h_{ij}}{h_{\bullet j}}$ die bedingte Häufigkeit von $A = A_i$ unter der Bedingung,
dass $B = B_j$.
Das geht natürlich auch umgekehrt:
Es sei $n_{i\bullet} > 0$.
Dann heißt $h_{B=B_j|A=A_i} = \dfrac{n_{ij}}{n_{i\bullet}} = \dfrac{h_{ij}}{h_{i\bullet}}$ die bedingte Häufigkeit von $B = B_j$ unter der Bedingung,
dass $A = A_i$.

---

[25] Näheres finden Sie z. B. unter dem Stichwort „conditional probability fallacy" bei Von Nitzsch, R. (2006): „Entscheidungslehre", 2. Auflage (Stuttgart).

[26] Viele Missverständnisse würden nicht aufkommen, wenn wir uns viel mehr in Formeln unterhalten würden. Wer weiß, vielleicht könnte man damit sogar Kriege verhindern…

Die Auflistung aller bedingten Häufigkeiten heißt bedingte Häufigkeitsverteilung.

Die bedingten Häufigkeitsverteilungen stellt man am besten auch tabellarisch dar. Das sehen wir uns mal an dem Beispiel von oben an:

Beispiel 19

Zuerst die bedingte Häufigkeitsverteilung, bei der Merkmal B, also die Augenfarbe feststeht.

		Augenfarbe (AF)		
		blau	braun	grün
	braun	0,353	0,639	0,267
Haarfarbe	blond	0,559	0,111	0,5
(HF)	rot	0,059	0,028	0,167
	schwarz	0,029	0,222	0,067
Summe		1	1	1

Und nun die umgekehrte bedingte Häufigkeitsverteilung, bei der das erste Merkmal, also die Haarfarbe bereits feststeht.

		Augenfarbe (AF)			
		blau	braun	grün	Randhäufigkeit HF
	braun	0,279	0,535	0,186	1
Haarfarbe	blond	0,5	0,105	0,395	1
(HF)	rot	0,25	0,125	0,625	1
	schwarz	0,091	0,727	0,182	1

3.1.3   Abhängigkeitsmessung bei nominalen Merkmalen

Nun, bevor wir die Abhängigkeit messen können, müssen wir erstmal festlegen, was eigentlich Unabhängigkeit bei nominalen Merkmalen bedeuten soll. Und vielleicht sind Sie ja schon ein bisschen missmutig, weil ich Ihnen versprochen habe, dass es in diesem Kapitel um Abhängigkeiten geht, und stattdessen geht es hier um so abstruses Zeug wie bedingte Häufigkeiten. Aber wir brauchen die bedingten Häufigkeiten, um die Idee der Abhängigkeit zu erklären. Und bitte machen Sie sich klar, dass wir in der Statistik nur empirische Abhängigkeiten betrachten können, also Abhängigkeiten, die aufgrund der

Häufigkeitsverteilungen entstehen. Wir können in der Statistik[27] niemals inhaltliche Abhängigkeiten berechnen. Wir können nur gefundene empirische Abhängigkeiten näher analysieren und dann mit Fachexperten überlegen, welche inhaltlichen Gründe es für dieses empirische (beobachtbare) Phänomen gibt. Aber zurück zu den bedingten Häufigkeiten und ihrer Bedeutung für die Unabhängigkeit. Nun, ich würde mich davon überzeugen lassen, dass die Augenfarbe eines Menschen unabhängig von seiner Haarfarbe ist, wenn die Häufigkeitsverteilung der Augenfarben bei Blonden genauso aussieht wie bei den Braunhaarigen und wie bei den Schwarzhaarigen etc. Dann wäre ich der Meinung, dass es wohl egal ist, welche Haarfarbe ein Mensch hat, zumindest in Bezug auf seine Augenfarbe. Idee verstanden?

Bezeichnung 21

empirische Unabhängigkeit

Zwei Merkmale A und B heißen empirisch unabhängig, wenn die bedingten Häufigkeiten $h_{A=A_i|B=B_j}$ identisch sind, egal welche Ausprägung das Merkmal B annimmt. Außerdem muss gelten: Die bedingten Häufigkeiten $h_{B=B_j|A=A_i}$ sind identisch, egal welche Ausprägung das Merkmal A annimmt.

Evtl. haben Sie aber keine Lust, immer die bedingten Häufigkeiten auszurechnen, um beurteilen zu können, ob zwei Merkmale empirisch unabhängig sind. Das brauchen Sie auch nicht. Sie können die Unabhängigkeit auch in der Kontingenztabelle sehen:

Wichtig 5

Zwei Merkmale A mit den Ausprägungen $A_1, ..., A_k$ und B mit den Ausprägungen $B_1, ... B_l$ sind empirisch unabhängig, wenn für die relativen Häufigkeiten gilt:

$$h_{ij} = h_{i\bullet} \cdot h_{\bullet j} \text{ für alle } i \in \{1, ..., k\} \text{ und für alle } j \in \{1, ..., l\}$$

bzw. wenn für die absoluten Häufigkeiten gilt:

$$n_{ij} = \frac{n_{i\bullet} \cdot n_{\bullet j}}{n} \text{ für alle } i \in \{1, ..., k\} \text{ und für alle } j \in \{1, ..., l\}$$

Das bedeutet also, dass im Falle der empirischen Unabhängigkeit die gemeinsame Häufigkeit durch die beiden Randhäufigkeiten vollständig bestimmt wird. In diesem Fall sind übrigens die bedingten Häufigkeiten und die „unbedingten" Häufigkeiten identisch. Macht ja auch Sinn, das dann Unabhängigkeit zu nennen.

---

[27] Achtung, das ist ganz wichtig und gilt für alle Verfahren der Statistik!

Wichtig 6

Wichtiger Tipp: Falls in einer Kontingenztabelle bei den gemeinsamen Häufigkeiten (also den Zahlen in der Mitte) Nullen auftreten, können Sie sich darauf verlassen, dass die Merkmale abhängig sind. Denn gemäß dem berühmten Satz vom Nullprodukt müsste für die obige Gleichung dann auch mindestens eine Randhäufigkeit Null sein, was aber keinen Sinn macht, da das ja bedeutete, dass es diese Merkmalsausprägung gar nicht gibt. Warum sollte sie dann in der Kontingenztabelle auftauchen?

Aber wie sieht die Geschichte aus, wenn die beiden Merkmale eben nicht unabhängig sind? Dann kann man den Grad der Abhängigkeit tatsächlich messen. Basis für die Berechnung ist hierbei die so genannte χ^2-Größe.[28]

Bezeichnung 22

χ^2-Größe

Bei positiven Randhäufigkeiten ist die χ^2-Größe wie folgt definiert:

$$\chi^2 = \sum_{i=1}^{k} \sum_{j=1}^{l} \frac{\left(n_{ij} - \frac{n_{i\bullet} \cdot n_{\bullet j}}{n}\right)^2}{\frac{n_{i\bullet} \cdot n_{\bullet j}}{n}}$$

Wenn man unbedingt mit dieser Formel rechnen will, sollte man sich eine separate Tabelle anlegen für die $\frac{n_{i\bullet} \cdot n_{\bullet j}}{n}$ - Werte. Aber ehrlich gesagt gibt es eine einfachere Möglichkeit, die χ^2-Größe zu berechnen:

Wichtig 7

Es gilt:

$$\chi^2 = n \cdot \left(\sum_{i=1}^{k} \sum_{j=1}^{l} \frac{(n_{ij})^2}{n_{i\bullet} \cdot n_{\bullet j}} \right) - n$$

Das kann man relativ einfach berechnen, und wir schauen uns das mal direkt an unserem Beispiel an:

---

[28] Das spricht sich: Chi-Quadrat-Größe.

Beispiel 20

Im obigen Beispiel berechnet sich die χ^2-Größe wie folgt:

$$\chi^2$$

$$= 100$$

$$\left(\frac{12^2}{34\cdot43} + \frac{23^2}{36\cdot43} + \frac{8^2}{30\cdot43} + \frac{19^2}{34\cdot38} + \frac{4^2}{36\cdot38} + \frac{15^2}{30\cdot38} + \frac{2^2}{34\cdot8} + \frac{1^2}{36\cdot8} + \frac{5^2}{30\cdot8} + \frac{1^2}{34\cdot11} + \frac{8^2}{36\cdot11} + \frac{2^2}{30\cdot11}\right) -$$
$$100 = 27{,}707092$$

OK, berechnen können wir das. Das Problem besteht aber nun darin, diese Zahl zu interpretieren, und das ist dann schon nicht mehr so einfach. Denn diese Größe kann prinzipiell jeden positiven Wert annehmen, und ob der Wert jetzt hoch oder niedrig ist, kann man nicht beurteilen. Sie ist also in dieser Gestalt denkbar ungeeignet, um damit etwas (insb. Abhängigkeit) zu messen. Überhaupt hat man sich darauf geeinigt, dass man an Maßzahlen bestimmte Anforderungen stellt. Sie müssen positiv sein[29], eine Maßzahl muss zwischen 0 und 1 liegen[30] und sie muss umso größer sein, je stärker das, was man messen möchte, ausgeprägt ist[31]. Außerdem soll die Maßzahl den Wert 1 annehmen, wenn das, was sie misst, maximal vorhanden ist, und sie soll den Wert 0 haben, wenn das, was sie misst, nicht vorhanden ist[32].

Aufgrund dieser Konvention müssen wir die χ^2-Größe noch etwas umrechnen, bevor wir eine Maßzahl erhalten, die wir sinnvoll interpretieren können, nämlich den (korrigierten) Kontingenzkoeffizienten von Pearson:

Bezeichnung 23
Kontingenzkoeffizient von Pearson
Der Kontingenzkoeffizient von Pearson berechnet sich wie folgt:

$$K = \sqrt{\frac{\chi^2}{n + \chi^2}}$$

Dieser Kontingenzkoeffizient hat zwar schon fast alle gewünschten Eigenschaften, er wird aber maximal nicht genau 1, sondern:

---

[29] OK, das ist sie.

[30] Da hakt's doch schon.

[31] Das muss noch überprüft werden.

[32] In unserem Fall also im Fall der Unabhängigkeit.

Wichtig 8

Es gilt

$$0 \leq K \leq \sqrt{\frac{min(k,l) - 1}{min(k,l)}} < 1$$

Hierbei ist k die Anzahl der Ausprägungen des ersten Merkmals (=Zeilen) und l die Anzahl der Ausprägungen des zweiten Merkmals (=Spalten).

So geht's natürlich nicht. Also müssen wir den Kontingenzkoeffizienten noch (geringfügig) korrigieren und erhalten endlich unsere Maßzahl:

Bezeichnung 24

Korrigierter Kontingenzkoeffizient von Pearson

Der korrigierte Kontingenzkoeffizient von Pearson K^* ist definiert durch:

$$K^* = K \cdot \sqrt{\frac{min(k,l)}{min(k,l) - 1}}$$

Und der erfüllt alle unsere Anforderungen:

Wichtig 9

Der korrigierte Kontingenzkoeffizient von Pearson K^* besitzt folgende Eigenschaften:
1. **$0 \leq K^* \leq 1$**
2. **$K^* = 0$, genau dann, wenn die beiden Merkmale empirisch unabhängig sind.**
3. **$K^* = 1$, genau dann, wenn die Häufigkeiten 100%ig voneinander abhängen, d.h. für jede Merkmalsausprägung sind die Häufigkeiten in genau einem Feld konzentriert.**
4. **Je größer K^* ist, desto stärker sind die beiden Merkmale voneinander abhängig.**

Auch diese beiden Kenngrößen berechnen wir für das obige Beispiel:

Beispiel 21

Da die χ^2-Größe schon berechnet wurde, ist nicht mehr viel zu tun:

$$K = \sqrt{\frac{27{,}707092}{27{,}707092 + 100}} = 0{,}465788$$

und in der korrigierten Version:

$$K^* = 0,465788 \cdot \sqrt{\frac{3}{2}} = 0,5704714$$

Damit können wir nun urteilen, dass in der vorgegebenen Stichprobe ein mittlerer Zusammenhang zwischen Augen- und Haarfarbe besteht. Diesen gilt es nun inhaltlich zu spezifizieren. Die Zahl alleine genügt auf keinen Fall. Sie sollten also erwähnen, dass unter den Blonden in erste Linie Blauäugige zu finden sind, dass die Braunhaarigen vorwiegend braune Augen haben u.ä.

Hier kann man nun schön verstehen, dass zwischen empirischem Zusammenhang und inhaltlichem Zusammenhang ein großer Unterschied besteht. Denn die Statistik liefert nur einen Hinweis, dass hier ein Zusammenhang besteht, aber wie er begründet ist, das kann man nur rauskriegen, wenn man sich mit Biologie beschäftigt.

3.2   Zusammenhangsuntersuchung bei ordinalen Merkmalen

Schön, mit nominalen Daten können wir nun umgehen. Was gibt es aber noch für Möglichkeiten, wenn die Daten ein höheres Skalenniveau besitzen, nämlich zumindest ordinal skaliert sind? Dann hat man ja die zusätzliche Information, dass die Ausprägungen sinnvoll geordnet werden können. Und klar sollte man diese Information auch benutzen.[33]

Des Rätsels Lösung ist der Rangkorrelationskoeffizient von Spearman:

<u>Bezeichnung 25</u>
<u>Rangkorrelationskoeffizient von Spearman</u>
Seien R_i die Ränge der Ausprägungen des ersten Merkmals und S_i die Ränge der Ausprägungen des zweiten Merkmals. $\bar{R}$ und $\bar{S}$ seien die Durchschnitte der jeweiligen Ränge. Dann ist der Rangkorrelationskoeffizient von Spearman r_{Sp} wie folgt definiert:

$$r_{Sp} = \frac{\sum_{i=1}^{n}\left((R_i - \bar{R}) \cdot (S_i - \bar{S})\right)}{\sqrt{\sum_{i=1}^{n}(R_i - \bar{R})^2} \cdot \sqrt{\sum_{i=1}^{n}(S_i - \bar{S})^2}}$$

---

[33] Man kann es natürlich auch ignorieren und einfach eine Kontingenztabelle erstellen und den Kontingenzkoeffizienten berechnen, aber mehr Inputinformationen liefern tendenziell auch ein besseres Outputergebnis.

OK, eine echte Monsterformel. Wichtig ist, dass man sich nie für die eigentlichen Messwerte interessiert, sondern nur für die Ränge, also die Platzierungen. Und ein bisschen einfacher kann man sich das Leben machen, wenn man zum Rechnen die folgende Formel benutzt:

Wichtig 10

$$r_{Sp} = \frac{\overline{R \cdot S} - \bar{R} \cdot \bar{S}}{\sqrt{\overline{R^2} - (\bar{R})^2} \cdot \sqrt{\overline{S^2} - (\bar{S})^2}}$$

Nun, diese Formel muss man erstmal lesen können. Das Meiste kennen Sie schon: $\bar{R}$ und $\bar{S}$ sind die Mittelwerte der Ränge des ersten bzw. des zweiten Merkmals, $\overline{R^2}$ und $\overline{S^2}$ sind die Mittelwerte über die quadrierten Ränge der beiden Merkmale.[34] Das einzige, das Sie unter Umständen noch nicht kennen, ist $\overline{R \cdot S}$. Das bedeutet, dass Sie für jeden Merkmalsträger die Ränge der beiden Merkmale multiplizieren müssen und den Mittelwert über diese Produkte bilden. Auf Mathe: $\overline{R \cdot S} = \frac{1}{n} \sum_{i=1}^{n} R_i \cdot S_i$

Auch diese Formel ist noch recht arbeitsaufwändig. Gottseidank gibt es für einen speziellen Fall eine Vereinfachung, die aber nur für den Fall gilt, dass alle Messwerte eines Merkmals unterschiedlich sind,[35] dass also jede Platzierungsnummer (=jeder Rang) pro Merkmal nur einmal auftritt.

Wichtig 11

Wenn alle Merkmalsausprägungen der jeweiligen betrachteten Merkmale unterschiedlich sind, lässt sich der Rangkorrelationskoeffizient von Spearman wie folgt berechnen:

$$r_{Sp} = 1 - \frac{6}{n(n^2 - 1)} \sum_{i=1}^{n} (R_i - S_i)^2$$

Es wird Zeit für ein Beispiel:

---

[34] Genau wie bei der Berechnung der empirischen Varianz!

[35] Wenn gleiche Platzierungen auftreten, muss man daran denken, dass dann der nächste Platz unbesetzt ist. Also wenn es drei 2. Plätze gibt, dann gibt es keinen 3. und keinen 4. Platz und es geht weiter mit Platz 5!

Beispiel 22

Wir betrachten 10 Studierende der Betriebswirtschaft, die im ersten Semester die Module Mathematik und Informatik absolviert haben und folgende Ergebnisse erzielt haben:[36]

Student	1	2	3	4	5	6	7	8	9	10
Mathematik	2,3	4,0	3,3	2,7	1,3	1,7	5,0	2,0	3,0	1,0
Informatik	2,7	3,7	3,3	2,3	1,0	1,7	4,0	2,0	5,0	1,3

Die Tabelle der Ränge sieht dann wie folgt aus:

Student	1	2	3	4	5	6	7	8	9	10
Mathematik (R_i)	5	9	8	6	2	3	10	4	7	1
Informatik (S_i)	6	8	7	5	1	3	9	4	10	2

Alle Ränge sind also unterschiedlich und wir können die vereinfachte Formel anwenden:

$$r_{Sp} = 1 - \frac{6}{10 \cdot 99}((-1)^2 + (1)^2 + (1)^2 + (1)^2 + (1)^2 + (0)^2 + (1)^2 + (0)^2 + (-3)^2$$
$$+ (-1)^2) = 1 - \frac{6}{990} \cdot 16 = 1 - 0,0969696 = 0,9030303$$

Aber auch die allgemeine Formel sollten wir kurz üben:

Es gilt: $\bar{R} = \bar{S} = 5,5; \overline{R^2} = \overline{S^2} = 38,5; \overline{R \cdot S} = 37,7.$

Also berechnet sich der Rangkorrelationskoeffizient von Spearman wie folgt:

$$r_{Sp} = \frac{37,7 - 5,5 \cdot 5,5}{\sqrt{38,5 - 5,5^2} \cdot \sqrt{38,5 - 5,5^2}} = \frac{7,45}{\sqrt{8,25} \cdot \sqrt{8,25}} = 0,9030303[37]$$

Auch der Rangkorrelationskoeffizient von Spearman besitzt einige Eigenschaften, die man sich merken sollte:

---

[36] Streng genommen sind Noten nämlich nur ordinale Merkmale, und man darf eigentlich gar keine Mittelwerte berechnen. Aber lassen wir das Thema jetzt mal…

[37] Wär jetzt auch saublöd, wenn da was anderes rausgekommen wäre…

Wichtig 12

- Der Rangkorrelationskoeffizient von Spearman liegt immer zwischen -1 und 1, d. h. $-1 \leq r_{Sp} \leq 1$
- Wenn r_{Sp} positiv ist, dann liegt ein positiver Zusammenhang vor, d.h. je besser die Ausprägungen beim ersten Merkmal sind, desto besser sind sie auch beim zweiten Merkmal. Im Extremfall gilt $r_{Sp} = 1$, dann sind alle Ränge des ersten Merkmals identisch zu den Rängen des zweiten Merkmals, d. h. erster beim ersten Merkmal war auch erster beim zweiten Merkmal usw.
- Wenn r_{Sp} negativ ist, dann liegt ein negativer Zusammenhang vor, d.h. je besser die Ausprägungen beim ersten Merkmal sind, desto schlechter sind sie beim zweiten Merkmal und umgekehrt. Im Extremfall gilt $r_{Sp} = -1$, dann sind die Ränge genau entgegen gesetzt, d. h. der Erste beim ersten Merkmal war Letzter beim zweiten Merkmal, der Zweite beim ersten Merkmal der Vorletzte beim zweiten usw.
- Wenn $r_{Sp} = 0$, dann geht man davon aus, dass zwischen den beiden ordinalen Merkmalen kein Zusammenhang besteht, zumindest keiner der Form „je mehr …, desto mehr …" bzw. „je mehr …, desto weniger …".
- Der Rangkorrelationskoeffizient von Spearman r_{Sp} verändert sich nicht, wenn die Merkmale beide entweder monoton steigend oder monoton fallend transformiert werden.

3.3 Zusammenhangsuntersuchung bei quantitativen Merkmalen

Quantitative Merkmale können am genauesten untersucht werden, weil man mit ihnen am besten rechnen kann. Bei diesen Merkmalen kann man nicht nur die Stärke des Zusammenhangs angeben, man kann sogar die Art des Zusammenhangs analysieren, hier gibt es nämlich Funktionen, die den Zusammenhang beschreiben.

3.3.1 Streuungsdiagramm

Bezeichnung 26

Streuungsdiagramm

Der erste Analyseschritt besteht meistens darin, die gegebenen Merkmalsausprägungen in ein xy-Diagramm einzuzeichnen, um eine Vermutung zu entwickeln, welcher Funktionstyp den Zusammenhang zwischen den Merkmalen am besten beschreibt. Dieses Diagramm nennt man Streuungsdiagramm. Und Vorsicht, bitte schön. Mit der Entscheidung, welches Merkmal Sie x und welches Sie y nennen, haben Sie bereits festgelegt, welches Merkmal welches beeinflusst. Denn wir sagen ja immer (meistens), dass $y = f(x)$ ist, und das bedeutet, dass wir davon ausgehen, dass y von x beeinflusst wird, und nicht umgekehrt. Diese Entscheidung nimmt Ihnen kein statistisches Verfahren ab, das können nur Sie (aus Plausibilitätsgründen oder theoriegestützt) argumentieren.

Beispiel 23

Bei den zehn Studenten des Fachbereichs wurde zusammen mit der Körpergröße auch das Gewicht erhoben. Die folgende Tabelle zeigt das Ergebnis:

Student	Größe [m]	Gewicht [kg]
1	1,56	58
2	1,67	63
3	1,68	74
4	1,72	74
5	1,86	95
6	1,92	78
7	1,56	49
8	1,67	62
9	1,72	80
10	1,53	50

Das zugehörige Streuungsdiagramm sieht dann wie folgt aus:

Abbildung 3.1   Beispiel eines Streuungsdiagramms

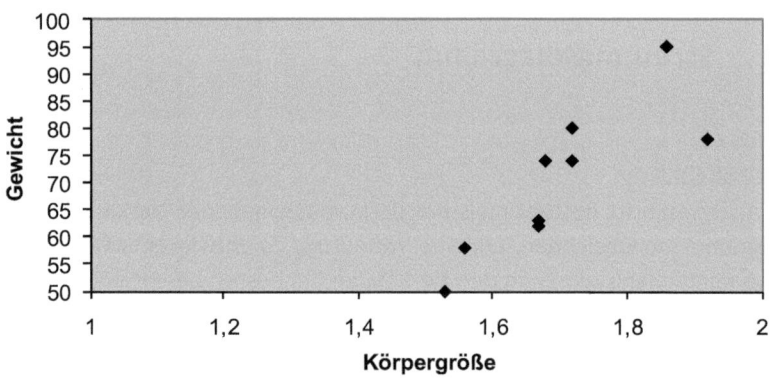

3.3.2 Methode der kleinsten Fehlerquadrate

Wenn man nun gar keine Idee hat, welche Funktion den Zusammenhang am besten darstellt, wird das Problem schwer zu lösen. Man sollte daher zumindest eine Funktionsart im „Verdacht" haben.[38] Dann erscheint es einigermaßen logisch, dass man etwaige zu bestimmende Parameter der Funktion so wählt, dass der Abstand zwischen den Messpunkten $(x_i; y_i)$ und der Funktion $f(x)$ minimal wird. Genauer gesagt minimiert man die Summe der vertikalen Abstandsquadrate[39], also $\sum_{i=1}^{n}\left(y_i - f(x_i)\right)^2$. Im Allgemeinen ist dieses Minimierungsproblem recht schwierig zu lösen, man muss wie üblich die ersten Ableitungen[40] Null setzen und überprüfen, ob man tatsächlich ein globales Minimum gefunden hat. Es gibt aber einige Spezialfälle, die man leicht berechnen kann.

3.3.3 Lineare Regression

Für den Fall, dass man begründet annimmt, dass zwischen den Messwerten ein linearer Zusammenhang herrscht, dass also gilt: $y_i \approx b \cdot x_i + a$ kann man nachweisen, dass die Methode der kleinsten Fehlerquadrate folgende Koeffizienten für die optimale Gerade ergibt:

Wichtig 13

Seien $(x_i; y_i)$ mit $i = 1, \dots, n$ gegebene Messwerte.

Dann ist $f(x) = \hat{b} \cdot x + \hat{a}$ die Gerade, die die Messwerte nach der Methode der kleinsten Fehlerquadrate am besten annähert, wenn

$$\hat{b} = \frac{\overline{xy} - \overline{x} \cdot \overline{y}}{\overline{x^2} - (\overline{x})^2}$$

und

$$\hat{a} = \overline{y} - \hat{b} \cdot \overline{x}$$

Hierbei bedeutet $\overline{xy} = \frac{1}{n} \cdot \sum_{i=1}^{n} x_i \cdot y_i$, Sie müssen also für jede gemessene Merkmalskombination das Produkt aus erstem und zweitem Messwert bilden, diese Produkte aufaddieren und zum Schluss durch die Anzahl der Messwerte dividieren.[41]

---

[38] Also, z. B. eine Gerade, eine Parabel, eine e-Funktion etc.

[39] Mal wieder aus dem Grund, dass die Abstände teilweise positiv und teilweise negativ sind und die Summe also geringer ausfallen würde, als es gerechtfertigt wäre.

[40] Selbstverständlich muss man nach den zu bestimmenden Parametern ableiten.

[41] Aber das kennen Sie ja schon vom Rangkorrelationskoeffizienten!

Logischerweise muss man zuerst $\hat{b}$ berechnen, bevor man $\hat{a}$ berechnen kann.[42]

Im obigen Beispiel ergibt sich dann:

Beispiel 24

Zum Nachrechnen mit allen Zwischenergebnissen:

$\bar{x} = 1{,}689$ $\qquad\qquad$ $\bar{y} = 68{,}3$ $\qquad\qquad$ $\overline{xy} = 116{,}783$

$\overline{x^2} = 2{,}86711$ $\qquad\qquad$ $\overline{y^2} = 4853{,}9$

$\hat{b} = 98{,}98533602$ $\qquad\qquad$ $\hat{a} = -98{,}88623254$

Also lautet die Regressionsgerade: $y = 98{,}98533602 \cdot x - 98{,}88623254$.

Grafisch sieht das Ganze so aus:

Abbildung 3.2   Beispiel für eine Regressionsgerade

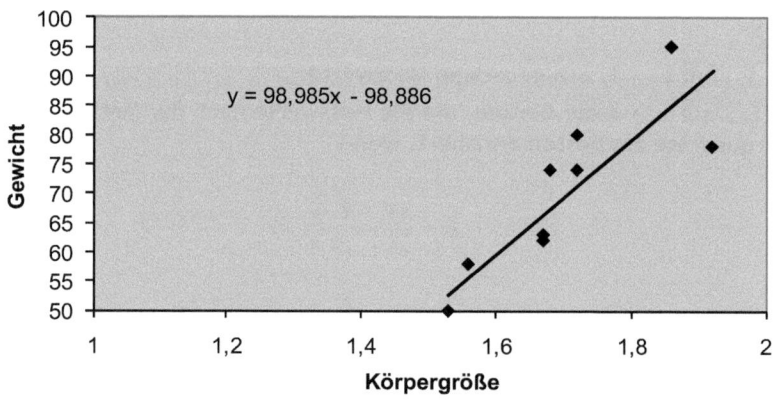

3.3.4   Zusammenhangsmaße bei quantitativen Daten

OK, die Regressionsgerade können Sie nun zeichnen. Sie sollten sich aber fragen, wie Sie beurteilen können, ob eine Gerade tatsächlich den realen Zusammenhang zwischen den Messwerten widerspiegelt. Ehrlich gesagt drängt sich mir manchmal der Verdacht auf, dass in Wirtschaft und Wissenschaft oft mit linearer Regression gearbeitet und argumen-

---

[42] Übrigens heißen die beiden Kollegen jetzt $\hat{a}$ und $\hat{b}$, weil man die Parameter geschätzt hat. Was das bedeutet, kommt später noch genauer.

tiert wird, weil es das einzige Verfahren ist, dass man kennt und vielleicht auch mal verstanden hat. Trotzdem sollte man immer genau verbal und anhand von theoretisch basierten Überlegungen argumentieren, dass ein linearer Zusammenhang für die vorliegende Problemstellung auch tatsächlich sinnvoll ist. Denn auch in der folgenden Situation können Sie eine Regressionsgerade berechnen, aber Hand auf's Herz, finden Sie das sinnvoll?

Beispiel 25

Messwert	x	y
1	0	8
2	1	5
3	2	4
4	3	5
5	4	8

Das zugehörige Streuungsdiagramm sieht wie folgt aus:

Abbildung 3.3   Streuungsdiagramm mit quadratischem Zusammenhang

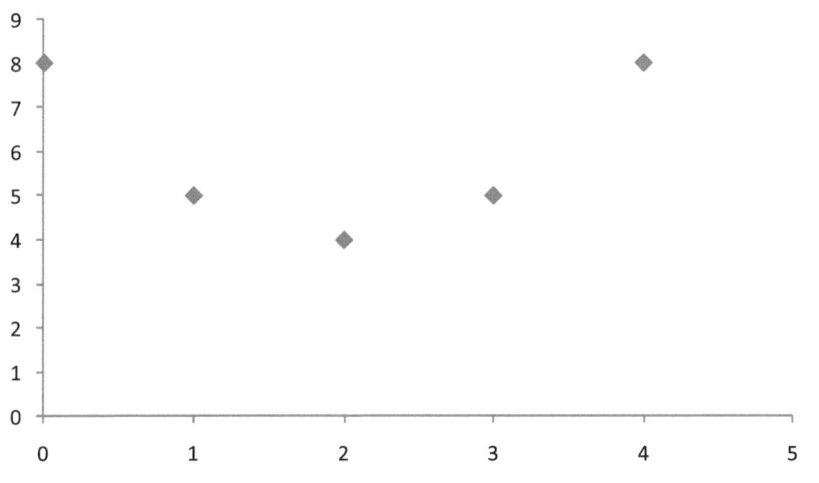

Mit bloßen Augen sollte man erkennen, dass es hier einen quadratischen Zusammenhang gibt, aber wenn man sich das Streuungsdiagramm nicht ansieht, ist die Gefahr groß, dass man ohne nachzudenken eine lineare Regression durchführt. Und statistische Verfahren sind hier gnadenlos. Sie funktionieren einwandfrei, auch wenn die Anwendung vollkommen idiotisch ist. In obigem Beispiel erhält man:

$\bar{x} = 2$ $\qquad\qquad\qquad \bar{y} = 6$ $\qquad\qquad\qquad \overline{xy} = 12$

$\overline{x^2} = 6$ $\qquad\qquad \overline{y^2} = 38,8$

$\hat{b} = 0$ $\qquad\qquad \hat{a} = 6$

Also lautet die Regressionsgerade: $y = 6$.

Grafisch sieht das Ganze so aus:

Abbildung 3.4   Beispiel einer Regressionsgeraden bei quadratischem Zusammenhang

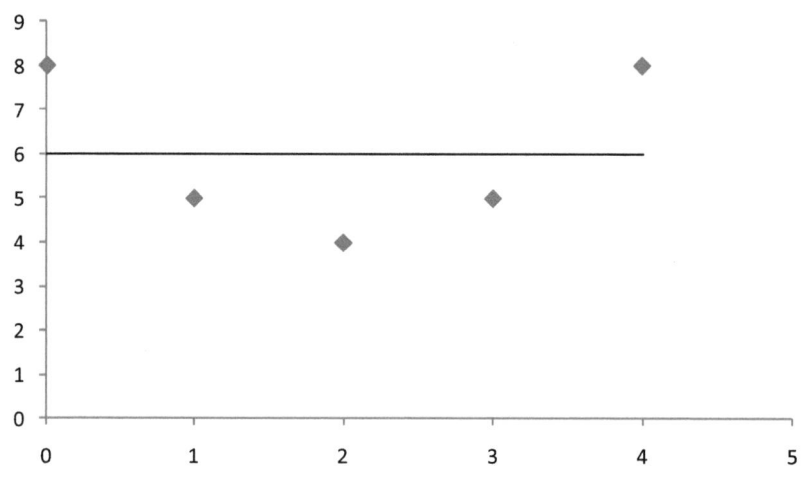

Mathematisch kann man die Argumentation, ob man einen linearen Zusammenhang unterstellt oder nicht, durch die Berechnung einer Maßzahl zur Messung des linearen Zusammenhangs unterstützen: Gemeint ist der Korrelationskoeffizient von Bravais-Pearson.

<u>Bezeichnung 27</u>
<u>Korrelationskoeffizient von Bravais-Pearson</u>
Der Korrelationskoeffizient von Bravais-Pearson r_{xy} wird wie folgt berechnet:

$$r_{xy} = \frac{\overline{xy} - \bar{x} \cdot \bar{y}}{\sqrt{\overline{x^2} - (\bar{x})^2} \cdot \sqrt{\overline{y^2} - (\bar{y})^2}}$$

Über den Korrelationskoeffizienten von Bravais-Pearson sollte man einiges wissen:

Wichtig 14
- **Der Korrelationskoeffizient liegt immer zwischen -1 und 1, d. h. $-1 \leq r_{xy} \leq 1$.**
- $r_{xy} = 1$ **genau dann, wenn alle Messwerte 100%ig auf einer Geraden mit positiver Steigung liegen.**
$r_{xy} = -1$ **genau dann, wenn alle Messwerte 100%ig auf einer Geraden mit negativer Steigung liegen.**

Üblicherweise erreichen die Messwerte nie eine Korrelation von ±1. Um die Aussagekraft der Korrelation dann beurteilen zu können, gibt es einige Daumenregeln, die aber in Abhängigkeit von der empirischen Untersuchung variiert werden müssen.[43]

Bezeichnung 28
Korreliertheit
- Die Merkmale X und Y heißen positiv korreliert, wenn $r_{xy} > 0$.
- Die Merkmale X und Y heißen negativ korreliert, wenn $r_{xy} < 0$.
- Die Merkmale X und Y heißen unkorreliert, wenn $r_{xy} = 0$. In diesem Fall liegt kein linearer Zusammenhang zwischen den Merkmalen vor.
- Die Merkmale X und Y heißen nicht / kaum korreliert, wenn $-0,3 \leq r_{xy} \leq 0,3$.
- Die Merkmale X und Y heißen schwach korreliert, wenn $-0,7 \leq r_{xy} \leq -0,3$ bzw. $0,3 \leq r\_xy \leq 0,7$.
- Die Merkmale X und Y heißen stark korreliert, wenn $-1 \leq r_{xy} \leq -0,7$ bzw. $0,7 \leq r_{xy} \leq 1$.

Streng genommen handelt es sich beim Korrelationskoeffizienten nicht um eine Maßzahl, denn wie weiter oben gefordert, soll eine Maßzahl immer zwischen 0 und 1 liegen, und das tut r_{xy} offensichtlich nicht. Durch Quadrieren des Korrelationskoeffizienten erreicht man aber genau dieses, erkauft sich das allerdings durch den Verlust der Orientierung der Korrelation (positiv oder negativ korreliert).

Bezeichnung 29
Bestimmtheitsmaß
Die entstehende Maßzahl heißt Bestimmtheitsmaß $B_{xy} = r_{xy}^2$

- Es gilt: $0 \leq B_{xy} \leq 1$.
- $B_{xy} = 1$ genau dann, wenn alle Messwerte auf einer Geraden liegen.
- Die Merkmale X und Y heißen nicht / kaum korreliert, wenn $0 \leq B_{xy} \leq 0,1$.

---

[43] Bei Befragungen von Menschen zu heiklen Themen z.B. hat man oft so große Störeffekte, dass es selten zu starken Korrelationen kommt. Auch das Skalenniveau der Antwortmöglichkeiten verzerrt die Korrelationswerte.

- Die Merkmale X und Y heißen schwach korreliert, wenn $0{,}1 \leq B_{xy} \leq 0{,}5$.
- Die Merkmale X und Y heißen stark korreliert, wenn $0{,}5 \leq B_{xy} \leq 1$.

Jetzt wird's aber Zeit für ein Beispiel. Mal sehen, was wir über den Zusammenhang zwischen Gewicht und Größe unserer Studierenden aussagen können:

Beispiel 26

Im obigen Beispiel der Körpergrößen und Gewichte ergibt sich Folgendes:

$$r_{xy} = \frac{116{,}783 - 1{,}689 \cdot 68{,}3}{\sqrt{2{,}86711 - 1{,}1689^2} \cdot \sqrt{4853{,}9 - 68{,}3^2}} = 0{,}863661931$$

sowie

$B_{xy} = 0{,}863661931^2 = 0{,}745911931$

Aus beiden Kenngrößen geht hervor, dass zwischen Körpergröße und Gewicht der Studierenden ein starker linearer Zusammenhang besteht, die Messgrößen sind stark korreliert. Auch sachlogisch macht diese Aussage Sinn.

Beispiel 27

In dem Beispiel mit dem eindeutigen quadratischen Zusammenhang ergibt sich übrigens, dass sowohl $r_{xy} = \frac{12 - 2 \cdot 6}{\sqrt{6 - 2^2} \cdot \sqrt{38{,}8 - 6^2}} = 0$ als auch $B_{xy} = 0$. Auch das legt wirklich nahe, dass man in der Situation wohl keinen linearen Zusammenhang unterstellen sollte.

3.4   Übungsaufgaben

<u>Aufgabe 4</u>

25 Unternehmer, von denen jeder einer der drei Branchen Automobil (A), Bau (B) oder Chemie (C) angehört, wurden zur wirtschaftlichen Entwicklung im kommenden Jahr befragt. Dabei ergab sich das folgende Ergebnis (b = besser, g = gleichbleibend, s = schlechter):

(A;b); (C;b); (C;g); (A;b); (B;s); (A;g); (C;g); (B;g); (A;b); (C;s); (A;b); (C;g);

(A;s); (B;g); (C;b); (B;s); (A;g); (B;s); (C;b); (A;b); (A;b); (C;b); (A;g); (B;g); (C;b)

Der erste Eintrag beschreibt jeweils die Branche, während der zweite die Einschätzung für das kommende Jahr angibt.

a)   Erstellen Sie eine Kontingenztabelle.

b) Berechnen Sie die bedingten Verteilungen.

c) Berechnen Sie die x^2-Größe, den Kontingenzkoeffizienten und den korrigierten Kontingenzkoeffizienten.

d) Sind die Merkmale unabhängig?

Aufgabe 5

Acht Läufer haben einen 100m und einen 400m Lauf absolviert. In der nachfolgenden Tabelle sind ihre Zeiten festgehalten.

Läufer	Zeit 100m [s]	Zeit 400m [s]
1	10,2	47,2
2	11,4	46
3	10,4	48,5
4	10,1	48
5	10,3	46,2
6	12	46,8
7	11,2	45,4
8	11	47

Berechnen Sie den Rangkorrelationskoeffizienten von Spearman.

Aufgabe 6

Ein Unternehmen hat für die Jahre von 2001 bis 2010 die inflationsbereinigten Umsätze und die inflationsbereinigten Werbeausgaben notiert.

Jahr	Werbeausgaben [Mio Euro]	Umsatz [Mio. Euro]
2001	5	120
2002	8	135
2003	8	145
2004	7	134
2005	9	165
2006	10	158
2007	12	170

Jahr	Werbeausgaben [Mio Euro]	Umsatz [Mio. Euro]
2008	8	145
2009	10	175
2010	14	195

a) Zeichnen Sie das Streuungsdiagramm zur Einflussanalyse der Werbeausgaben auf den Umsatz.

b) Berechnen Sie die Regressionsgerade, die prognostiziert, welchen Einfluss die Werbeausgaben auf den Umsatz haben.

c) Berechnen Sie den Korrelationskoeffizienten von Bravais-Pearson und das Bestimmtheitsmaß.

d) Wie hoch ist Ihre Prognose für den Umsatz bei einem Werbebudget von 11 Mio. Euro? Wie beurteilen Sie die Situation bei einem Werbebudget von 100 Mio. Euro?

4 Wahrscheinlichkeitsrechnung

Nun verlassen wir den Bereich der deskriptiven Statistik und wenden uns dem theoretischen Konzept der Wahrscheinlichkeiten zu. Es geht ab jetzt also nicht mehr um beobachtbare Häufigkeiten, sondern um das Konzept, das sozusagen dahinter steckt.

4.1 Wahrscheinlichkeitsraum, Ereignisse, Wahrscheinlichkeiten

In der Wahrscheinlichkeitsrechnung werden Modelle für Zufallsexperimente entwickelt und untersucht. Dazu muss man natürlich wissen, was das ist:

Bezeichnung 30

Zufallsexperiment

Ein Zufallsexperiment E ist durch drei Eigenschaften gekennzeichnet:

(i)   Die Menge Ω aller möglichen Ergebnisse ω ist (prinzipiell) vor dem Experiment bekannt.
(ii) Das tatsächlich realisierte Ergebnis $\omega \in \Omega$ ist nicht mit Sicherheit vorhersagbar.
(iii) Das Experiment kann (zumindest prinzipiell) beliebig oft und unabhängig wiederholt werden.

Beispiel 28

Betrachten wir das Beispiel, das Ihnen am Ende des Kapitels zu den Ohren rauskommen wird. Aber es hat nun einmal den Vorteil, dass es schön einfach ist und Sie es alle schon kennen: den einfachen Würfelwurf. Dabei handelt es sich um ein Zufallsexperiment, denn schon im Vorhinein kennen wir die Menge aller möglichen Ergebnisse, denn wenn wir von irgendwelchen pathologischen Ergebnissen wie Gulli und Kippe einmal absehen, dann ist $\Omega = \{1, 2, 3, 4, 5, 6\}$. Wenn der Würfel aber nicht manipuliert ist, können wir nicht mit Sicherheit vorhersagen, welches $\omega \in \Omega$ realisiert wird. Naja, und zu guter Letzt kann man natürlich beliebig oft würfeln, mal abgesehen davon, dass man irgendwann zu Asche und Staub zerfallen ist.

Hierbei müssen Sie auch einige weitere Begriffe kennen:

Bezeichnung 31

Ergebnismenge; Ergebnis

Die Menge Ω aller bei Durchführung des Zufallsexperiments E möglichen Ergebnisse ω heißt Grundraum oder Ergebnismenge.
Jedes $\omega \in \Omega$ heißt Ergebnis oder Elementarereignis.

Bezeichnung 32

Ereignis; Ereignisraum

Ein Ereignis A ist eine Teilmenge von Ω: $A \subseteq \Omega$. Die Gesamtheit
$A = \{A | A \subset \Omega \text{ ist Ereignis}\}$ heißt Ereignisraum.

Sprechweise: A tritt ein: $\Leftrightarrow$ Das realisierte ω liegt in A: $\omega \in A$. In der Praxis entspricht jedes Ereignis A einer verbalen Aussage.

Es ist kein Zufall, dass zur Darstellung von Ereignissen dieselben Symbole wie für Mengen verwendet werden. Vielmehr lassen sich Ereignisse als Mengen darstellen, die zugehörigen Abbildungen heißen Venn-Diagramme und helfen oft bei der Analyse von Ereignissen.

Beispiel 29

Das Ereignis, eine gerade Augenzahl zu würfeln, entspricht dem Ereignis $A = \{2, 4, 6\}$ beim einfachen Würfelwurf. Das zugehörige Venn-Diagramm sieht folgendermaßen aus:

Abbildung 4.1   Venn-Diagramm für das Ereignis, eine gerade Zahl zu würfeln

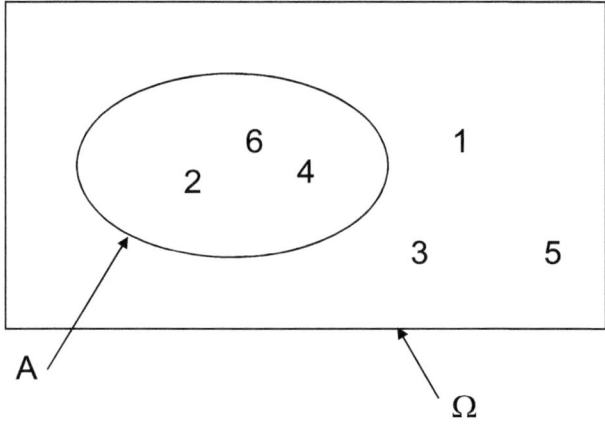

Wichtig sind auch einige spezielle Ereignisse und Notationen:

Bezeichnung 33

Wichtige Ereignisse

− $A = \Omega$ heißt sicheres Ereignis ($\omega \in \Omega$ gilt immer!).
− $A = \emptyset$ heißt unmögliches Ereignis ($\omega \in \emptyset$ gilt nie!).
− $\bar{A} := \Omega \backslash A = \{\omega | \omega \in \Omega, \omega \notin A\}$ heißt komplementäres Ereignis zu A bzw. Gegenteil von A. Verbal gesehen spricht man auch davon, dass das Ereignis A nicht eintritt. Das zugehörige Venn-Diagramm sieht wie folgt aus:

Abbildung 4.2   Venn-Diagramm zum Komplementärereignis

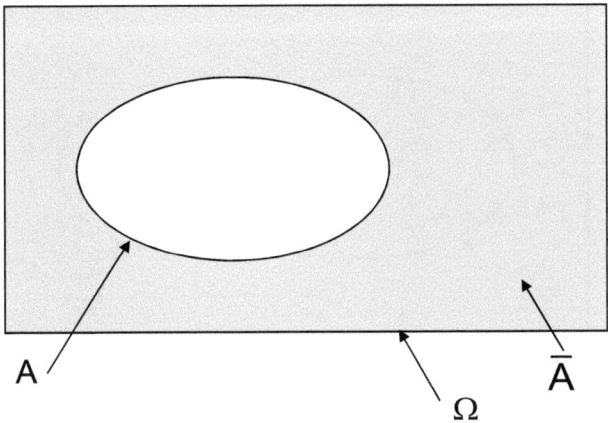

- Seien A und B zwei Ereignisse. Dann heißen $A \cup B := \{\omega | \omega \in A \text{ oder } \omega \in B\}$ die Vereinigung der Ereignisse A und B. Verbal spricht man davon, dass A oder B (oder beides) eintritt. Das zugehörige Venn-Diagramm sieht wie folgt aus:

Abbildung 4.3   Venn-Diagramm zur Vereinigung von zwei Ereignissen

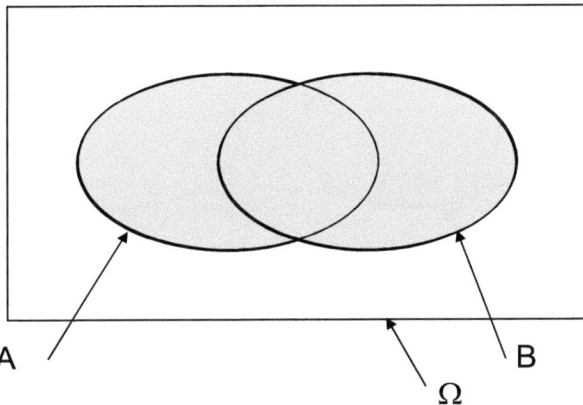

- $A \cap B := \{\omega | \omega \in A \text{ und } \omega \in B\}$ der Durchschnitt der Ereignisse A und B. Man sagt, dass A und B gleichzeitig eintreten.

Abbildung 4.4   Venn-Diagramm zur Schnittmenge zweier Ereignisse

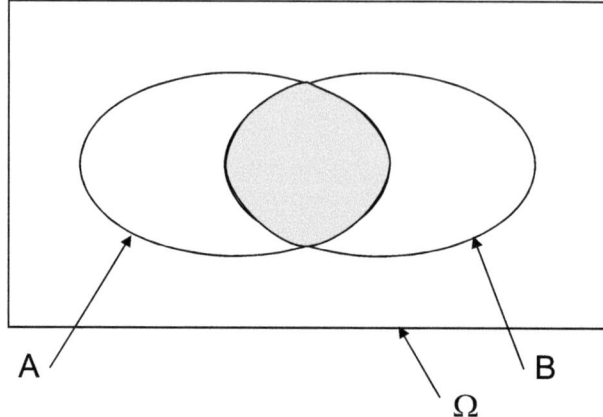

- Ist $A \cap B = \emptyset$, so heißen die Ereignisse A und B disjunkt. Die Ereignisse können nicht gleichzeitig eintreten. Das zugehörige Venn-Diagramm sieht wie folgt aus:

Abbildung 4.5   Venn-Diagramm zweier disjunkter Ereignisse

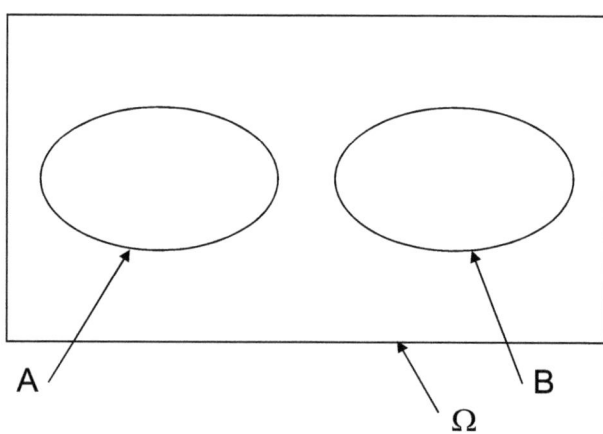

- Die Vereinigung von $k \geq 2$ Ereignissen $A_1, A_2, \ldots, A_k$ wird mit $U_{i=1}^{k} A_i := A_1 \cup A_2 \cup \ldots \cup A_k$ bezeichnet (Mindestens eines der A_i tritt ein).
- Der Durchschnitt von $k \geq 2$ Ereignissen $A_1, A_2, \ldots, A_k$ wird mit $\cap_{i=1}^{k} A_i := A_1 \cap A_2 \cap \ldots \cap A_k$ bezeichnet (Alle A_i treten gleichzeitig ein).

- Die Ereignisse $A_1, A_2, \ldots, A_k$ heißen paarweise disjunkt, wenn für alle Paare $i, j \in 1, \ldots, k$ mit $i \neq j$ gilt: $A_i \cap A_j = \emptyset$.
- Die Notation $A + B$ bzw. $\sum_{i=1}^{k} A_i$ bezeichnet die Vereinigung paarweise disjunkter Ereignisse A, B bzw. $A_1, A_2, \ldots, A_k$.

Beispiel 30

Betrachten wir noch einmal den einfachen Würfelwurf. Das Ereignis A, eine 1, 2, 3, 4, 5, 6 zu würfeln, ist alles, was bei einem einfachen Würfelwurf herauskommen kann, also das sichere Ereignis $A = \Omega$. Wenn wir uns für das Ereignis B interessieren, gleichzeitig eine gerade und eine ungerade Zahl zu würfeln, dann haben wir es mit dem unmöglichen Ereignis $B = \emptyset$ zu tun, denn wenn man nur einmal würfelt, kann man nicht gleichzeitig eine gerade und eine ungerade Zahl würfeln. Genauer gesagt handelt es sich um zwei komplementäre Ereignisse. Wenn C das Ereignis ist, eine gerade Zahl zu würfeln, dann ist das Ereignis, eine ungerade Zahl zu würfeln, hiervon das Gegenteil, also $\bar{C}$. Daher sind C und $\bar{C}$ disjunkt.

Sei D das Ereignis, eine Zahl höchstens 4 zu würfeln. Dann ist das Ereignis, eine gerade Zahl oder höchstens eine vier zu würfeln, $C \cup D = \{1, 2, 3, 4, 6\}$. Und das Ereignis, gleichzeitig eine gerade Zahl und höchstens eine vier zu würfeln, ist $C \cap D = \{2, 4\}$.

Kommen wir nun zu einer Geschichte, mit der man Studierende ganz einfach in den Wahnsinn treiben kann: Kombinatorik. OK, wir dringen nicht in die höchsten Gefilden vor, aber die wichtigsten Zusammenhänge sind eigentlich ganz einfach![44] Und zwar geht es immer um die Fragestellung, wie viele Möglichkeiten es gibt, aus einer Urne mit n Dingen k Dinge herauszuziehen. Hierbei muss man unterscheiden, wie man zieht. Einerseits kann man mit oder ohne Zurücklegen der bereits gezogenen Dinge ziehen, oder anders ausgedrückt, man kann mit oder ohne Wiederholungen ziehen. Es gibt aber noch eine zweite Dimension der Ziehungsarten, nämlich die Dimension, ob die Reihenfolge der gezogenen Kugeln interessiert oder nicht. Das kann man auch interpretieren als: Die einzelnen Dinge sind unterscheidbar oder nicht. Die entsprechende Anzahl der Möglichkeiten aus n Dingen k Dinge zu ziehen kann man am besten tabellarisch ausdrücken:

	Mit Reihenfolge / unterscheidbar	Ohne Reihenfolge / nicht unterscheidbar
Mit Zurücklegen / mit Wiederholung	n^k	$\binom{n + k - 1}{k}$
Ohne Zurücklegen / ohne Wiederholung	$(n)_k = \dfrac{n!}{(n-k)!} = n(n-1) \cdot (n-2) \cdot \ldots \cdot (n-k+1)$	$\binom{n}{k}$

---

[44] Wenn man weiß, wie es geht…

Sehen wir uns gleich einige Beispiele an:

Beispiel 31

Als erstes berechnen wir doch mal die Anzahl der Möglichkeiten, aus 49 Kugeln 6 Kugeln zu ziehen, und zwar ohne Zurücklegen und ohne dass uns die Reihenfolge der gezogenen Kugeln interessiert. Sprich wir interessieren uns für die Möglichkeiten, die beim Samstagslotto gezogen werden können. Das muss gemäß der obigen Tabelle die Situation unten rechts sein, also müssen wir berechnen: $\binom{49}{6} = 13.983.816.$[45] *Upps, das sind ne Menge Möglichkeiten.*[46]

Stellen wir uns kurz vor, Franziska Reichenbacher würde jedes Mal, nachdem sie eine Lottokugel gezogen hat, diese wieder in die Urne zurückwerfen. Wie viele Möglichkeiten gibt es dann für die Ziehung von sechs Lottokugeln? Gemäß der Situation oben rechts (denn die Reihenfolge, in der sie die Kugeln zieht, interessiert uns immer noch nicht) sind es $\binom{49+6-1}{6} = \binom{54}{6} = 25.827.165$ *Möglichkeiten.*

Als nächstes hätte ich gerne gewusst, wie viele sinnhafte und sinnlose vierbuchstabige Wörter Sie aus den Buchstaben des Worts BLUMENTOPF (10 Buchstaben) bilden können (ohne Wiederholung). Da in diesem Wort jeder Buchstabe nur einmal vorkommt und die Reihenfolge der gezogenen Buchstaben wichtig ist, müssen wir nach der Situation unten links vorgehen. Wir berechnen: $(10)_4 = \frac{10!}{6!} = 10 \cdot 9 \cdot 8 \cdot 7 = 5040.$[47]

Und zum Schluss noch: Wie viele sinnlose und sinnhafte vierbuchstabige Wörter können Sie aus dem Wort BLUMENTOPF bilden, wenn Sie jeden Buchstaben so oft verwenden dürfen, wie Sie möchten? Dann ziehen wir die Buchstaben mit Wiederholung und unter Beachtung der Reihenfolge, also gibt es $10^4 = 10.000$ *Möglichkeiten.*

Um kompliziertere Ereignisse untersuchen zu können, müssen Sie noch einige Zusammenhänge beherrschen:

Wichtig 15
Regeln von de Morgan
Sind A und B zwei Ereignisse, so gelten für die Komplemente von Vereinigung und Durchschnitt:

$\overline{A \cup B} = \overline{A} \cap \overline{B}$ **und** $\overline{A \cap B} = \overline{A} \cup \overline{B}$.

Entsprechendes gilt für die Komplemente der Vereinigung und des Durchschnitts von k Ereignissen $A_1, A_2, \ldots, A_k$: $\overline{\bigcup_{i=1}^{k} A_i} = \bigcap_{i=1}^{k} \overline{A_i}$ *und* $\overline{\bigcap_{i=1}^{k} A_i} = \bigcup_{i=1}^{k} \overline{A_i}$.

---

[45] Ihr Taschenrechner hat hierfür übrigens eine „nCr"-Taste.

[46] Und wenn Sie jetzt noch die Kehrwerttaste Ihres Taschenrechners drücken, dann sehen Sie mal, wie gering die Wahrscheinlichkeit ist, im Lotto sechs Richtige zu haben. Und für das große Geld müssen Sie die Wahrscheinlichkeit noch mal durch zehn teilen, denn die Superzahl muss auch noch stimmen.

[47] Dafür hat Ihr Taschenrechner eine „nPr"-Taste.

Beispiel 32

Das Ereignis, nicht eine gerade Zahl oder höchstens eine vier zu würfeln, ist also dasselbe wie das Ereignis, keine gerade Zahl und gleichzeitig mindestens eine fünf zu würfeln.[48]

Betrachten wir lieber die Formeln: Es seien $A = \{2, 4, 6\}$ und $B = \{1, 2, 3, 4\}$. Dann ist $\overline{A \cup B} = \overline{\{1, 2, 3, 4, 6\}} = \{5\}$. Auf der anderen Seite ist $\bar{A} \cap \bar{B} = \overline{\{2,4,6\}} \cap \overline{\{1,2,3,4\}} = \{1,3,5\} \cap \{5,6\} = \{5\}$. Also handelt es sich tatsächlich um dasselbe Ereignis.

Neben den Regeln von de Morgan ist die Kenntnis der Distributivgesetze nützlich:

Wichtig 16

Distributivgesetze

Für Mengen/ Ereignisse A, B, C gelten die Rechenregeln

$A \cup (B \cap C) = (A \cup B) \cap (A \cup C)$ **und** $A \cap (B \cup C) = (A \cap B) \cup (A \cap C)$.

Beispiel 33

Betrachten wir das Ereignis, dass man eine gerade Zahl (A) oder gleichzeitig höchstens eine vier (B) und mindestens eine drei (C) würfelt. Dann ist das Ereignis $A \cup (B \cap C) = \{2,4,6\} \cup (\{1,2,3,4\} \cap \{3,4,5,6\}) = \{2,3,4,6\}$ gesucht. Andererseits sind $A \cup B = \{1,2,3,4,6\}$ und $A \cup C = \{2,3,4,5,6\}$. Deren Schnittmenge ist $(A \cup B) \cap (A \cup C) = \{2,3,4,6\}$. Also sind beide Ereignisse gleich.

Bislang haben wir uns noch gar nicht mit Wahrscheinlichkeiten beschäftigt. Alle Zusammenhänge bezogen sich lediglich auf Ereignisse. Nun beziehen wir Wahrscheinlichkeiten mit in unsere Überlegungen ein. Allerdings müssen wir hierfür erst einmal festhalten, was eigentlich eine Wahrscheinlichkeit ist.[49] Dazu halten wir fest, dass alles Wahrscheinlichkeit ist, was die folgenden Anforderungen erfüllt:

Wichtig 17

Kolmogorov-Axiome

Ein Wahrscheinlichkeitsmaß auf A ist eine Funktion $P: A \rightarrow \mathbb{R}$, die jedem Ereignis $A \in A$ eine Zahl $P(A)$ zuordnet und die die sogenannten Kolmogorov-Axiome erfüllt:

---

[48] Ich liebe diese Stelle. Spätestens hier sollten Sie einsehen, dass eine mathematische Formel manchmal wirklich etwas schönes ist, denn diesen deutschen Satz, auch wenn er mehr oder weniger grammatisch richtig ist, ist wahrlich schwer zu verstehen.

[49] Ehrlich gesagt ist das gar nicht so einfach, und die Gelehrten streiten sich hierüber schon lange. Wenn es Sie interessiert, finden Sie bei Bamberg, G., Baur, F. (2006):"Statistik", 12. Auflage (München) einen Überblick über die Diskussion. Ich beschränke mich hier auf den axiomatischen Ansatz.

(i) $P(A) \geq 0$ für alle Ereignisse $\in A$ (Nicht-Negativität). Wir fordern also, dass eine Wahrscheinlichkeit nicht negativ werden darf. Das sollte Ihnen bekannt sein.

(ii) $P(\Omega) = 1$ (Normierungseigenschaft). Die Wahrscheinlichkeit, dass irgendein Ergebnis eintritt, beträgt 100%, also 1.[50]

(iii) Für paarweise disjunkte Ereignisse $,,\dots,$ $\in A$ gilt:

$P(\cup_{i=1}^{n} A_i) = \sum_{i=1}^{n} P(A_i)$ (Additivität). Das bedeutet, dass man bei Ereignissen, die nicht gleichzeitig eintreten können, die Einzelwahrscheinlichkeiten addieren darf.

Diese Bedingung muss auch für $n = \infty$ erfüllt sein. In diesem Fall spricht man von σ-Additivität.

Jetzt haben wir alle Bestandteile des allgemein anerkannten Modells für Zufallsexperimente beisammen:

Bezeichnung 34
Wahrscheinlichkeitsraum

Das Paar (Ω, P) bzw. das Tripel (Ω, A, P) heißt Wahrscheinlichkeitsraum.

Für unsere Zwecke genügt es, dass wir uns mit der ersten Version beschäftigen: Ein Wahrscheinlichkeitsraum enthält dann tatsächlich alle Informationen, die man über ein Zufallsexperiment braucht: Was kann rauskommen? Mit welcher Wahrscheinlichkeit kommen die Ergebnisse raus?

Um kompliziertere Wahrscheinlichkeiten berechnen zu können, muss man einige Rechenregeln für Wahrscheinlichkeiten kennen, die man auch sehr schön mit Hilfe von Venn-Diagrammen begründen kann. Denn die Wahrscheinlichkeit eines Ereignisses wird im Venn-Diagramm durch den Flächeninhalt des Ereignisses dargestellt:

Wichtig 18

Es seien A, B Ereignisse. Dann gilt:

(i) $P(\emptyset) = 0$. Das ist klar, die Wahrscheinlichkeit des unmöglichen Ereignisses beträgt 0.[51]

(ii) $P(\overline{A}) = 1 - P(A)$. Auch das sollte Ihnen klar sein: Die Wahrscheinlichkeit, dass A nicht eintritt, beträgt 100% minus der Wahrscheinlichkeit, dass A eintritt. Das zugehörige Venn-Diagramm finden Sie bereits in Abbildung 4.2.

(iii) $P(A \cup B) = P(A) + P(B) - P(A \cap B)$. Auch das kann man schön erklären, wenn Sie das Venn-Diagramm aus Abbildung 4.3 betrachten: Um die Wahrscheinlichkeit zu berechnen, dass A oder B eintreten, addiert man zuerst die Wahrscheinlichkei-

---

[50] Klingt auch logisch, finde ich.

[51] Lustigerweise bedeutet, dass etwas die Wahrscheinlichkeit 0 besitzt, nicht unbedingt, dass es nicht eintreten kann…

ten von A und von B getrennt. Dann stellt man fest, dass man die Schnittmenge zweimal gezählt hat, also muss man sie einmal wieder abziehen.

Falls A, B disjunkt sind (aber auch nur dann), gilt sogar:

$P(A \cup B) = P(A) + P(B)$.

Abbildung 4.6 Venn-Diagramm zur Wahrscheinlichkeit zweier disjunkter Ereignisse

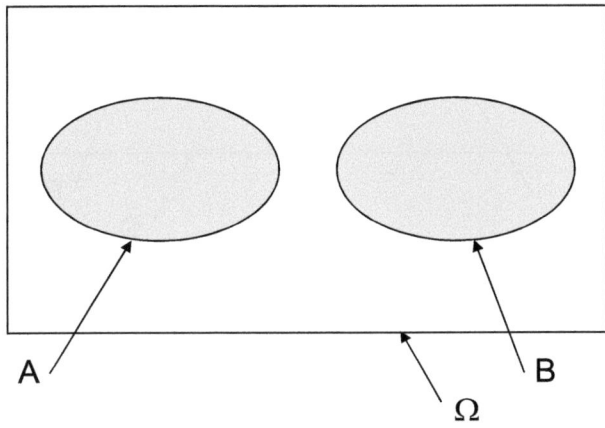

Wenn man das obige Venn-Diagramm betrachtet, sollte das auch unmittelbar einleuchten, denn hier gibt es keine Schnittmenge, die man doppelt gezählt hat, also muss man auch nichts abziehen.

$$P(B \backslash A) = P(B) - P(B \cap A)$$

Abbildung 4.7   Venn-Diagramm zum Ereignis, dass B eintritt, A aber nicht

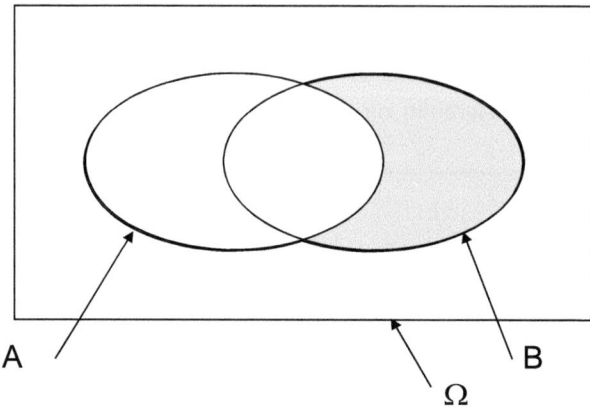

Auch diese Formel lässt sich mit dem obigen Venn-Diagramm erläutern: Die Wahrscheinlichkeit, dass B eintritt, A aber nicht, entspricht der Wahrscheinlichkeit, dass B eintritt abzüglich der Wahrscheinlichkeit, dass A und B gleichzeitig eintreten.

4.2   Bedingte Wahrscheinlichkeiten

Die Idee der bedingten Häufigkeiten kennen wir ja bereits aus Abschnitt 3.1.2. Die gleiche Idee gibt es auch bei Wahrscheinlichkeiten, nur sieht da die äußere Form etwas anders aus (zumindest auf den ersten Blick).

<u>Bezeichnung 35</u>

<u>Bedingte Wahrscheinlichkeit</u>

Es sei (Ω, P) ein Wahrscheinlichkeitsraum. A, B seien zwei Ereignisse. Dann ist die Wahrscheinlichkeit, dass A eintritt, wenn bereits feststeht, dass B eingetreten ist, definiert durch:

$$P(A|B) = \frac{P(A \cap B)}{P(B)}$$

Natürlich muss $P(B) > 0$ gelten. Wir lesen den senkrechten Strich „ | " also als „unter der Bedingung, dass..." oder „wenn" oder „falls" oder als eine ähnliche Formulierung, die den konditionalen Charakter zum Ausdruck bringt.

Bedingte Wahrscheinlichkeiten $P(A|B)$ muss man sorgfältig von gemeinsamen Wahrscheinlichkeiten $P(A \cap B)$ unterscheiden: Gemeinsame Wahrscheinlichkeiten geben an, wie wahrscheinlich es ist, dass zwei Ereignisse gleichzeitig eintreten. Bei bedingten Wahrscheinlichkeiten steht ein Ereignis immer bereits fest! Und das schon mal als erste Merkregel:

Wichtig 19

Das Ereignis, das bereits eingetreten ist bzw. das bereits feststeht, gehört immer hinter den Strich. Das Ereignis, für dessen Wahrscheinlichkeit man sich unter dieser Bedingung interessiert, gehört vor den Bedingungsstrich.

Überhaupt haben Menschen echte Schwierigkeiten mit bedingten Wahrscheinlichkeiten. Das werden Sie merken, wenn es darum geht, einen verbalen Zusammenhang als bedingte Wahrscheinlichkeit zu formulieren. Dieses Phänomen, dass Menschen Ursache und Wirkung systematisch vertauschen, wird in der Psychologie unter dem Begriff „conditional-probability-fallacy" untersucht.[52] Aber sehen wir mal, ob Sie es nicht besser verstehen!

Beispiel 34

Immer wieder liest man, dass Frauen die besseren Autofahrer sind. Wie gesagt bestreite ich die Richtigkeit dieser Aussage keineswegs, lediglich die Argumentation ist oftmals bedauerlicherweise Unfug. Was nämlich gemacht wird, ist, dass man sich die Unfallstatistiken ansieht. Und da gibt es tatsächlich einen riesigen Unterschied: Etwa 75% aller Unfälle werden von Männern verursacht, lediglich 25% der Unfälle von Frauen. Ganz klares Indiz, oder? Schauen wir uns das doch mal näher an. In der Sprache der bedingten Wahrscheinlichkeiten ausgedrückt brauchen wir zwei Ereignisse. Sie können Sie A und B nennen, mir sind sprechende Bezeichnungen lieber. Sei U also das Ereignis, dass ein Unfall passiert und F sei das Ereignis, dass eine Frau am Steuer eines Autos sitzt. Dann besagen die 75%, dass $P(\overline{F}|U) = 0{,}75$ ist. Denn da man sich ja die Unfallstatistiken ansieht, steht ja fest, dass ein Unfall definitiv passiert ist, U muss also hinter den Strich. Analog beträgt also $P(F|U) = 0{,}25$. Aber ist diese Wahrscheinlichkeit wirk-

---

[52] Das kann man schön in von Nitzsch, R. (2006): „Entscheidungslehre", 2. Auflage (Stuttgart) nachlesen. Übrigens sei hier bereits verraten, dass auch die immer wieder genannte Hypothese, dass Frauen die besseren Autofahrer sind, auf diesem Fehler beruht. Genauer gesagt stimmt die Aussage natürlich, nur die Begründung, die immer angegeben wird, ist Unfug. Aber das sehen Sie ja sofort.

lich aussagekräftig? Ich denke nicht.[53] Aussagekräftig wäre als Beleg, wenn die Wahrscheinlichkeit, dass Frauen einen Unfall verursachen deutlich geringer wäre als die Wahrscheinlichkeit, dass Männer einen Unfall verursachen. Dann wäre ich überzeugt, dass Frauen zumindest die sichereren Autofahrer wären.[54] Wir müssen also stattdessen $P(U|F)$ und $P(U|\bar{F})$ vergleichen. Das machen wir auch gleich, aber dazu brauchen wir noch ein paar Rechenregeln. Hier genügt es, wenn Ihnen klar ist, dass wir über zwei vollkommen unterschiedliche bedingte Wahrscheinlichkeiten sprechen.

Eigentlich muss man zum Rechnen mit bedingten Wahrscheinlichkeiten nur drei Dinge kennen: einige Rechenregeln, den Satz von der totalen Wahrscheinlichkeit und die Formel von Bayes. Das ist doch echt übersichtlich, oder?

Beginnen wir mit den Rechenregeln:

Wichtig 20
Folgende Rechenregeln gelten für bedingte Wahrscheinlichkeiten:
- (i) $P(A \cap B) = P(B) \cdot P(A|B)$[55]
- (ii) $P(\bar{A}|B) = 1 - P(A|B)$. **Gottseidank gilt also die gute alte Komplementregel, an die Sie sich hoffentlich schon gewöhnt haben, also weiterhin.**
- (iii) **Aber! Im Allgemeinen gilt leider auch: $P(A|\bar{B}) \neq 1 - P(A|B)$. Das bedeutet, man muss sehr genau schauen, wo das Komplementzeichen steht! Wenn Sie hinter dem Bedingungsstrich mit dem Komplement arbeiten wollen, müssen Sie zuerst die Formel von Bayes anwenden, bevor Sie mit „1-" weiterrechnen dürfen.**

Beispiel 35
Diese Rechenregeln konnte man gerade schon schön beobachten. Es galt: $P(\bar{F}|U) = 0{,}75$ und $P(F|U) = 1 - 0{,}75 = 0{,}25$. Und nehmen wir einmal an, dass die Unfallwahrscheinlichkeit generell in Deutschland ungefähr 5% beträgt[56], dass also $P(U) = 0{,}05$, dann können wir berechnen, dass die Wahrscheinlichkeit, dass gleichzeitig eine Frau fährt und ein Unfall passiert $P(F \cap U) = P(F|U) \cdot P(U) = 0{,}25 \cdot 0{,}05 = 0{,}0125$ beträgt.

---

[53] Ich weiß schon. Falls Sie ein männlicher Student sind, rutschen Sie gerade nervös auf Ihrem Hosenboden rum, und denken: „Mann, das liegt doch daran, dass Frauen viel weniger Auto fahren!" Sie haben ja Recht, aber wir machen es noch ein wenig ausführlicher klar.

[54] Sie ahnen schon anhand der ganzen Konjunktive, dass es wohl nicht so ist. Aber dazu später mehr.

[55] Klar, ist bloß ne einfache Umformung der Definition!

[56] Achtung, diese Zahlen denke ich mir aus!

Den folgenden Satz von der totalen Wahrscheinlichkeit braucht man immer dann, wenn man die bedingten Wahrscheinlichkeiten kennt, aber die unbedingte (=totale) Wahrscheinlichkeit ausrechnen will:

Wichtig 21
Satz von der totalen Wahrscheinlichkeit

Es seien $B_1 B_2, ..., B_n$ eine Partition[57] von Ω, d. h. die B_i sind disjunkt und ihre Vereinigung ergibt ganz Ω. Dann gilt für ein Ereignis $A \subset \Omega$:

$$P(A) = \sum_{i=1}^{n} P(A|B_i) \cdot P(B_i)$$

Diesen Satz kann man sich ganz einfach erklären, wenn man im Hinterkopf behält, dass $P(A|B_i) \cdot P(B_i) = P(A \cap B_i)$. Das folgende Venn-Diagramm hilft hoffentlich dabei:

Abbildung 4.8   Venn-Diagramm zum Satz von der totalen Wahrscheinlichkeit

---

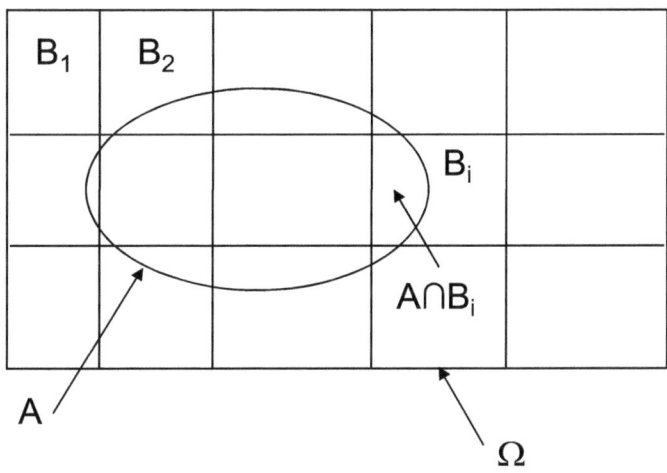

Gesucht ist die Wahrscheinlichkeit, also der Flächeninhalt von A. Dann sagt der Satz von der totalen Wahrscheinlichkeit, dass man hierzu einfach alle kleinen Flächen $P(A \cap B_i)$ addieren muss. Nur drücken wir das nicht über die gemeinsamen Wahrscheinlichkeiten, sondern über die bedingten Wahrscheinlichkeiten aus. Gemäß der obigen Rechenregel gilt aber: $P(A \cap B_i) = P(A|B_i) \cdot P(B_i)$. Damit ist der Satz von der totalen Wahrscheinlichkeit sogar bewiesen.

---

[57] Synonyme für Partition sind auch Zerlegung oder Parkettierung. Gerade die letzte Bezeichnung finde ich sehr gelungen, weil sie genau beschreibt, was das Besondere ist. Denn diese Ereigniss sehen aus wie ein Parkettboden.

Diesen Satz gibt es noch in einer Spezialfallformulierung, denn auch zwei komplementäre Ereignisse B und $\bar{B}$ bilden eine Partition:

Wichtig 22
Satz von der totalen Wahrscheinlichkeit (Spezialfall)
Es seien A und B zwei Ereignisse. Dann gilt für das Ereignis $A \subset \Omega$:
$$P(A) = P(A|B) \cdot P(B) + P(A|\bar{B}) \cdot P(\bar{B}).$$

Beispiel 36

Wir schweifen für einen Moment von unserem Problem der Auto fahrenden Frauen ab und betrachten ein anderes Beispiel: eine Mathematik-Klausur, zu der man Vorleistungen in Form von Übungsaufgaben erbringen kann. Nehmen wir an, dass von denjenigen, die die Übungsaufgaben immer (selbst) bearbeitet haben, 80% die Klausur bestanden haben. Von denjenigen Studenten hingegen, die die Übungsaufgaben nicht (selbst) bearbeitet haben, haben lediglich 50% die Mathematik-Klausur bestanden. Insgesamt haben 70% der Studierenden die Übungsaufgaben selbst bearbeitet. Hieraus können wir mit Hilfe des Satzes von der totalen Wahrscheinlichkeit die generelle Bestehenswahrscheinlichkeit bei der genannten Mathematik-Klausur berechnen. Definieren wir auch hierzu die beiden relevanten Ereignisse: B soll das Ereignis sein, die Mathematik-Klausur zu bestehen, Ü soll das Ereignis sein, die Übungsaufgaben (selbst) zu bearbeiten. Dann wissen wir, dass $P(B|Ü) = 0,8$ und $P(B|\bar{Ü}) = 0,5$. Gesucht ist aber $P(B)$. Das berechnet sich gemäß der obigen Formel als $P(B) = P(B|Ü) \cdot P(Ü) + P(B|\bar{Ü}) \cdot P(\bar{Ü}) = 0,8 \cdot 0,7 + 0,5 \cdot 0,3 = 0,71$. Die Bestehenswahrscheinlichkeit beträgt bei dieser Klausur also 71%. Na, da lohnt sich das Bearbeiten der Aufgaben doch. Man erhöht die Bestehenswahrscheinlichkeit doch schon massiv.

Es gibt eine Möglichkeit, den Satz von der totalen Wahrscheinlichkeit graphisch darzustellen, nämlich mit Wahrscheinlichkeitsbäumen. Diese Bäume helfen aber wirklich nur beim Satz von der totalen Wahrscheinlichkeit, nicht im Geringsten bei der Formel von Bayes.

Vorgehensweise 1

Schritt 1: Zeichnen Sie einen Knoten (die Wurzel des Baums) mit abgehenden Ästen, für jedes Element der gegebenen Partition von Ω, also $B_1, B_2, B_3, ...$ einen Ast. Jeder Ast endet in einem Knoten, der mit $B_1, B_2, B_3, ...$ beschriftet wird. Beschriften Sie die Äste mit den gegebenen Wahrscheinlichkeiten der Partitionselemente $P(B_1), P(B_2), P(B_3), ...$

Schritt 2: Hängen Sie an jeden Ast zwei Äste und beschriften Sie einen mit A und einen mit dem Gegenteil $\bar{A}$. Beschriften Sie sie mit den zugehörigen bedingten Wahrscheinlichkeiten $P(A|B_i)$ und $P(\bar{A}|B_i)$.

Schritt 3: Lesen Sie die unbedingte Wahrscheinlichkeit $P(A)$ ab, indem Sie alle Wege betrachten, die von der Wurzel zum Ereignis A führen. Die Wahrscheinlichkeiten, die auf *einem Weg liegen, werden miteinander multipliziert. Diese Ergebnisse werden für alle unterschiedlichen Wege addiert.*

<u>Beispiel 37</u>

Im obigen Beispiel, in dem wir die Bestehenswahrscheinlichkeit für eine Mathematik-Klausur berechnet haben, sieht der Wahrscheinlichkeitsbaum wie folgt aus:

Abbildung 4.9   Beispiel eines Wahrscheinlichkeitsbaums zur Illustration des Satzes von der totalen Wahrscheinlichkeit

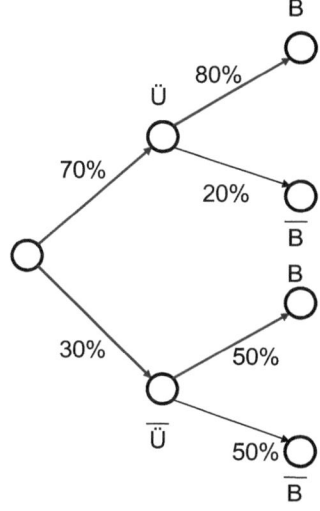

Als letztes stelle ich noch die Formel von Bayes vor. Diese Formel braucht man immer dann, wenn man die eine bedingte Wahrscheinlichkeit $P(B|A)$ kennt, aber genau die umgedrehte Wahrscheinlichkeit $P(A|B)$ benötigt:

Wichtig 23
Formel von Bayes
Seien A, B zwei Ereignisse. Dann gilt:

$$P(A|B) = \frac{P(B|A) \cdot P(A)}{P(B)}$$

Auch das kann man mit wenig Aufwand direkt nachrechnen: Auf der linken Seite der Gleichung steht gemäß Definition: $P(A|B) = \frac{P(A \cap B)}{P(B)}$, auf der rechten Seite der Gleichung steht $\frac{P(B|A) \cdot P(A)}{P(B)} = \frac{P(B \cap A)/P(A) \cdot P(A)}{P(B)} = \frac{P(B \cap A)}{P(B)}$, also dasselbe. Die Gleichung stimmt also.

Beispiel 38

Das ist doch genau die Formel, die uns gefehlt hat, um endlich die Diskussion zu beenden, ob Frauen die besseren Autofahrer sind. Mit Hilfe der Formel von Bayes können wir die Wahrscheinlichkeit berechnen, dass ein Unfall passiert, wenn eine Frau bzw. ein Mann am Steuer sitzt. Also, es gilt: $P(U|F) = \frac{P(F|U)\cdot P(U)}{P(F)}$. Um das nun auszurechnen, müssen wir noch schätzen, wie groß die Wahrscheinlichkeit ist, dass eine Frau generell am Steuer sitzt. Auch diese Zahl ist nur eine Vermutung, aber gehen wir mal von 30% aus. Also gilt: $P(F) = 0,3$. Damit gilt: $P(U|F) = \frac{P(F|U)\cdot P(U)}{P(F)} = \frac{0,25\cdot 0,05}{0,3} \approx 0,0417$. Andererseits gilt: $P(U|\bar{F}) = \frac{P(\bar{F}|U)\cdot P(U)}{P(\bar{F})} = \frac{0,75\cdot 0,05}{0,7} \approx 0,0534$, also nur geringfügig höher. Männer und Frauen scheinen also mit ähnlich hoher bzw. niedriger Wahrscheinlichkeit Unfälle zu verursachen.

Diese Sätze, Formeln und Rechenregeln kann man nun super miteinander kombinieren und Studenten zur Verzweiflung bringen.

Damit Sie es ein bisschen einfacher haben, gebe ich Ihnen im Folgenden ein Kochrezept an die Hand, das hoffentlich ein bisschen hilft:

Vorgehensweise 2

Schritt 1: Definieren Sie die beiden Ereignisse / Ereignisarten, um die es in der Aufgabenstellung geht, und bezeichnen Sie sie mit Buchstaben Ihrer Wahl.[58] Achten Sie hierbei darauf, keine Buchstaben zu „verschwenden", also nicht zwei Komplementärereignisse als A und B zu bezeichnen, sondern als A und $\bar{A}$.

Schritt 2: Suchen Sie aus dem Aufgabentext alle gegebenen Wahrscheinlichkeiten heraus und benennen Sie sie mit Ihren Bezeichnungen. Generell fängt es immer mit „P(irgendwas)=" an.

Schritt 3: Formulieren Sie mit Ihren Bezeichnungen, welche Wahrscheinlichkeit Sie gemäß Aufgabenstellung ermitteln sollen.

Schritt 4. Suchen Sie diejenige Formel heraus, die auf Ihr Problem am besten passt.

Altes Problem: Wenn man eine Vorgehensweise auf Deutsch und ohne Formeln formuliert, versteht man ohne ein Beispiel kein Wort. Aber aller Wahrscheinlichkeit nach wird es nach ein paar Übungsaufgaben deutlich besser.

---

[58] Hierbei gibt es zwei Philosophien. Entweder Sie verwenden stur A und B, das hat dann den Vorteil, dass Sie die Formeln direkt anwenden können, aber den Nachteil, dass Sie im Zweifelsfall immer vergessen, wofür die Buchstaben stehen. Oder Sie verwenden sprechende Abkürzungen, dann müssen Sie aber die Formeln anpassen.

4.3 Stochastische Unabhängigkeit von Ereignissen

Auch die Idee der Unabhängigkeit, die wir im empirischen Fall schon kennen gelernt haben, gibt es bei Wahrscheinlichkeiten:

Bezeichnung 36

Stochastische Unabhängigkeit

Seien (Ω, P) ein Wahrscheinlichkeitsraum; A, B zwei Ereignisse. Dann heißen A und B stochastisch unabhängig, wenn gilt: $P(A|B) = P(A)$ bzw. $P(B|A) = P(B)$.

Diese Definition finde ich auch sehr verständlich: Wenn das Eintreten des einen Ereignisses nichts damit zu tun hat, ob das andere Ereignis eintritt oder nicht, dann darf es keinen Einfluss auf die Eintrittswahrscheinlichkeit haben, ob das besagte Ereignis nun eingetreten ist oder ob nicht.

Wenn man die obige Definition gemäß der Definition der bedingten Wahrscheinlichkeiten umformt, dann erhält man die folgende Bedingung, die erfüllt sein muss, damit zwei Ereignisse stochastisch unabhängig sind:

Wichtig 24

Seien (Ω, P) ein Wahrscheinlichkeitsraum; A, B zwei Ereignisse. Dann sind A und B stochastisch unabhängig, wenn gilt: $P(A \cap B) = P(A) \cdot P(B)$ (Produktregel)

Mit diesem Zusammenhang kann man meistens einfacher überprüfen, ob zwei Ereignisse unabhängig voneinander sind oder nicht.

Wenn man mehr als zwei Ereignisse auf stochastische Unabhängigkeit untersucht, gibt es zwei Arten der stochastischen Unabhängigkeit:

Bezeichnung 37

Paarweise und gemeinsame stochastische Unabhängigkeit
- Die n Ereignisse $A_1, A_2, \ldots, A_k$ heißen paarweise stochastisch unabhängig, wenn die Produktregel für je zwei Ereignisse gilt, d. h. $P(A_i \cap A_j) = P(A_i) \cdot P(A_j)$ für alle $i \neq j$.
- Die n Ereignisse $A_1, A_2, \ldots, A_k$ heißen gemeinsam stochastisch unabhängig, wenn die Produktregel für alle Teilmengen der Ereignisse gilt, d. h. $P(A_i \cap A_j) = P(A_i) \cdot P(A_j)$ für alle $i \neq j$, $P(A_i \cap A_j \cap A_k) = P(A_i) \cdot P(A_j) \cdot P(A_k)$ für alle $i \neq j \neq k$ etc.

Da ja alle Bedingungen, die erfüllt sein müssen, damit die Ereignisse paarweise stochastisch unabhängig sind, auch erfüllt sein müssen (und noch mehr), damit die Ereignisse gemeinsam stochastisch unabhängig sind, gilt der folgende Zusammenhang.

Wichtig 25

Wenn die Ereignisse $A_1, A_2, \dots, A_k$ gemeinsam stochastisch unabhängig sind, dann sind sie auch paarweise stochastisch unabhängig. Es sollte also klar sein, dass aus gemeinsamer Unabhängigkeit paarweise Unabhängigkeit folgt. Die Umkehrung gilt aber nicht. Wenn die Ereignisse $A_1, A_2, \dots, A_k$ paarweise stochastisch unabhängig sind, müssen sie noch lange nicht gemeinsam stochastisch unabhängig sein.

4.4   Zufallsvariablen

Nun, mit Ereignissen kennen Sie sich ja jetzt schon ganz gut aus. Es geht aber noch eine Stufe komplizierter. Dazu brauchen wir den Begriff der Zufallsvariablen.

Bezeichnung 38

Zufallsvariable (intuitiv)

Intuitiv versteht man unter einer Zufallsvariablen X einen Sachverhalt, den man stochastisch untersucht. Allerdings dürfen für diesen Sachverhalt nur Zahlen als Ergebnis rauskommen.[59] Sozusagen ist X eine Abkürzung für diesen zu untersuchenden Sachverhalt.

Klar geht es auch mathematischer. ☺

Bezeichnung 39

Zufallsvariable (mathematisch)

Es sei Ω die Ergebnismenge eines Zufallsexperiments. Dann heißt die Abbildung $X \colon \Omega \to \mathbb{R}$ eine Zufallsvariable bzw. kurz ZV.

Bezeichnung 40

Wahrscheinlichkeitsverteilung

Eine Zufallsvariable besitzt eine Wahrscheinlichkeitsverteilung, die jedem möglichen Wert x, den die Zufallsvariable annehmen kann, seine Wahrscheinlichkeit zuordnet.

Beispiel 39

Lassen Sie uns noch einmal über den zweifachen Würfelwurf sprechen. Hierbei wissen wir bereits, dass $\Omega = \{(1,1), (1,2), (1,3), \dots, (6,6)\}$ ist mit einer Laplace-Verteilung als Wahrscheinlichkeitsverteilung, also gilt: $P(\omega) = \frac{1}{|\Omega|} = \frac{1}{36}$. Wir können nun eine Abbildung definieren, die jedem $\omega \in \Omega$ die Augensumme des Ergebnisses zuordnet, also $X\big((1,1)\big) = 2, X\big((1,2)\big) = 3$ etc. Da jedes Ergebnis eine Augensumme besitzt, können wir die Wahrscheinlichkeit für eine belie-

---

[59] Das ist so ähnlich wie bei den quantitativen Merkmalen.

bige Augensumme dadurch berechnen, dass wir die Wahrscheinlichkeiten der zugehörigen Ergebnisse heranziehen. Beispielsweise erhält man die Augensumme fünf, wenn man (1,4), (2,3), (3,2) oder (4,1) würfelt. Jedes Ergebnis besitzt die Wahrscheinlichkeit 1/36, also beträgt die Wahrscheinlichkeit, die Augensumme fünf zu würfeln, 4/36. Die folgende Tabelle listet alle möglichen Augensummen und ihre Wahrscheinlichkeiten auf.

x	2	3	4	5	6	7	8	9	10	11	12
ω	(1,1)	(1,2), (2,1)	(1,3), (2,2), (3,1)	(1,4), (2,3), (3,2), (4,1)	(1,5), (2,4), (3,3), (4,2), (5,1)	(1,6), (2,5), (3,4), (4,3), (5,2), (6,1)	(2,6)[60], (3,5), (4,4), (5,3), (6,2)	(3,6), (4,5), (5,4), (6,3)	(4,6), (5,5), (6,4)	(5,6), (6,5)	(6,6)
P(X=x)	1/36	2/36	3/36	4/36	5/36	6/36	5/36	4/36	3/36	2/36	1/36

Als kleine Kontrollmöglichkeit gilt: Die Summe über alle Wahrscheinlichkeiten muss natürlich gerade 1 betragen. Das tut sie auch.

Natürlich interessiert man sich auch für die Wahrscheinlichkeit, dass eine Zufallsvariable höchstens den Wert x annimmt. Diese Problematik haben wir bereits in Kapitel 2.3 diskutiert. Analog zum empirischen Fall gibt es auch in diesem Fall eine Verteilungsfunktion, die wie folgt definiert ist:

Bezeichnung 41

Verteilungsfunktion

Die Verteilungsfunktion $F^X(x)$ der Zufallsvariablen X ist definiert durch:

$$F^X(x) = P(X \leq x)\text{[61]}$$

Die Verteilungsfunktion hat (natürlich) so ähnliche Eigenschaften wie die empirische Verteilungsfunktion:

---

[60] Falls Sie jetzt auch mit (1, 7) angefangen haben, begrüße ich Sie im Club der Würfel-Mogler! Wie kann man denn eine 7 würfeln??

[61] Diese Formel ist ungelogen die wichtigste Formel in der gesamten Statistik. Aber irgendwie besteht da eine Sperre im Studentenhirn, sich diese Formel zu merken. Daher kommt sie hier noch ein paar Mal. Ach ja, das „hoch X" hat übrigens nichts mit Potenzieren zu tun, sondern sagt nur, dass die VF zur ZV X gehört. Wenn keine Verwechslungsgefahr besteht, lässt man es auch weg.

Wichtig 26

- F^X ist monoton wachsend.
- F^X geht für kleine x-Werte gegen 0, für große x-Werte gegen 1 bzw. $lim_{x \to -\infty} F^X(x) = 0$ und $lim_{x \to \infty} F^X(x) = 1$
- F^X ist rechtsseitig stetig, d. h. wenn man von rechts nach links auf der Funktion langwandert, gehört der „linkeste" Punkt immer mit zur Gerade.

4.5 Verteilungen von Zufallsvariablen und ihre Kenngrößen

Genau wie bei quantitativen Merkmalen unterscheidet man bei Zufallsvariablen in stetige und diskrete Zufallsvariablen. Auch hier gilt, dass bei einer diskreten Zufallsvariablen bzw. Zufallsvariablen mit diskreter Verteilung nur endlich viele oder höchstens abzählbar unendlich viele Werte rauskommen dürfen, während bei stetigen Zufallsvariablen bzw. Zufallsvariablen mit stetiger Verteilung zumindest in einem Intervall alle möglichen Werte rauskommen können. Je nachdem, ob man es mit einer stetigen oder mit einer diskreten Verteilung zu tun hat, muss man die Zufallsvariable unterschiedlich behandeln. Wir behandeln hier, wie man Kenngrößen, den Erwartungswert, der praktisch dem Mittelwert bei empirischen Verteilungen entspricht, und die Varianz sowie die Standardabweichung berechnet. Im Anschluss schauen wir uns die wichtigsten Verteilungen etwas genauer an.

4.5.1 Diskrete Zufallsvariablen und Verteilungen

4.5.1.1 Kenngrößen von diskreten Verteilungen

Bezeichnung 42

Wahrscheinlichkeitsfunktion

Bei diskreten Zufallsvariablen X kann man für jeden Wert x, der rauskommen kann, die Wahrscheinlichkeit berechnen, dass er rauskommt, also $P(X = x)$. Das macht man zumindest bei endlich vielen Werten gerne tabellarisch. Die Übersicht über alle Wahrscheinlichkeiten heißt dann Wahrscheinlichkeitsfunktion oder Zähldichte von X.

Genau wie im empirischen Fall kann man für Zufallsvariablen Kenngrößen berechnen. Die gebräuchlichsten sind der Erwartungswert und die Varianz bzw. die Standardabweichung. Im Fall einer diskreten Verteilung werden die Größen wie folgt berechnet:

Bezeichnung 43

Erwartungswert

Der Erwartungswert μ[62] einer diskreten Zufallsvariable X mit den möglichen Ausprägungen x_i berechnet sich durch

$$\mu = E[X] = \sum_{i \geq 1} x_i \cdot P(X = x_i)$$

Bezeichnung 44

k. Moment

Das k. Moment einer diskreten Zufallsvariable X mit den möglichen Ausprägungen x_i berechnet sich durch

$$E[X^k] = \sum_{i \geq 1} x_i^k \cdot P(X = x_i).$$

Eigentlich interessiert uns immer nur das zweite Moment, also schreiben wir sicherheitshalber die Formel für das zweite Moment extra auf:

$$E[X^2] = \sum_{i \geq 1} x_i^2 \cdot P(X = x_i).[63]$$

Bezeichnung 45

Varianz und Standardabweichung

Die Varianz σ^2 einer diskreten Zufallsvariable X mit den möglichen Ausprägungen x_i ist definiert als $\sigma^2 = Var(X) = E[(X - E[X])^2]$.
Die Standardabweichung σ einer diskreten Zufallsvariablen X berechnet sich durch

$$\sigma = +\sqrt{Var(X)}$$

Ehrlich gesagt benutzt diese Formel kein Mensch. Wenn man die bald folgenden Rechenregeln für den Erwartungswert benutzt, erhält man die folgende viel einfachere Formel:

Wichtig 27

Die Varianz wird berechnet durch
$$\sigma^2 = Var(X) = E[X^2] - E[X]^2.$$

---

[62] So sieht der kleine griechische Buchstabe mü aus.

[63] Sicherheitshalber noch einmal die deutliche Mahnung: Der Wert, der rauskommen kann, wird potenziert, die Wahrscheinlichkeit bleibt unangetastet.

Schauen wir uns das mal an einem Beispiel an: dem einfachen Würfelwurf.

Beispiel 40

Die Wahrscheinlichkeitsfunktion zur Zufallsvariablen X, die die Augenzahl des einfachen Wurfs eines unverfälschten Würfels darstellt, lautet:

Ausprägung x_i	1	2	3	4	5	6
W'keit $P(X = x_i)$	$\frac{1}{6}$	$\frac{1}{6}$	$\frac{1}{6}$	$\frac{1}{6}$	$\frac{1}{6}$	$\frac{1}{6}$

Somit beträgt der Erwartungswert $\mu = 1 \cdot \frac{1}{6} + 2 \cdot \frac{1}{6} + 3 \cdot \frac{1}{6} + 4 \cdot \frac{1}{6} + 5 \cdot \frac{1}{6} + 6 \cdot \frac{1}{6} = \frac{7}{2}$

Das 2. Moment beträgt dann $E[X^2] = 1 \cdot \frac{1}{6} + 4 \cdot \frac{1}{6} + 9 \cdot \frac{1}{6} + 16 \cdot \frac{1}{6} + 25 \cdot \frac{1}{6} + 36 \cdot \frac{1}{6} = \frac{91}{6}$

Daraus berechnet sich die Varianz zu $\sigma^2 = \frac{91}{6} - \frac{49}{4} = \frac{35}{12}$, _somit beträgt die Standardabweichung_ $\sigma = 1{,}707825128$.

4.5.1.2   Wichtige diskrete Verteilungen

Einige der diskreten Verteilungen sind in der Praxis so wichtig, dass man ihnen einen Namen gegeben hat. Diese sind (u.a.) die Gleichverteilung, die Poisson-Verteilung, die geometrische Verteilung, die hypergeometrische Verteilung und die Binomialverteilung. Diese fünf Prachtexemplare schauen wir uns mal etwas näher an. Was man zu diesen Verteilungen wissen sollte, ist, in welchen Situationen man sie üblicherweise einsetzt, was der Wertebereich ist, wie die Wahrscheinlichkeitsfunktion lautet, wie groß Erwartungswert und Varianz sind und ggfs. welche Hilfsmittel man benutzen kann. Diese Informationen kommen jetzt im Folgenden:

Diskrete Gleichverteilung

Die diskrete Gleichverteilung wird auch Laplace-Verteilung genannt. Sie wird immer dann als Modell angenommen, wenn es keine Begründung für unterschiedliche Wahrscheinlichkeiten der einzelnen Ergebnisse gibt.

Eine Zufallsvariable, die gleichverteilt ist, kann s Werte, 1, 2, ..., s, annehmen. Somit besitzt die Ergebnismenge s Elemente bzw. $|\Omega| = s$. Jeder Wert wird dementsprechend mit der Wahrscheinlichkeit $P(X = x_i) = \frac{1}{s}$ angenommen.

Man kann leicht berechnen, dass dann gilt: $\mu = E[X] = \frac{s+1}{2}$ und $\sigma^2 = Var(X) = \frac{s^2-1}{12}$.

Beispiel 41

Der einfache Würfelwurf ist ein Beispiel für eine diskrete Gleichverteilung: Die Ergebnismenge ist $\Omega = \{1, 2, 3, 4, 5, 6\}$. Damit beträgt $|\Omega| = 6$. Die Wahrscheinlichkeit für jedes Ergebnis beträgt also $P(X = k) = \dfrac{1}{6}$. Der Erwartungswert $E[X] = \dfrac{6+1}{2} = 3{,}5$, die Varianz $Var(X) = \dfrac{36-1}{12} = \dfrac{35}{12}$.

Poisson-Verteilung

Die Poisson-Verteilung wird immer dann als Modell angenommen, wenn man die Wahrscheinlichkeiten für seltene Ereignisse berechnen will. Sie wurde „erfunden", als man in der preußischen Armee die Todesfälle der Offiziere durch Pferdetritte untersuchte.

Eine Zufallsvariable, die Poisson-verteilt ist, kann als Werte die Zahlen 0, 1, 2, ... annehmen. Ein Wert k wird dann mit der Wahrscheinlichkeit $P(X = k) = \dfrac{\lambda^k}{k!} \cdot e^{-\lambda}$ angenommen, wobei $\lambda > 0$ sein muss.

Man kann (nicht mehr ganz so) leicht berechnen, dass dann gilt: $\mu = E[X] = \lambda$ und $\sigma^2 = Var(X) = \lambda$.

Man schreibt übrigens abkürzend: $X \sim po(\lambda)$. Durch die Angabe von λ ist die Verteilung eindeutig bestimmt.

Beispiel 42

Ein Automobilhändler, der Luxuslimousinen verkauft, hat in den letzten 24 Monaten notiert, wie viele Autos er verkauft hat. In der folgenden Tabelle finden Sie die entsprechenden Zahlen:

Anzahl k der in einem Monat verkauften Autos	0	1	2	3	4	5	6	≥ 7
Anzahl der Monate, in denen k Autos verkauft wurden	2	5	6	5	3	2	1	0

Der Automobilhändler möchte nun ein geeignetes Prognosemodell entwickeln, das es ihm erlaubt, die Wahrscheinlichkeiten für bestimmte Abverkaufszahlen zu prognostizieren. Da es sich beim Verkauf von Luxuslimousinen offensichtlich um seltene Ereignisse handelt, erscheint die Poisson-Verteilung als geeignetes Modell. Der Händler geht also davon aus, dass $P(X = k) = \dfrac{\lambda^k}{k!} \cdot e^{-\lambda}$ gilt. Allerdings fehlt ihm noch der Parameter λ. Gemäß obiger Ausführungen wissen wir, dass bei der Poisson-Verteilung der Erwartungswert $E[X] = \lambda$ ist. Wie wir in Abschnitt 5.1.1.2 sehen werden, kann man den Erwartungswert einer Zufallsvariablen am besten schätzen, indem man das arithmetische Mittel der Stichprobe, also $\bar{x}$ berechnet. Also berechnen wir: $\bar{x} = \dfrac{0 \cdot 2 + 1 \cdot 5 + 2 \cdot 6 + 3 \cdot 5 + 4 \cdot 3 + 5 \cdot 2 + 6 \cdot 1}{24} = \dfrac{60}{24} = 2{,}5$. Daher sollte der Automobilhändler die folgende Poisson-Verteilung benutzen: $P(X = k) = \dfrac{2{,}5^k}{k!} \cdot e^{-2{,}5}$. Damit würde er beispielsweise die Wahrscheinlichkeit, zwei Autos in einem Monat zu verkaufen, als $P(X = 2) = \dfrac{2{,}5^2}{2!} \cdot e^{-2{,}5} \approx 0{,}2565$ schätzen. Tatsächlich hat er in 6 von 24 Monaten zwei Autos verkauft, also in 25% der Monate. Die Schätzung ist also ziemlich genau.

Geometrische Verteilung

Die geometrische Verteilung wird immer dann als Modell angenommen, wenn man die Wahrscheinlichkeiten für die Wartezeit bis zum ersten Treffer berechnen möchte. Zum Beispiel versteht man hierunter die Wahrscheinlichkeit, dass man eine symmetrische Münze genau dreimal werfen muss, bis zum ersten Mal „Zahl" geworfen wird. Wichtig ist, dass die Trefferwahrscheinlichkeit in jeder einzelnen Ziehung identisch sein muss, nämlich p.

Hierbei gibt es zwei unterschiedliche Formulierungen, je nachdem, ob die Zufallsvariable X die Anzahl der Ziehungen inklusive oder exklusive des Treffers bezeichnet. Wir sehen uns hier die Version für $X \triangleq$ Anzahl der Ziehungen bis zum ersten Treffer (inkl. Treffer) an.

Eine Zufallsvariable, die geometrisch verteilt ist, kann als Werte die Zahlen 1, 2, ... annehmen. Ein Wert k wird dann mit der Wahrscheinlichkeit $P(X = k) = (1 - p)^{k-1} \cdot p$ angenommen.

Man kann (nicht mehr ganz so) leicht berechnen, dass dann gilt: $\mu = E[X] = \frac{1}{p}$ und $\sigma^2 = Var(X) = \frac{1-p}{p^2}$.

Man schreibt übrigens abkürzend: $X \sim geo(p)$. Wenn man p kennt, ist die Verteilung eindeutig bestimmt.

Beispiel 43

Stellen Sie sich vor, Sie haben einen sehr gelungenen Abend verbracht, aber leider ein wenig zuviel Alkohol getrunken. Nun stehen Sie vor Ihrer Haustür und starren mit verschwommenem Blick auf Ihren Schlüsselbund mit 8 Schlüsseln. Da Sie leider keine Ahnung mehr haben, welcher der Schlüssel Ihr Haustürschlüssel ist, probieren Sie einfach einen aus. Mist, er passt nicht. Und noch schlimmer, der Schlüsselbund fällt Ihnen aus der Hand. Da die Schlüssel (zumindest für Sie in Ihrem aktuellen Zustand) alle gleich aussehen, müssen Sie dasselbe Spiel noch einmal spielen. Wie gesagt, Sie sind ziemlich betrunken, deswegen passiert Ihnen dasselbe Malheur, dass Sie den Schlüssel fallen lassen, jedes Mal. Wenn Sie nun wissen wollen, wie groß die Wahrscheinlichkeit ist, dass Sie z.B. 10 Versuche brauchen, bis Sie bei diesem Verfahren den richtigen Schlüssel gefunden haben, dann müssen Sie die geometrische Verteilung bemühen. Hierzu sei X die Anzahl der Versuche, die Sie bis zum ersten Treffer benötigen, wobei der Trefferversuch selbst mitgezählt wird.[64] Da es bei jedem Versuch nur zwei mögliche Ergebnisse gibt, nämlich passt oder passt nicht, und da Sie sich für die Wartezeit bis zum ersten Treffer interessieren, müssen wir nur noch die Trefferwahrscheinlichkeit in jedem Zug berechnen. Nun ja, bei 8 Schlüsseln beträgt die Trefferwahrscheinlichkeit in einem jeden Zug logischerweise ein Achtel,

---

[64] Wir gehen davon aus, dass Sie nüchtern genug sind, zu merken, dass die Haustür sich öffnen lässt, und dass Sie dann aufhören.

also $p = \frac{1}{8}$. Damit haben wir alles beisammen, um die Wahrscheinlichkeit für 10 Versuche aus-zurechnen: $P(X = 10) = (1 - \frac{1}{8})^{10-1} \cdot \frac{1}{8} = \left(\frac{7}{8}\right)^{9} \cdot \frac{1}{8} \approx 0{,}03758225$. Es ist also relativ unwahr-scheinlich, dass Sie so viele Versuche benötigen. Trotzdem wäre es schlauer, sich die Schlüssel zu merken, dann wäre nämlich bei 8 Versuchen definitiv Schluss.

Binomialverteilung und hypergeometrische Verteilung

Stellen Sie sich bitte das folgende Zufallsexperiment vor: Vor Ihnen steht eine (undurch-sichtige) Urne, in der sich r rote und s schwarze Kugeln (also insgesamt $r + s$ Kugeln) befinden. Sie sollen nun n Kugeln aus dieser Urne ziehen[65] und interessieren sich für die Wahrscheinlichkeit, dass unter den n gezogenen Kugeln genau k rote Kugeln sind.

Bei diesen so genannten Urnenexperimenten, die auch für ganz andere Sachverhalte an-gewendet werden können, muss man selbstständig in der Lage sein, zu entscheiden, ob man die Binomialverteilung oder die hypergeometrische Verteilung anwenden muss. Hierzu muss man drei Fragen beantworten. Zuerst die folgenden zwei:

1. Soll die Zufallsvariable X die Anzahl der Treffer darstellen?

2. Können bei jeder Ziehung genau zwei Ergebnisse rauskommen, also gut und schlecht, schwarz oder rot, Kopf oder Zahl etc.?

Wenn Sie beide Fragen mit „ja" beantwortet haben, können Sie sich sicher sein, dass Sie es mit einem Urnenexperiment zu tun haben. Jetzt muss die Entscheidung für eine der beiden Verteilungen gefällt werden. Hierzu müssen Sie sich die dritte Frage stellen:

3. Erfolgt die Ziehung mit oder ohne Zurücklegen, bzw. wenn man kein Zurücklegen erkennt, ist in jeder Ziehung die Trefferwahrscheinlichkeit konstant?

Beim Ziehen mit Zurücklegen bzw. wenn eine konstante Trefferwahrscheinlichkeit in jedem Zug vorliegt, stellt die Binomialverteilung das geeignete Modell dar.

Die folgende Abbildung zeigt noch einmal die Vorgehensweise, wie Sie zwischen hyper-geometrischer und Binomialverteilung wählen sollten:

---

[65] Wie Sie die genau ziehen sollen, kommt gleich.

Abbildung 4.10   Unterscheidung zwischen Binomialverteilung und hypergeometrische
                        Verteilung

Kann bei jeder Ziehung nur Treffer oder Nicht-Treffer rauskommen?
Steht X für die Anzahl der Treffer?

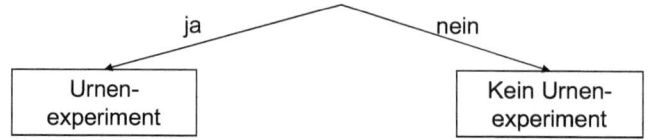

Wurde mit Wiederholung gezogen bzw.
gab es eine konstante
Trefferwahrscheinlichkeit in jeder Ziehung?

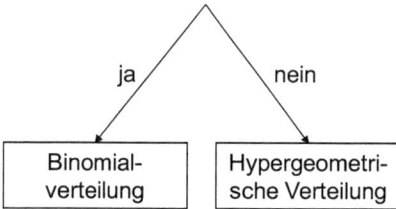

Eine Zufallsvariable X, die binomialverteilt ist, kann als Werte die Zahlen $0, 1, \ldots, n$ an-nehmen, wobei n die Anzahl der Ziehungen ist. Ein Wert k wird dann mit der Wahr-scheinlichkeit $P(X = k) = \binom{n}{k} p^k (1 - p)^{n-k}$ angenommen, wobei $p = \frac{r}{r+s}$ die als konstant angenommene Trefferwahrscheinlichkeit in einer Ziehung bezeichnet. Hierbei bezeichnet (wie oben schon erwähnt) r die Anzahl der roten Kugeln bzw. die Anzahl der Treffer und s die Anzahl der schwarzen Kugeln, also die Anzahl der Nichttreffer.

Man kann zeigen, dass dann gilt: $\mu = E[X] = n \cdot p$ und $\sigma^2 = Var(X) = n \cdot p \cdot (1 - p)$.

Man schreibt übrigens abkürzend: $X \sim Bin(n; p)$. Durch die Angabe der beiden Parameter ist die Verteilung eindeutig bestimmt.

Wenn man die Verteilungsfunktion der Binomialverteilung, die $F_{n,p}(x)$ heißt und wie im-mer $P(X \leq x)$ ist, berechnen will, kann man dies bei kleinen Werten ohne Frage zu Fuß tun. Bei großen Werten für n und x artet das aber in Beschäftigungstherapie aus. Für diese Fälle finden Sie im Anhang einige Tabellen, in denen Sie die Werte der Verteilungsfunkti-on direkt und ohne Rechnen ablesen können.

Vorgehensweise 3

Schritt 1: Prüfen Sie, ob Sie tatsächlich $P(X \leq x)$ berechnen wollen.
Schritt 2: Prüfen Sie, ob es sich bei Ihrer Problemstellung tatsächlich um die Binomialverteilung handelt.
Schritt 3: Benennen Sie x, n und p.
Schritt 4: Wählen Sie die Binomialverteilungstabelle zu Ihrem p aus.
Schritt 5: Suchen Sie in der ersten Spalte das richtige n.
Schritt 6: Suchen Sie in der ersten Zeile das richtige x.
Schritt 7: Finden Sie den Wert, der sich im Kreuzungspunkt der betreffenden Zeile und der Spalte befindet. Dieser Wert ist die gesuchte Wahrscheinlichkeit $P(X \leq x)$ bzw. $F_{n,p}(x)$.

Das schauen wir uns gleich an einem Beispiel an, aber zuerst gebe ich Ihnen noch einige Informationen zu der anderen Verteilung – der hypergeometrischen Verteilung.

Die hypergeometrische Verteilung wird immer dann als Modell angenommen, wenn man ein Urnenexperiment ohne Zurücklegen durchführt. Eine Zufallsvariable, die hypergeometrisch verteilt ist, kann als Werte die Zahlen von $max(n - s, 0)$ bis $min(n, r)$ annehmen.

Ein Wert k wird dann mit der Wahrscheinlichkeit $P(X = k) = \dfrac{\binom{r}{k}\binom{s}{n-k}}{\binom{r+s}{n}}$ angenommen.

Man kann zeigen (muss aber nicht unbedingt), dass dann gilt: $\mu = E[X] = n \cdot \dfrac{r}{r+s}$ und

$$\sigma^2 = Var(X) = \frac{n \cdot r \cdot s \cdot (r+s-n)}{(r+s)^2 (r+s-1)}.$$

Man schreibt übrigens abkürzend: $X \sim hyp(n; r, s)$. Durch die Angabe der drei Parameter ist die Verteilung eindeutig bestimmt.

Jetzt wird es aber wirklich Zeit für ein Beispiel:

Beispiel 44

Zur Qualitätsprüfung werden einem laufenden Produktionsprozess von 100 Motoren zufällig 10 Motoren entnommen. Die Liefervereinbarung des Automobilzulieferers mit dem Automobilhersteller sieht vor, dass der Automobilhersteller die Motoren abnimmt, wenn in der Stichprobe vom Umfang 10 höchstens 2 defekte Motoren vorkommen. Der Produktionsleiter weiß ziemlich genau, dass sich unter den 100 Motoren 5 defekte Motoren sind. Er fragt sich daher, wie groß die Wahrscheinlichkeit ist, dass der Automobilhersteller die Lieferung zurückweist, dass sich also in der Stichprobe mehr als 2 defekte Motoren befinden. Um seine Frage zu beantworten, müssen wir zunächst die Verteilung erkennen. Ganz klar haben wir es mit einem Urnenexperiment zu tun, denn bei jeder Ziehung kann nur „intakt" oder „defekt", also 0 oder 1 rauskommen, und wir interessieren uns für die Zahl der Treffer, bei uns nämlich die Zahl der defekten Motoren. Diese nennen wir X und haben unsere Zufallsvariable definiert.

Im zweiten Schritt müssen wir noch festlegen, ob die 10 Motoren ohne oder mit Zurücklegen gezogen wurden, ob es also möglich ist, dass ein Motor mehrfach geprüft wird oder nicht. Falls jeder Motor nur höchstens einmal gezogen wird, haben wir es mit dem Fall „ohne Zurücklegen" zu tun. In diesem Fall ist die hypergeometrische Verteilung das Modell der Wahl. Wenn nach der Prüfung eines Motors dieser mit gleicher Wahrscheinlichkeit noch einmal gezogen werden kann, ist die Binomialverteilung die passende Verteilung.[66] In beiden Fällen interessieren wir uns auf jeden Fall für $P(X > 2)$.

Beginnen wir mit dem ersten Fall:

Für die hypergeometrische Verteilung benötigen wir die Parameter n, r, s und natürlich das k. n ist ganz offensichtlich 10, nämlich der Stichprobenumfang. r sind die Treffer insgesamt, also bei uns die defekten Motoren insgesamt, also $r = 5$. s sind die Nicht-Treffer, also alle intakten Motoren. Das sind logischerweise 95. Wenn wir jetzt wissen wollen, wie groß die Wahrscheinlichkeit ist, dass wir genau 2 defekte Motoren finden, also $P(X = 2)$, müssen wir $P(X = 2) = \frac{\binom{5}{2}\binom{95}{10-2}}{\binom{5+95}{10}} = \frac{\binom{5}{2}\binom{95}{8}}{\binom{100}{10}} \approx 0{,}0702$ berechnen. Blöderweise interessiert uns aber $P(X > 2)$, was sich als $P(X = 3) + P(X = 4) + P(X = 5)$ berechnen lässt. Mehr defekte Motoren können wir ja nicht ziehen, weil ja mehr nicht vorhanden sind. Das riecht nach einer Menge Arbeit. Ein bisschen Arbeit können wir sparen, indem wir nicht dieses Ereignis betrachten, sondern das Gegenteil, also das Komplement. Das berechnet sich als $P(X \leq 2) = P(X = 0) + P(X = 1) + P(X = 2)$, wobei wir die letztere Wahrscheinlichkeit sogar schon berechnet haben. Fehlen noch $P(X = 1) = \frac{\binom{5}{1}\binom{95}{10-1}}{\binom{5+95}{10}} = \frac{\binom{5}{1}\binom{95}{9}}{\binom{100}{10}} \approx 0{,}339$ und $P(X = 0) = \frac{\binom{5}{0}\binom{95}{10-0}}{\binom{5+95}{10}} = \frac{\binom{5}{0}\binom{95}{10}}{\binom{100}{10}} \approx 0{,}584$. Wenn man die drei Wahrscheinlichkeiten addiert, erhält man $P(X \leq 2) = 0{,}584 + 0{,}339 + 0{,}07 = 0{,}993$. Damit können wir auch $P(X > 2)$ berechnen, denn $P(X > 2) = 1 - P(X \leq 2) = 1 - 0{,}993 = 0{,}007$. Also beträgt die Wahrscheinlichkeit, dass die Motorenlieferung zurückgeht, bei diesem Verfahren der Stichprobenziehung ungefähr 0,7%.

Wenn hingegen die Motoren mehrfach ausgewählt werden können, müssen wir die Binomialverteilung verwenden. Hier brauchen wir neben n, was ja weiterhin 10 ist, die Trefferwahrscheinlichkeit p, die hier $p = \frac{5}{5+95} = 0{,}05$ beträgt. Auch hier berechnen wir erst einmal die Wahrscheinlichkeit dafür, dass genau 2 defekte Motoren entdeckt werden: $P(X = 2) = \binom{10}{2} 0{,}05^2 \cdot (1 - 0{,}05)^{10-2} = \binom{10}{2} 0{,}05^2 \cdot 0{,}95^8 \approx 0{,}0746$. Mit derselben Argumentation wie soeben berechnen wir $P(X \leq 2)$ als Summe aus $P(X = 2)$, $P(X = 1)$ und $P(X = 0)$. Hier wäre es noch viel aufwändiger, $P(X > 2)$ direkt zu berechnen, weil hier ja sogar bis zu 10 defekte Motoren gezogen werden könnten. Es gilt: $P(X = 1) = \binom{10}{1} 0{,}05^1 \cdot (1 - 0{,}05)^{10-1} = \binom{10}{1} 0{,}05^1 \cdot 0{,}95^9 \approx 0{,}315$ und $P(X = 0) = \binom{10}{0} 0{,}05^0 \cdot (1 - 0{,}05)^{10-0} = \binom{10}{0} 0{,}05^0 \cdot$

---

[66] Die meisten Leute finden im ersten Moment die Idee abstrus, einen geprüften Motor wieder in die Stichprobe zu packen. Dennoch wird das in der Realität oft gemacht.

$0{,}95^{10} \approx 0{,}599$. *Dies bedeutet, dass* $P(X \leq 2) = 0{,}599 + 0{,}315 + 0{,}07 = 0{,}988$. *Nach dieser Vorgehensweise beträgt also die Wahrscheinlichkeit, dass der Automobilhersteller, die Lieferung zurückweist,* $P(X > 2) = 1 - P(X \leq 2) = 1 - 0{,}988 = 0{,}012$, *also ca. 1,2%. Es fällt Ihnen vielleicht auf, dass der Unterschied zwischen den beiden Verteilungen eher gering ist. Ist ja auch kein Wunder. Ob bei 100 Motoren die 10 Motoren jetzt mit oder ohne Zurücklegen gezogen werden, ist ja fast egal. Die beiden Verteilungen nähern sich immer mehr einander an, je kleiner n im Vergleich zu r + s ist.*

Was jetzt noch fehlt, ist, dass wir eine der Binomialtabellen vom Ende des Buchs benutzen. Wie Sie leicht erkennen können, sind diese nach der Trefferwahrscheinlichkeit p geordnet. Wir brauchen also die Tabelle mit p = 0,05. Um den richtigen Eintrag zu finden, benötigen wir n und x, was ja bei uns k heißt. Also müssen wir in der ersten Spalte, in der ja n steht, die 10 suchen, in der ersten Zeile hingegen die 2. Dann suchen wir den Wert, der sich im Kreuzungspunkt der Zeile und der Spalte befindet, und treffen auf den Wert 0,988. He, passt!

4.5.2 Stetige Zufallsvariablen und Verteilungen

4.5.2.1 Kenngrößen von stetigen Verteilungen

Die große Umstellung bei stetigen Zufallsvariablen besteht darin, dass die Wahrscheinlichkeitsfunktion keinen Sinn mehr macht. Aufgrund der Tatsache, dass unendlich viele beliebig nah beieinander liegende Werte von der Zufallsvariablen angenommen werden können, beträgt die Wahrscheinlichkeit $P(X = x)$ immer Null. Aus diesem Grund wird für stetige Zufallsvariablen ein „Ersatzkonstrukt" herangezogen: die Dichte. Diese Funktion hat tatsächlich so ähnliche Eigenschaften wie die Wahrscheinlichkeitsfunktion. Trotzdem ist sie nicht dasselbe wie eine Wahrscheinlichkeit.[67]

Bezeichnung 46

Dichtefunktion

Eine Funktion $f^X(x)$ mit den Eigenschaften

- $f^X(x) \geq 0 \; \forall x \in \mathbb{R}$
- $\int_{-\infty}^{\infty} f^X(x)\,dx = 1$

heißt Dichtefunktion bzw. kurz Dichte der Zufallsvariablen X. Zur Erinnerung: $F^X(x)$ heißt Verteilungsfunktion von X, bitte nicht verwechseln.

---

[67] Ehrlich gesagt, ich kann Ihnen auch nicht genau sagen, was eine Dichtefunktion denn nun ist. Ich habe irgendwann akzeptiert, dass es so etwas ähnliches wie eine Wahrscheinlichkeit für stetige Zufallsvariablen ist, und freue mich darüber, dass die ganzen Formeln für diskrete Verteilungen mit ein paar Anpassungen genau so dann für stetige Verteilungen gelten.

An dieser Definition sieht man sehr schön, dass eine Dichte so etwas ähnliches wie eine Wahrscheinlichkeit ist, denn Wahrscheinlichkeiten müssen ja auch immer positiv sein, und wenn man alle Wahrscheinlichkeiten aufaddiert, kommt ja auch 1 raus. Naja, und eine stetige Summe, also eine unendlich feine Summe, ist gerade das Integral.

Wie immer lässt man das ^{X} weg, wenn aus dem Kontext klar ist, welche Zufallsvariable gemeint ist.

Bezeichnung 47
Stetige Verteilungsfunktion

Die Funktion $F^X(x)$ mit der folgenden Eigenschaft: $F^X(x) = P(X \leq x) = \int_{-\infty}^{x} f^X(t)dt$ [68] heißt Verteilungsfunktion der Zufallsvariablen X. Auch hier wird oft das ^{X} weggelassen. Und es passt wieder 1:1 zu den Berechnungen im diskreten Fall. Dort musste man die Wahrscheinlichkeiten bis zu dem Wert, an dem man die Verteilungsfunktion berechnen wollte, aufaddieren. Jetzt müssen wir die Dichte (als Ersatz für die Wahrscheinlichkeiten) bis zum gesuchten x integrieren, und integrieren ist ja nichts anderes als eine unendlich feine Summe.

Bezeichnung 48
Erwartungswert

Der Erwartungswert μ einer stetigen Zufallsvariable X berechnet sich durch

$$\mu = E[X] = \int_{-\infty}^{\infty} x \cdot f(x)dx.$$

Auch hier erkennen Sie hoffentlich die Analogie zur Berechnung des Erwartungswerts einer diskreten Zufallsvariablen. Statt das, was rauskommt mit der Wahrscheinlichkeit, dass es rauskommt, zu multiplizieren, müssen wir x mit der Dichte malnehmen. Statt zu addieren, wird integriert.

Bezeichnung 49
k. Moment

Das k. Moment einer stetigen Zufallsvariable X berechnet sich durch

$$E[X^k] = \int_{-\infty}^{\infty} x^k f(x)dx.$$

Auch hier interessiert man sich meistens für das zweite Moment, weil man das für die Varianz braucht. Dessen Formel lautet:

---

[68] Der einzige Grund, weswegen hier $f^X(t)$ steht und nicht $f^X(x)$, liegt darin, dass x bereits als Integralgrenze verbraten wurde!

$$E[X^2] = \int_{-\infty}^{\infty} x^2 f(x) dx.$$

Und schon wieder gilt dasselbe Analogieprinzip wie gerade: Statt Wahrscheinlichkeit nehmen wir die Dichte, statt zu addieren wird integriert.

<u>Bezeichnung 50</u>

<u>Varianz und Standardabweichung</u>

Die Varianz σ^2 einer stetigen Zufallsvariable X berechnet sich wie im diskreten Fall durch

$$\sigma^2 = Var(X) = E[X^2] - E[X]^2.$$

Die Standardabweichung σ einer stetigen Zufallsvariablen X ist wie im diskreten Fall

$$\sigma = +\sqrt{Var(X)}.$$

Diese beiden Formeln sehen im diskreten Fall selbstverständlich exakt genau so aus. Aber die Berechnung der einzelnen Bestandteile ist eben etwas anders.

4.5.2.2 Wichtige stetige Verteilungen

Auch im stetigen Fall gibt es wieder einige Verteilungen, die so wichtig sind, dass sie einen Namen bekommen haben. Genau gesagt handelt es sich um die Rechteckverteilung, die Exponentialverteilung und die Normalverteilung mit dem Spezialfall der Standardnormalverteilung. Diese vier schauen wir uns wieder genauer an und betrachten Einsatzgebiet, Wertebereich, Dichte und Verteilungsfunktion, Erwartungswert und Varianz sowie ggfs. praktische Hilfsmittel:[69]

Rechteckverteilung

Die Rechteckverteilung bzw. stetige Gleichverteilung wird immer dann unterstellt, wenn in einem Intervall $[a; b]$ jeder beliebige Wert rauskommen kann und es keinen Grund für die Annahme unterschiedlicher Wahrscheinlichkeiten einzelner Ergebnisse gibt.

Dementsprechend lautet der Wertebereich für die Zufallsvariable X: Jeder Wert aus dem Intervall $[a; b]$. Die Verteilungsdichte $f^X(x)$ lautet:

$$f^X(x) = \begin{cases} \dfrac{1}{b-a} & ; a \leq x \leq b \\ 0 & ; \text{sonst} \end{cases}$$

---

[69] Übrigens bedeutet das, dass Sie bei diesen Verteilungen nicht integrieren müssen, denn die Integration habe ich bereits für Sie erledigt. Sie müssen nur noch einsetzen.

Diese Dichtefunktion sieht wie folgt aus:

Abbildung 4.11   Dichtefunktion der Rechteckverteilung

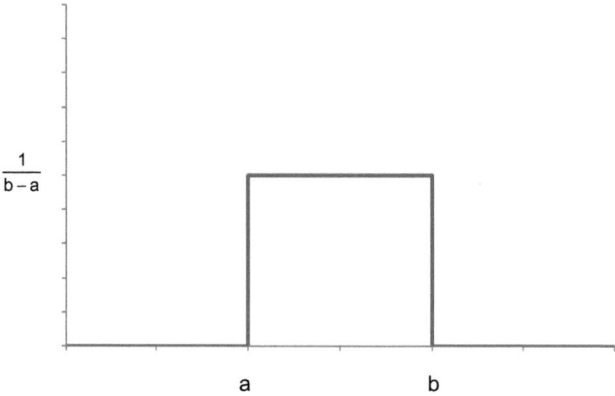

Dann lässt sich die Verteilungsfunktion $F^X(x) = P(X \leq x)$ berechnen zu:

$$F^X(x) = \begin{cases} 0; \, x < a \\ \dfrac{x-a}{b-a}; a \leq x \leq b \\ 1; \, x > b \end{cases}$$

Die Verteilungsfunktion sieht wie folgt aus:

Abbildung 4.12   Verteilungsfunktion der Rechteckverteilung

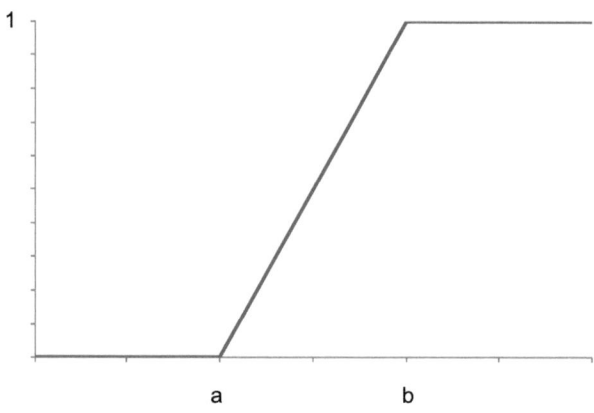

Mit etwas Aufwand ergibt sich dann:

$$E[X] = \frac{a+b}{2} \text{ und } Var(X) = \frac{(b-a)^2}{12}$$

Man schreibt übrigens abkürzend: $X \sim \mathcal{R}[a; b]$. Damit ist klar, dass man das Intervall $[a; b]$ kennen muss, um die Verteilung angeben zu können.

Beispiel 45

In einen Blumenkasten werden Sonnenblumen gesät, deren Größe (mehr oder weniger) gleich-verteilt im Intervall [0,8m; 1,5m] ist. Um einen geeigneten Platz für den Blumenkasten zu fin-den, interessiert sich der Besitzer des Blumenkastens für die Wahrscheinlichkeit dafür, dass die Sonnenblumen größer als 1 m werden. Er sucht also $P(X > 1)$, wenn X die zufällige Blumen-größe ist. Da die Blumengrößen im Intervall von 0,8m bis 1,5m gleichverteilt sein sollen, kön-nen wir annehmen, dass $X \sim \mathcal{R}[0,8; 1,5]$. Da wir die Verteilungsfunktion, also $P(X \leq x)$ ken-nen, müssen wir die gesuchte Wahrscheinlichkeit so umformen, dass wir die Verteilungsfunkti-on benutzen können. Hierbei gilt: $P(X > 1) = 1 - P(X \leq 1) = 1 - F(1) = 1 - \frac{1-0,8}{1,5-0,8} = 1 - \frac{0,2}{0,7} = \frac{5}{7} \approx 0,714$. Da diese Wahrscheinlichkeit doch recht groß ist, sollten hinter dem Blumen-kasten besser keine Fenster sein, durch die man unbedingt hinaussehen muss. Außerdem beträgt der Erwartungswert der Blumengröße $E[X] = \frac{0,8+1,5}{2} = 1,15$, was auch für einen dichten Be-wuchs vor dem Fenster spricht.

Exponentialverteilung

Die Exponentialverteilung wird vorrangig dann unterstellt, wenn Lebensdauern bzw. Dauern sonstiger zufälliger Ereignisse modelliert werden.

Dementsprechend lautet der Wertebereich für die Zufallsvariable X: jeder Wert aus dem Intervall $[0; \infty[$. Die Verteilungsdichte $f^X(x)$ lautet:

$$f^X(x) = \begin{cases} 0, x < 0 \\ \lambda \cdot e^{-\lambda x}, x \geq 0 \end{cases}$$

Die folgende Abbildung zeigt die Dichte für verschiedene Werte von λ.

Abbildung 4.13   Dichtefunktion der Exponentialverteilung für verschiedene Werte von λ

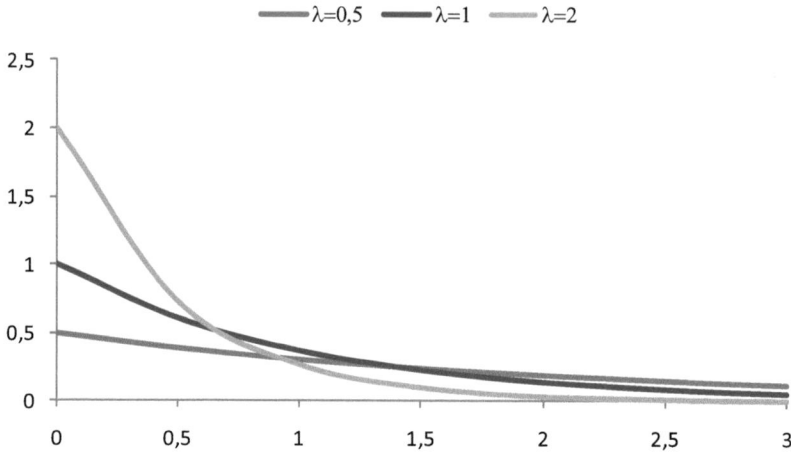

Damit lässt sich die Verteilungsfunktion $F^X(x) = P(X \leq x)$ berechnen zu:

$$F^X(x) = \begin{cases} 1 - e^{-\lambda x}; \ x > 0 \\ \qquad 0 \ ; \ \text{sonst} \end{cases}$$

Auch die Verteilungsfunktion ist für einige Werte von λ im Folgenden skizziert:

Abbildung 4.14 Verteilungsfunktion der Exponentialverteilung für verschiedene Werte von λ

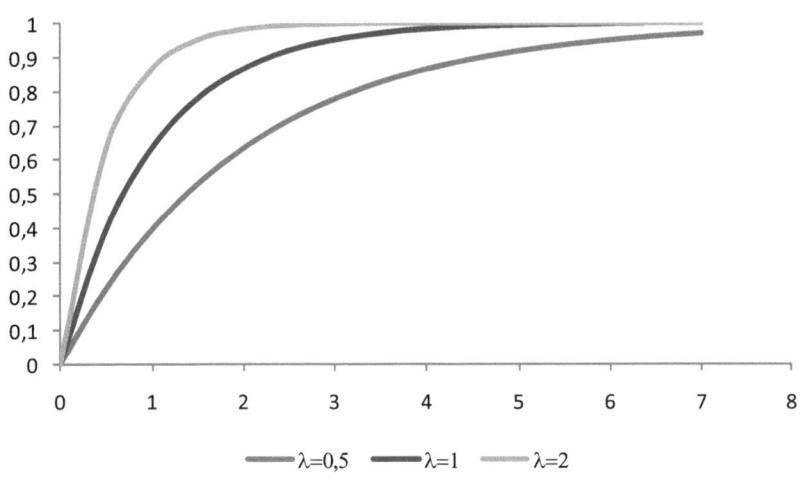

Mit etwas Aufwand ergibt sich dann:

$$E[X] = \frac{1}{\lambda} \text{ und } Var\,(X) = \frac{1}{\lambda^2}$$

Man schreibt übrigens abkürzend: $X \sim exp(\lambda)$. Da ist direkt klar, dass der Parameter λ, der übrigens positiv sein muss, bekannt sein muss.

Normalverteilung und Standardnormalverteilung

Die Normalverteilung wird vorrangig dann unterstellt, wenn eigentlich ein bestimmter Wert erwartet wird, der aber zufällig nach oben und unten abweichen kann. Dies ist z. B. bei Produktionsprozessen der Fall, wo eine Solllänge vorgegeben ist, die Werkstücke aber nicht genau die geplante Länge besitzen.

Dementsprechend lautet der Wertebereich für die Zufallsvariable X: Jeder Wert aus dem Intervall $]-\infty; \infty[$. Die Dichtefunktion $f^X(x)$ lautet:

$$f^X(x) = \frac{1}{\sqrt{2 \cdot \pi} \cdot \sigma} \cdot e^{-\frac{(x-\mu)^2}{2\sigma^2}}$$

Einige Dichtefunktionen von Normalverteilungen sind im Folgenden abgebildet:

Abbildung 4.15   Dichtefunktionen einiger Normalverteilungen

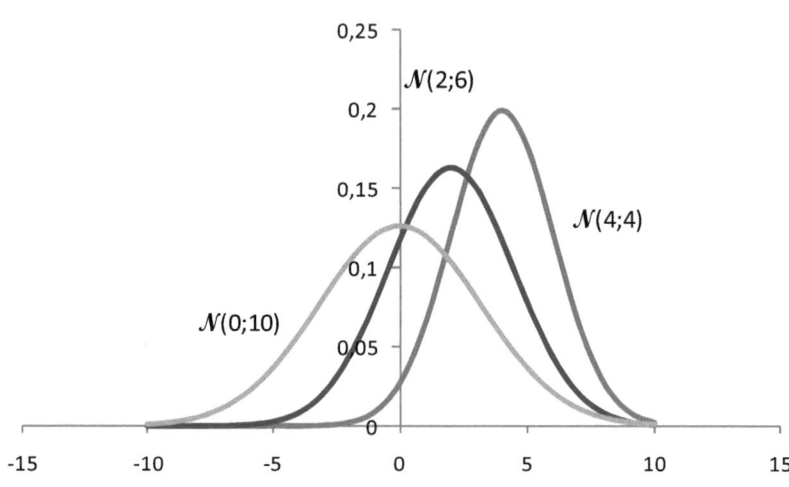

Die Verteilungsfunktion $F(x) = P(X \leq x)$ lässt sich nicht geschlossen angeben.[70]

Dafür muss man den Erwartungswert und die Varianz auch nicht berechnen, diese sind als Parameter vorgegeben:

$$E[X] = \mu \text{ und } Var(X) = \sigma^2$$

Man schreibt übrigens abkürzend: $X \sim N(\mu; \sigma^2)$.[71]

Es gibt eine Normalverteilung, die besonders wichtig ist, die Standardnormalverteilung. Dabei handelt es sich einfach um die Normalverteilung mit Erwartungswert 0 und Varianz 1, d. h. $E[X] = 0$ und $Var(X) = 1$. Man schreibt auch: $X \sim N(0; 1)$. Diese Verteilung ist so wichtig, dass ihre Dichte und ihre Verteilungsfunktion einen eigenen Namen bekommen haben. Die Dichte der Standardnormalverteilung heißt $\varphi(x)$, die Verteilungsfunktion dementsprechend $\Phi(x)$.

---

[70] Gut für Sie, dann brauchen Sie nicht zu integrieren! Wie man an die Verteilungsfunktion kommt, lernen Sie gleich.

[71] Manche Autoren schreiben auch $X \sim N(\mu; \sigma)$. Da muss man halt genau hinsehen, was gemeint ist.

Es gilt (das kann man durch Einsetzen nachrechnen):

$$\varphi(x) = \frac{1}{\sqrt{2\pi}} \cdot e^{-\frac{x^2}{2}}$$

Die folgende Abbildung zeigt die Dichtefunktion der Standardnormalverteilung:

Abbildung 4.16 Dichtefunktion der Standardnormalverteilung

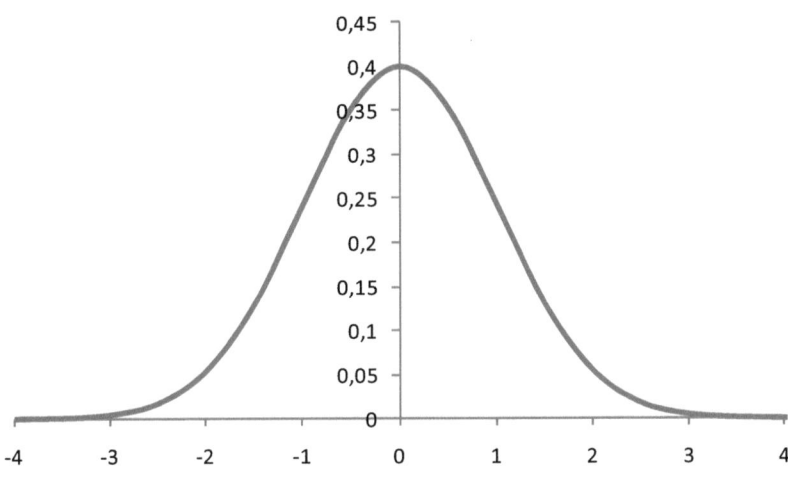

Die Verteilungsfunktion $\Phi(x)$ kann man nicht geschlossen angeben. Sie liegt aber in tabellarischer Form vor, und mit ein bisschen Übung kann man jeden benötigten Wert ablesen. Lustigerweise ist nur die Standardnormalverteilung tabelliert, alle anderen Normalverteilungen gibt es nicht als Tabellen. Die braucht aber auch kein Mensch, wenn man das Folgende weiß:

Wichtig 28

Es sei X eine normalverteilte Zufallsvariable, d. h. $X \sim N(\mu; \sigma^2)$. Dann ist die Zufallsvariable $Y = \frac{X-\mu}{\sigma}$ standardnormalverteilt, d. h. es gilt:

$$F^X(x) = P(X \leq x) = \Phi\left(\frac{x - \mu}{\sigma}\right)$$

Das bedeutet, man muss bei einer beliebigen Normalverteilung nur den Eingabewert verändern und kann dann den Wert der Verteilungsfunktion in der Standardnormalverteilungstabelle ablesen.

Zumindest wenn man die Tabellen benutzen kann. Eine Version finden Sie im Anhang. Genauer gesagt finden Sie dort zwei Tabellen. Oben die große Tabelle brauchen Sie, wenn Sie einen Wert u gegeben haben und Sie den Wert $\Phi(u)$ suchen. Dann müssen Sie die erste Vor- und die erste Nachkommastelle in der ersten Spalte suchen, die zweite Nachkommastelle in der ersten Zeile, und im Schnittpunkt der beiden steht der gesuchte Wert.

Bei Tests und Konfidenzintervallen sind Sie aber in der umgekehrten Situation.[72] Hier kennen Sie immer den Wert von $\Phi(u)$ = P und Sie suchen das zugehörige u_p, also das p-Quantil. Dazu hilft Ihnen die untere Tabelle. Hier finden Sie in der ersten Zeile die Werte für Φ, die man am häufigsten sucht, und in der zweiten Zeile die zugehörigen Quantile. Falls Sie mal ein Quantil suchen, das in der unteren Tabelle nicht aufgeführt ist, bleibt Ihnen nur übrig, in der Mitte der oberen Tabelle ungefähr den Wert für Φ zu suchen und den entsprechenden Wert für u am Rand der Tabelle abzulesen.

Beispiel 46

$\Phi(2{,}36) = 0{,}99086255$. *Das 0,95-Quantil der Standardnormalverteilung, also das u mit* $\Phi(u) = 0{,}95$ *heißt* $u_{0{,}95} = 1{,}64485348$.

Außerdem gibt es noch einige nützliche Rechenregeln für die Verteilungsfunktion der Standardnormalverteilung, die man auch unbedingt kennen sollte:

Wichtig 29

Sei X eine standardnormalverteilte Zufallsvariable. Dann gilt für die Verteilungsfunktion $\Phi(x)$ Folgendes:

- **$\Phi(-x) = 1 - \Phi(x)$.**
- **Es sei u_p das p-Quantil der Standardnormalverteilung, d. h. $\Phi(u_p) = p$.**
  Dann gilt: $u_{1-p} = -u_p$.
- **Als Näherung gilt: $\Phi(x) = 1$, wenn $x \geq 5$ und $\Phi(x) = 0$, wenn $x \leq -5$.**

Das folgende Beispiel erläutert hoffentlich, wie es geht:

Beispiel 47

In einem Produktionsprozess werden Schrauben mit einem Durchmesser von 5 mm gefertigt. Es ist bekannt, dass die Standardabweichung des Produktionsprozesses bei $\sigma = 0{,}01$ mm liegt. Man nimmt daher an, dass der zufällige Durchmesser einer Schraube X normalverteilt ist, d.h. $X \sim N(5;\ 0{,}01^2)$.

Der Produktionsleiter interessiert sich nun dafür, wie groß die Wahrscheinlichkeit ist, dass eine Schraube höchstens 4,95 mm dick ist. Dazu muss also $P(X \leq 4{,}95)$ berechnet werden. Gemäß obiger Formel gilt:

---

[72] Was das ist, erzähle ich Ihnen in Kapitel 5.

$$P(X \leq 4{,}95) = \Phi\left(\frac{4{,}95 - 5}{0{,}01}\right) = \Phi(-5) = 1 - \Phi(5) = 1 - 0{,}999999713 = 0{,}000000287$$

Als Näherung genügt aber auch $P(X \leq 4{,}95) = 0$.

Die Produktion ist also so gut, dass fast ausgeschlossen werden kann, dass die Schrauben dünner als 4,95 mm sind.

4.6 Stochastische Unabhängigkeit und Unkorreliertheit von Zufallsvariablen

Ebenso wie Ereignisse können auch Zufallsvariablen stochastisch unabhängig und unkorreliert sein. Das schauen wir uns etwas näher an. Als erstes müssen Sie sich an eine neue Schreibweise gewöhnen. Statt des ∩-Zeichens macht man nämlich bei Zufallsvariablen ein „,". Daher wird die stochastische Unabhängigkeit bei Zufallsvariablen wie folgt erklärt:

Bezeichnung 51
stochastische Unabhängigkeit
– Zwei diskrete Zufallsvariablen X und Y heißen stochastisch unabhängig, wenn gilt:

Das Produkt der beiden Randwahrscheinlichkeiten ist gleich der gemeinsamen Wahrscheinlichkeit bzw. auf Mathe:

$$P(X = x_i, Y = y_j) = P(X = x_i) \cdot P(Y = y_j) \text{ für alle } i,j = 1, 2, \ldots$$

– Zwei stetige Zufallsvariablen X und Y heißen stochastisch unabhängig, wenn gilt:

Das Produkt der beiden Randdichten ist gleich der gemeinsamen Dichte bzw. auf Mathe:

$$f^{X,Y}(x, y) = f^X(x) \cdot f^Y(y) \text{ für alle } x, y.$$

– Bei mehr als zwei Zufallsvariablen unterscheidet man wiederum zwischen gemeinsamer und paarweiser stochastischer Unabhängigkeit. Hier müssen die entsprechenden Produktregeln erfüllt sein.

Die Unabhängigkeit und Unkorreliertheit können wir an dieser Stelle leider nur für den diskreten Fall detailliert besprechen. Im stetigen Fall muss man hierzu Doppel- und Dreifachintegrale lösen. Das wollen Sie unter Garantie nicht. ☺

Generell (egal ob die Zufallsvariablen diskret oder stetig sind), gilt:

Bezeichnung 52

Kovarianz, Korrelation und Unkorreliertheit

- Die Kovarianz zweier Zufallsvariablen X und Y ist definiert als

$$Kov(X,Y) = E[X \cdot Y] - E[X] \cdot E[Y]$$

- Zwei Zufallsvariablen X und Y heißen unkorreliert, falls $Kov(X,Y) = 0$ bzw. falls $E[X \cdot Y] = E[X] \cdot E[Y]$.
- Die Korrelation zweier Zufallsvariablen X und Y ist definiert als

$$\rho = Korr(X,Y) = \frac{Kov(X,Y)}{\sqrt{Var(X)} \cdot \sqrt{Var(Y)}}$$

Bleibt noch zu klären, wie man den Erwartungswert $E[X \cdot Y]$ berechnet:

Wichtig 30

Seien X,Y zwei diskrete Zufallsvariablen mit Werten $x_1, x_2, ..., x_n$ bzw. $y_1, y_2, ..., y_m$. Dann gilt:

$$E[X \cdot Y] = \sum_{i=1}^{n} \sum_{j=1}^{m} x_i \cdot y_j \cdot P(X = x_i, Y = y_j)$$

An einem Beispiel sieht das Ganze schon nur noch halb so schlimm aus:

Beispiel 48

Wir betrachten ein Unternehmen, bei dem aufgrund von schlechter Leitung sowohl der Umsatz X als auch die Kosten Y zufällig verteilt sind. In der folgenden Kontingenztabelle sind die möglichen Werte für Umsatz und Kosten sowie die zugehörigen gemeinsamen Wahrscheinlichkeiten gegeben:

$\begin{array}{c} \quad Y \\ X \end{array}$	0	1	2
0	0,1	0,2	0,3
1	0,2	0,1	0,1

Es gilt also z.B., dass die Wahrscheinlichkeit für einen Umsatz von 1 Mio. Euro und Kosten von 2 Mio. Euro 0,1 oder 10% beträgt.

Als erstes interessiert uns, ob Umsatz und Kosten stochastisch unabhängig sind. Hierzu müssen wir die Tabelle um die Randwahrscheinlichkeiten erweitern.

X \ Y	0	1	2	$P(X = x)$
0	0,1	0,2	0,3	0,6
1	0,2	0,1	0,1	0,4
$P(Y = y)$	0,3	0,3	0,4	1

Wenn X und Y stochastisch unabhängig sind, dann muss für alle Einträge gelten, dass der Eintrag in der Mitte dem Produkt der beiden zugehörigen Randwahrscheinlichkeiten entspricht. Aber schon der erste Eintrag zeigt, dass dies nicht erfüllt ist: $P(X = 0, Y = 0) = 0,1$, aber $P(X = 0) \cdot P(Y = 0) = 0,6 \cdot 0,3 = 0,18$. Also gibt es einen Zusammenhang zwischen Umsatz und Kosten, jedoch können wir noch nichts über das Ausmaß oder die Richtung des Zusammenhangs aussagen. Vielleicht handelt es sich ja um einen linearen Zusammenhang. Darauf würde eine hohe Korrelation hinweisen. Also berechnen wir zuerst die Kovarianz und dann die Varianzen der Zufallsvariablen. Wir erhalten: $E[X] = 0 \cdot 0,6 + 1 \cdot 0,4 = 0,4$, $E[Y] = 0 \cdot 0,3 + 1 \cdot 0,3 + 2 \cdot 0,4 = 1,1$. Als nächstes berechnen wir $E[XY] = 0 \cdot 0 \cdot 0,1 + 0 \cdot 1 \cdot 0,2 + 0 \cdot 2 \cdot 0,3 + 1 \cdot 0 \cdot 0,2 + 1 \cdot 1 \cdot 0,1 + 1 \cdot 2 \cdot 0,1 = 0,3$. Hieraus können wir die Kovarianz von X und Y errechnen: $Kov(X, Y) = 0,3 - 0,4 \cdot 1,1 = -0,14$. Es gibt also wenn überhaupt einen linearen Zusammenhang im Sinne von: Je höher die Umsätze sind, desto geringer sind die Kosten. Um aber wirklich einschätzen zu können, wie stark dieser Zusammenhang ist, brauchen wir die Korrelation. Dazu fehlen noch die beiden Varianzen, die wir nun berechnen: $Var(X) = E[X^2] - 0,4^2$. Das zweite Moment wiederum berechnet sich zu $E[X^2] = 0^2 \cdot 0,6 + 1^2 \cdot 0,4 = 0,4$. Also beträgt die Varianz $Var(X) = 0,4 - 0,4^2 = 0,24$. Analog ergibt sich für das zweite Moment von Y $E[Y^2] = 0^2 \cdot 0,3 + 1^2 \cdot 0,3 + 2^2 \cdot 0,4 = 1,9$ und somit für die Varianz $Var(Y) = 1,9 - 1,1^2 = 0,69$. Insgesamt erhalten wir: $\rho = \frac{-0,14}{\sqrt{0,24} \cdot \sqrt{0,69}} = -0,344$. Somit wird klar, dass der lineare Zusammenhang nur schwach ausgeprägt ist.

Es muss also klar zwischen stochastischer Unabhängigkeit und Unkorreliertheit getrennt werden. Unkorreliertheit bezeichnet lediglich den linearen Zusammenhang zwischen zwei Zufallsvariablen. Daher besteht zwischen Unabhängigkeit und Unkorreliertheit folgender Zusammenhang:

Wichtig 31

Es gilt:
- **Sind zwei Zufallsvariablen X und Y stochastisch unabhängig, so sind sie auch unkorreliert, d. h. $Kov(X, Y) = 0$.**

- Wenn zwei Zufallsvariablen X und Y unkorreliert sind, sind sie aber noch lange nicht stochastisch unabhängig!

4.7 Rechenregeln für Erwartungswert, Varianz und Kovarianz

Die wichtigen Kenngrößen von Wahrscheinlichkeitsverteilungen kennen Sie nun. Aber wie immer genügt es nicht, die Definitionen zu kennen. In den allermeisten Fällen benötigen Sie Rechenregeln, um diese Kenngrößen schnell zu berechnen. Folgende Rechenregeln sind hierbei unerlässlich:

Wichtig 32

Es seien X, Y, X_i Zufallsvariablen und a, b, c, d reelle Zahlen. Dann gilt:

- $E[a + bX] = a + b \cdot E[X]$
- $E[a \cdot X + b \cdot Y + c] = a \cdot E[X] + b \cdot E[Y] + c$
- $E[\sum_{i=1}^{n} X_i] = \sum_{i=1}^{n} E[X_i]$

  Der Erwartungswert reagiert also ganz anständig auf Umformungen. Man sagt, der Erwartungswert ist linear, denn man kann Additionen und Multiplikationen mit reellen Zahlen ohne Probleme durchführen.

- Wenn X, Y unabhängig oder unkorreliert sind, dann gilt:
- $E[X \cdot Y] = E[X] \cdot E[Y]$
- $Var(aX) = a^2 \cdot Var(X)$ und $Var(X + b) = Var(X)$

  Achtung! Das bedeutet, dass man Vorfaktoren bei der Varianz immer quadrieren muss, wenn man sie vor die Varianz ziehen will. Das liegt daran, dass die Varianz ja eine quadratische Größe ist. Zudem spielen Verschiebungen, also Additionen und Subtraktionen von Konstanten, keine Rolle, fallen also ersatzlos weg.

- $Var(X + Y) = Var(X) + Var(Y) + 2Kov(X, Y)$

  Oh weh, auch bei der Addition von zwei Zufallsvariablen reagiert die Varianz irgendwie komisch, man muss nicht nur die Einzelvarianzen addieren, sondern auch noch die doppelte Kovarianz hinzufügen. Die einzige Ausnahme kommt gleich:

- Wenn $X_1, X_2, \dots, X_n$ stochastisch unabhängig oder unkorreliert sind, dann gilt:
  $Var(\sum_{i=1}^{n} X_i) = \sum_{i=1}^{n} Var(X_i)$
- $Kov(X, Y) = Kov(Y, X)$
- $Kov(X, X) = Var(X)$
- $Kov(aX + b, cY + d) = ac \cdot Kov(X, Y)$
- $Kov(aX + bY, cZ + dW) = ac \cdot Kov(X, Z) + ad \cdot Kov(X, W) + bc \cdot Kov(Y, Z) + bd \cdot Kov(Y, W)$

Beispiel 49

Untersuchen wir noch einmal das Unternehmen aus dem vorigen Beispiel. Zuerst betrachten wir den Gewinn G des Unternehmens. Logischerweise gilt: $G = X - Y$. Wenn wir nun den erwarteten Gewinn berechnen möchten, können wir die Rechenregel anwenden, die besagt: $E[G] = E[X - Y] = E[X] - E[Y] = 0{,}4 - 1{,}1 = -0{,}7$. Also macht das Unternehmen im Mittel einen Verlust in Höhe von 700.000 Euro. Die Schwankungen des Gewinns sind etwas komplizierter zu berechnen: $Var(G) = Var(X - Y) = Var\big(X + (-Y)\big) = Var(X) + Var(-Y) + 2 \cdot Kov(X, -Y) = Var(X) + (-1)^2 \cdot Var(Y) + 2 \cdot (-1) \cdot Kov(X, Y) = 0{,}24 + 0{,}69 - 2 \cdot (-0{,}14) = 1{,}21$. Übrigens bedeutet das natürlich, dass der Gewinn durchschnittlich um $\sigma = \sqrt{1{,}21} = 1{,}1$ also um ca. 1,1 Mio. Euro um den durchschnittlichen Gewinn schwankt.

4.8 Grenzwertsätze der Wahrscheinlichkeitsrechnung

Die Grundidee der Wahrscheinlichkeitsrechnung besteht darin, dass es einen Zusammenhang zwischen den beobachtbaren Häufigkeiten und empirischen Kenngrößen auf der einen Seite und den Wahrscheinlichkeiten und den Kenngrößen von Zufallsvariablen auf der anderen Seite gibt. Genauer gesagt gilt, dass das arithmetische Mittel von Messwerten gegen den Erwartungswert der zugrunde liegenden Zufallsvariablen konvergiert. Aber die Art der Konvergenz ist etwas anders, als Sie es aus der Mathematik gewohnt sind. Das schauen wir uns etwas näher an:

Bezeichnung 53

Stochastische Konvergenz

Eine Folge $(X_n)_{n \in \mathbb{N}}$ von Zufallsvariablen konvergiert stochastisch gegen eine Zahl $a \in \mathbb{R}$, wenn

$lim_{n \to \infty} P(|X_n - a| < \epsilon) = 1 \; \forall \epsilon > 0$ bzw. anders ausgedrückt wenn

$lim_{n \to \infty} P(|X_n - a| \geq \epsilon) = 0 \; \forall \epsilon > 0$.

Das bedeutet, dass die Wahrscheinlichkeit, dass X_n nahe an a liegt, gleich 1 sein muss. Streng genommen heißt es aber nicht, dass X_n im klassischen mathematischen Sinne gegen diese Zahl konvergiert.[73] Um es nicht ganz exakt zu formulieren, aber eine Vorstellung zu entwickeln, können Sie sich merken, dass bei der mathematischen Konvergenz die Folgenglieder ab einem Startwert alle in einem Tunnel der Breite 2ϵ um den Grenzwert a befinden müssen, während es bei der stochastischen Konvergenz erlaubt ist, dass einzelne Realisationen der Zufallsvariablen außerhalb dieses Tunnels liegen.

Man schreibt: $X_n \xrightarrow{\text{stoch}} a$

---

[73] Ich denke, darüber können Sie mal bei einer schönen Tasse Kräutertee oder Bewusstsein erweiternden Drogen nachdenken, wenn Sie möchten. Ich fordere Sie aber keinesfalls zum Drogenkonsum auf!

Wenn man diese Art der Konvergenz akzeptiert, kann man das so genannte schwache Gesetz der großen Zahlen formulieren:[74]

Wichtig 33

Schwaches Gesetz der großen Zahlen

Sei $(X_n)_{n \in \mathbb{N}}$ eine Folge von Zufallsvariablen mit $\mu = E[X_i]$ für alle $i \in \mathbb{N}$.

$\overline{X}_n = \frac{1}{n}\sum_{i=1}^{n} X_i$ bezeichne das arithmetische Mittel der ersten n Zufallsvariablen. Dann gilt das schwache Gesetz der großen Zahlen genau dann, wenn $\overline{X}_n \xrightarrow{stoch} \mu$.

Das schwache Gesetz der großen Zahlen gilt in vielen Zusammenhängen, z.B. für unabhängige identisch verteilte Zufallsvariablen in jedem Fall, also für jede zufällige Stichprobe. Daher kann man schlussfolgern, dass sich bei einer Zufallsstichprobe das arithmetische Mittel dem wahren Erwartungswert annähert (im stochastischen Sinn). Und wenn man sich das mal ein wenig im Gehirn zergehen lässt, dann schließt dieses Gesetz praktisch die Lücke zwischen deskriptiver Statistik und Wahrscheinlichkeitsrechnung: Wenn man die Stichprobe groß genug wählt (im schlimmsten Fall unendlich groß), dann nähert sich das arithmetische Mittel tatsächlich dem (rein theoretischen) Erwartungswert an. Na Gott sei Dank!

Es gibt noch weitere wichtige Zusammenhänge, die man zur Abschätzung von Wahrscheinlichkeiten benutzt, also in solchen Situationen, wo man die genaue Wahrscheinlichkeit nicht berechnen kann. Die erste dieser Abschätzungen ist die Ungleichung von Tschebytscheff:[75]

Wichtig 34

Ungleichung von Tschebytscheff

Sei X eine Zufallsvariable mit $\mu = E[X]$ und $\sigma^2 = Var(X)$, $a > 0$ beliebig. Dann gilt:

$$P(|X - \mu| \geq a) \leq \frac{Var(X)}{a^2}$$

bzw. anders formuliert

$$P(|X - \mu| < a) \geq 1 - \frac{Var(X)}{a^2}$$

Das bedeutet das Folgende: Die Wahrscheinlichkeit, dass eine Zufallsvariable von ihrem Erwartungswert um mindestens a abweicht, beträgt höchstens ihre Varianz geteilt durch a^2.

---

[74] Es gibt auch noch ein starkes Gesetz der großen Zahlen, das ähnlich lautet, aber noch einen anderen Konvergenzbegriff verwendet. Das erspare ich Ihnen.

[75] Für diesen Namen gibt es ungefähr 345 verschiedene Schreibweisen, korrekt wäre nur die in kyrillischen Buchstaben, das lassen wir aber besser mal. ☺

Diese Ungleichung benutzt man wie gesagt als Näherung für unbekannte Wahrscheinlichkeiten. Sie eignet sich aber auch, um stochastische Konvergenz nachzuweisen.[76]

Beispiel 50

Eine Bank betreibt in einer Region 200 Geldautomaten. Jeder Automat hat (unabhängig von den anderen) mit einer Wahrscheinlichkeit von $\frac{1}{20}$ eine Störung pro Woche. Für die Entscheidung über die personelle Stärke eines ständigen Wartungsdienstes ist die Wahrscheinlichkeit von Interesse, dass pro Woche die Anzahl der defekten Geräte mehr als 5 und weniger als 15 beträgt. Wir nennen daher die Anzahl der defekten Geldautomaten pro Woche X. Damit ist X binomialverteilt mit den Parametern $n = 200$ und $p = \frac{1}{20}$. Gesucht ist $P(5 < X < 15)$. Exakt errechnet sich diese Wahrscheinlichkeit zu $P(5 < X < 15) = P(X < 15) - P(X \leq 5) = P(X \leq 14) - P(X \leq 5) = F_{200;0,05}(14) - F_{200;0,05}(5) = 0,922 - 0,062 = 0,86$. Da man diese Werte aber schon nicht mehr aus den einschlägigen Tabellen ablesen kann, sondern in Excel berechnen muss, nähern wir die selbe Wahrscheinlichkeit einmal mit der Ungleichung von Tschebytscheff an. Hierfür benötigen wir den Erwartungswert und die Varianz von X, was aber kein Problem ist, da wir ja die Verteilung von X kennen. Wenn $X \sim Bin(200; 0,05)$, dann ist $E[X] = 200 \cdot 0,05 = 10$ und $Var(X) = 200 \cdot 0,05 \cdot 0,95 = 9,5$. Nun müssen wir die gesucht Wahrscheinlichkeit noch so umformen, dass sie wie die Wahrscheinlichkeit aussieht, die mit Hilfe der Ungleichung von Tschebytscheff angenähert werden kann. Hierzu subtrahieren wir zuerst den Erwartungswert auf allen Seiten der Ungleichung: $P(5 < X < 15) = P(5 - 10 < X - 10 < 15 - 10) = P(-5 < X - 20 < 5)$. Wir erhalten also eine Doppelungleichung, bei der auf der linken Seite dieselbe Zahl steht wie auf der rechten Seite, nur mit einem anderen Vorzeichen. Das passt perfekt, denn das können wir mit Hilfe des Betrags in eine einfache Ungleichung umformen. Schließlich gilt ja die folgende Umformung: $|x| < a \Leftrightarrow -a < x < a$. Und wenn wir diese Umformung von rechts nach links lesen, erhalten wir eine sehr schöne Umformung für die obige Doppelungleichung: $P(5 < X < 15) = P(5 - 10 < X - 10 < 15 - 10) = P(-5 < X - 10 < 5) = P(|X - 10| < 5)$. Na, und genau das kann Tschebytscheff doch annähern! Gemäß der Ungleichung von Tschebytscheff gilt: $P(5 < X < 15) = P(5 - 10 < X - 10 < 15 - 10) = P(-5 < X - 10 < 5) = P(|X - 10| < 5) \geq 1 - \frac{9,5}{5^2} = 1 - 0,38 = 0,62$. Und da sehen wir schon das Problem der Ungleichung von Tschebytscheff: Sie ist oftmals einigermaßen ungenau. Denn zwischen der Näherung 0,62 und dem exakten Wert 0,86 liegen immerhin 24 Prozentpunkte. Die können bei der Entscheidung, wie stark das Wartungsteam sein soll, schon eine gewichtige Rolle spielen.

Eine weitere Möglichkeit, bestimmte Wahrscheinlichkeiten anzunähern, besteht in der Anwendung des zentralen Grenzwertsatzes.[77]

---

[76] Aber ich ahne, dass Sie das gerade gar nicht wollen…

[77] Ich will Sie nicht langweilen, aber die Mächtigkeit und Schönheit der Mathematik wird in diesem Satz schon sehr deutlich. Denn eigentlich besitzt er kaum Voraussetzungen, und trotzdem ist hinterher alles normalverteilt. Faszinierend!

Wichtig 35

Zentraler Grenzwertsatz

Sei $(X_n)_{n \in \mathbb{N}}$ eine Folge von unabhängigen, identisch verteilten Zufallsvariablen mit identischen Erwartungswerten $E[X_i] = \mu$ und identischen Varianzen $Var(X_i) = \sigma^2$. Ferner sei $S_n = \sum_{i=1}^{n} X_i$ die n. Partialsumme, $\overline{X}_n = \frac{1}{n} \sum_{i=1}^{n} X_i$ sei das arithmetische Mittel der ersten n Zufallsvariable. Dann gilt:

$$P(S_n \leq x) \approx \Phi\left(\frac{x - n \cdot \mu}{\sigma \cdot \sqrt{n}}\right)$$

bzw.

$$P(\overline{X}_n \leq x) \approx \Phi\left(\frac{x - \mu}{\sigma} \cdot \sqrt{n}\right)$$

Egal wie die einzelnen X_i verteilt sind!

Bereits bei einer Stichprobengröße von 20 bis 50 kann die Approximation als hinreichend genau angesehen werden.

Beispiel 51

Betrachten wir noch einmal die Geldautomaten aus dem obigen Beispiel. Diesmal müssen wir aber anders modellieren, denn beim Zentralen Grenzwertsatz gibt es nicht mehr nur eine Zufallsvariable X, sondern wir brauchen eine Folge von Zufallsvariablen X_i. Hier bietet es sich an, den Zustand des i. Geldautomaten als X_i zu bezeichnen. Und zwar soll $X_i = 1$ bedeuten, dass der Geldautomat i defekt ist, während $X_i = 0$ bedeutet, dass der betreffende Geldautomat intakt ist. Also ist auch klar, welche Verteilung wir benötigen: $X_i \sim Bin(1; 0,05)$. Auch für den Zentralen Grenzwertsatz brauchen wir $E[X_i] = 0,05$ und $Var(X_i) = 0,05 \cdot 0,95 = 0,0475$. Dann lässt sich die gesuchte Wahrscheinlichkeit schreiben als $P(5 < S_{100} < 15) = P(S_{100} < 15) - P(S_{100} \leq 5) = P(S_{100} \leq 14) - P(S_{100} \leq 5)$.

Diese beiden Wahrscheinlichkeiten können wir nun mit Hilfe des zentralen Grenzwertsatzes annähern: $P(5 < S_{100} < 15) = P(S_{100} < 15) - P(S_{100} \leq 5) = P(S_{100} \leq 14) - P(S_{100} \leq 5) \approx \Phi\left(\frac{14 - 200 \cdot 0,05}{\sqrt{0,0475} \cdot \sqrt{200}}\right) - \Phi\left(\frac{5 - 200 \cdot 0,05}{\sqrt{0,0475} \cdot \sqrt{200}}\right) = \Phi(1,30) - \Phi(-1,62) = \Phi(1,30) - 1 + \Phi(1,62) = 0,9032 - 1 + 0,9474 = 0,8506.$ *Das ist doch schon mal eine Näherung, die sich sehen lassen kann! Exakt beträgt die Wahrscheinlichkeit ja immer noch 0,86.*

4.9   Übungsaufgaben

<u>Aufgabe 7</u>

Geben Sie in den folgenden Beispielen jeweils eine passende Ergebnismenge Ω an:

a)   Zweimaliges Werfen einer Münze, wenn man sich nur für die gefallenen Seiten, nicht aber für die Reihenfolge interessiert.

b)   Zweimaliges Werfen einer Münze, wenn man sich zusätzlich für die Reihenfolge interessiert.

c)   Familien mit drei Kindern werden nach dem Geschlecht der Kinder und der Reihenfolge, in der die Kinder geboren wurden, befragt.

d)   Familien mit drei Kindern werden nach dem Geschlecht der Kinder befragt.

e)   In einer Urne befinden sich eine rote, zwei gelbe und zehn schwarze Kugeln. Es werde dreimal ohne Zurücklegen gezogen und die Reihenfolge werde notiert.

f)   Aus der Urne aus Aufgabe e) werde dreimal mit Zurücklegen gezogen und die Reihenfolge sei ohne Bedeutung.

<u>Aufgabe 8</u>

Für die folgenden Zufallsexperimente gebe man ein passendes Ω an und ordne den genannten Ereignissen jeweils Teilmengen von Ω zu. Bestimmen Sie zusätzlich die Wahrscheinlichkeiten der Ereignisse.

a)   Beim dreimaligen Werfen eines Würfels ist die Summe ≤ 2.

b)   Beim dreimaligen Werfen eines Würfels ist die Summe ≥ 16.

c)   Beim zweimaligen Werfen eines Würfels ist die erste Zahl gerade und die zweite ≥ 5.

d)   Beim viermaligen Werfen einer Münze werden mindestens 3 Wappen beobachtet.

<u>Aufgabe 9</u>

Eine Firma lässt zwei verschiedene Werbespots (W1, W2) im Fernsehen senden. Es ist bekannt, dass ein Fernsehzuschauer den Werbespot W1 mit Wahrscheinlichkeit 0,1, den Werbespot W2 mit Wahrscheinlichkeit 0,15 und beide mit Wahrscheinlichkeit 0,05 sieht. Berechnen Sie die Wahrscheinlichkeit dafür, dass eine Person

a)   genau einen,

b)   mindestens einen,

c)   keinen,

d)   höchstens einen Werbespot sieht.

Aufgabe 10

Für den Prozess von Herrn K. standen zwei Richter R1, R2 zur Verfügung. Die Wahrscheinlichkeit, dass die Wahl auf Richter R1 fiel, betrug 0,8 und die für Richter R2 0,2. Es war ferner bekannt, dass Herr K. seinen Prozess mit Wahrscheinlichkeit 0,95 verliert, sollte Richter R1 den Prozess leiten, und dass er ihn mit Wahrscheinlichkeit 0,9 verliert, wenn Richter R2 für den Prozess ausgewählt werden sollte.

Wie groß ist die Wahrscheinlichkeit, dass Richter R1 den Vorsitz hatte, wenn Herr K. seinen Prozess verloren hat?

Aufgabe 11

Von einem Test zur Diagnose einer bestimmten Krankheit ist bekannt, dass er 98% der Kranken und 95% der Nichtkranken richtig anzeigt. Die Wahrscheinlichkeit, dass eine Person diese Krankheit hat, betrage p.

a)   Mit welcher Wahrscheinlichkeit hat eine als krank diagnostizierte Person tatsächlich diese Krankheit?

b)   Ermitteln Sie die Wahrscheinlichkeit aus a) für $p = 0,005; 0,01; 0,05; 0,1$.

Aufgabe 12

Ein Würfel werde zweimal geworfen, wobei alle Ergebnisse gleich wahrscheinlich seien. Gegeben sind die folgenden Ereignisse:

A: Eine Drei im 1. Wurf

B: Eine Eins im 2. Wurf

C: Zwei gleiche Augenzahlen

D: Die Augensumme ist ungerade

E: Die Augensumme ist gerade.

Untersuchen Sie die folgenden Ereignisse auf stochastische Unabhängigkeit:

a)   A und B

b)   C und D

c)   A und C

d)   C und E

e)   B und D.

Aufgabe 13

Ein Produkt wird in zwei Phasen hergestellt. Zunächst sind für die Grobbearbeitung zwei Maschinen notwendig, wobei drei Produktionsstraßen benutzt werden können. Bezeichnet G_{ij} die i. Maschine in der j. Produktionsstraße ($i = 1,2, j = 1,2,3$), so sind die Intaktwahrscheinlichkeiten der einzelnen Maschinen gegeben durch

$$P(G_{11}) = 0,9 \quad P(G_{12}) = 0,8 \quad P(G_{13}) = 0,7,$$

$$P(G_{21}) = 0,8 \quad P(G_{22}) = 0,8 \quad P(G_{23}) = 0,9.$$

Anschließend erfolgen die Feinarbeiten, wofür eine einzige Maschine mit Ausfallwahrscheinlichkeit 0,05 zur Verfügung steht. Alle sieben Komponenten der Gesamtanlage seien bzgl. Ausfall stochastisch unabhängig.

Berechnen Sie die Zuverlässigkeit der Anlage, d. h. die Wahrscheinlichkeit dafür, dass eine Produktion stattfinden kann.

Aufgabe 14

In einem Reihensystem mit 6 Bauteilen, das nur funktioniert, wenn alle Bauteile in Ordnung sind, sei eines ausgefallen, wobei die Ausfallwahrscheinlichkeit für jedes Bauteil gleich groß sei. Ein herbeigerufener Techniker schlägt zur Ermittlung des defekten Bauteils zwei unterschiedliche Verfahren vor:

a) Jedes Bauteil werde einzeln getestet. Die Kosten hierfür belaufen sich auf € 1.500,- pro Bauteil.

b) Es werden zuerst drei Bauteile als Ganzes getestet, danach die drei Bauteile, unter denen sich das defekte Bauteil befindet, einzeln. Die Kosten für den Test der drei Bauteile betragen € 1.800,-, und für das Testen eines Bauteils müssen wieder € 1.500,- bezahlt werden.

Ermitteln Sie, welches Verfahren langfristig günstiger ist.

Aufgabe 15

Unter den 50.000 Zuschauern eines Fußballspiels befinden sich 35.000 einheimische Zuschauer und 15.000 Zuschauer von auswärts. Ein Sportreporter will fünf rein zufällig ausgewählte Zuschauer befragen. Wie groß ist die Wahrscheinlichkeit, dass sich unter den fünf rein zufällig gewählten Zuschauern

a) höchstens ein Auswärtiger befindet?

b) mindestens vier einheimische Zuschauer befinden?

Berechnen Sie die Wahrscheinlichkeiten unter der Annahme, dass

(i) niemand mehrfach gefragt wird bzw.

(ii) dass nicht verzeichnet wird, wer bereits befragt wurde.

Aufgabe 16

In einem Landkreis werden 70% der Verkehrsunfälle durch überhöhte Geschwindigkeit verursacht. Geben Sie die Wahrscheinlichkeit dafür an, dass von acht an einem beliebigen (festen) Wochenende vorkommenden (und als unabhängig vorausgesetzten) Verkehrsunfällen

a)   genau fünf

b)   wenigstens fünf

c)   höchstens fünf

auf überhöhte Geschwindigkeit zurückzuführen sind.

Aufgabe 17

Gegeben sei die Funktion

$$g(x) = \begin{cases} 0, x < 1 \\ cx^2, 1 \leq x \leq 5 \\ 0, x > 5 \end{cases}$$

a)   Wählen Sie c so, dass die Funktion g eine Dichtefunktion ist.

b)   Bestimmen Sie die Verteilungsfunktion.

Aufgabe 18

a)   Zeigen Sie, dass die Funktion g definiert durch

$$g(x) = \begin{cases} \frac{3}{2}\left(x - \frac{1}{2}x^2\right), \text{für } 0 < x < 2 \\ 0, \text{sonst} \end{cases}$$

eine Dichte ist.

b)   Berechnen Sie für die Zufallsvariable X, deren Dichte gerade g ist

1. $E[X]$

2. $Var(X)$.

Aufgabe 19

Die Zufallsvariable X sei im Intervall $[-7; 5]$ gleichverteilt. Berechnen Sie die folgenden Wahrscheinlichkeiten:

a) $P(X \leq 3)$

b) $P(X > 2)$

c) $P(-4 < X \le 1{,}8)$

d) $P(X \le 1 | X \le 2)$.

Aufgabe 20

Die Zufallsvariable X beschreibe die Wartezeit (in Minuten) der Kunden einer Bank. Nehmen Sie an, dass X exponentialverteilt ist mit Parameter $\lambda = 3$. Berechnen Sie die Wahrscheinlichkeit folgender Ereignisse:

a) Der Kunde muss mehr als eine aber höchstens drei Minuten warten.

b) Die Wartezeit übersteigt 2,5 Minuten.

c) Ein Kunde, der schon zwei Minuten gewartet hat, muss mindestens 2,5 weitere Minuten warten.

Aufgabe 21

In einem 220-V-Stromkreis werde die Spannung gemessen. Die Messabweichung X (in Volt) sei standardnormalverteilt, d. h. für die gemessene Spannung U (in Volt) gelte:

$U = 220 + X$ mit $U \sim N(220; 1)$

a) Wie groß ist die Wahrscheinlichkeit dafür, dass bei einer Messung

   a. höchstens 221 V gemessen werden?

   b. der Messwert um max. 0,5% (vom wahren Wert 220 V) nach unten abweicht?

   c. eine Abweichung von unter 0,1% auftritt?

b) Welche Höchstspannung wird mit einer Wahrscheinlichkeit von 90% gemessen?

Aufgabe 22

Die Zufallsvariablen $R_1, \ldots, R_5$ seien unabhängig mit $E[R_i] = 0{,}1$ und $Var(R_i) = 0{,}25$ für $i = 1, \ldots, 5$. Es soll angenommen werden, dass sie die möglichen Renditen von 5 Wertpapieren am 30.12.12 beschreiben. Investiert man heute x Euro in das Wertpapier 1, so beschreibt die Zufallsvariable $X = x(1 + R_1)$ die möglichen Werte dieser Investition am 30.12.12.

a) Berechnen Sie $E[X]$ und $Var(X)$.

b) Investiert man heute in jedes der 5 Wertpapiere $\frac{x}{5}$ Euro, so gibt die Zufallsvariable $Y = \frac{x}{5}(1 + R_1) + \cdots + \frac{x}{5}(1 + R_5)$ die Werte an, die insgesamt aus den 5 Investitionen zum 30.12.12 resultieren können. Berechnen Sie $E[Y]$ und $Var(Y)$.

c) Interpretieren Sie die beiden Ergebnisse.

d) Der Anlagebetrag sei € 1.000,-. Schätzen Sie mit Hilfe der Ungleichung von Tschebytscheff die Wahrscheinlichkeit dafür ab, dass

   a. X um mindestens 50% von $E[X]$,

   b. Y um mindestens 50% von $E[Y]$ abweicht.

<u>Aufgabe 23</u>

Eine Bank schreibt ihren Kunden für Münzrollen mit 1-Euro-Stücken einen Betrag von € 50 gut, ohne den Inhalt der Münzrollen zu prüfen. Die bisherige Erfahrung zeigt, dass

- 10% der Münzrollen 48 Münzen,

- 20% der Münzrollen 49 Münzen,

- 60% der Münzrollen 50 Münzen,

- 10% der Münzrollen 51 Münzen

enthalten.

a) Bestimmen Sie näherungsweise die Wahrscheinlichkeit, dass 1000 Rollen mindestens € 49.650 wert sind, sowie die Wahrscheinlichkeit, dass sie zwischen € 49.670 und € 49.730 wert sind.

b) Wie groß ist approximativ die Wahrscheinlichkeit, dass 1000 Rollen mehr als € 50.000 wert sind?

5   Induktive Statistik

Wie schon mehrfach angesprochen geht es bei der induktiven Statistik darum, aus einer Stichprobe Rückschlüsse auf die zugrunde liegende Grundgesamtheit zu ziehen bzw. Vermutungen über die Grundgesamtheit zu stützen oder zu verwerfen.

Im Wesentlichen geht es hierbei um zwei Fragestellungen. Zuerst werden wir besprechen, wie man unbekannte Parameter einer Verteilung schätzt, wenn man zwar die Art der Verteilung kennt aber nicht die notwendigen Parameter.[78] Danach testen wir Vermutungen.[79] Das ist immer dann wichtig, wenn Sie in Verhandlungen Ihren Standpunkt vertreten müssen, also z.B. bei der Qualitätskontrolle bei Lieferungen.[80]

5.1   Statistische Schätzverfahren

Es gibt zwei Methoden, wie man unbekannte Parameter schätzen kann. Zum einen kann man durch „obskure" Berechnungsverfahren einen Wert für den unbekannten Parameter ermitteln (Punktschätzungen). Das hat den Vorteil, dass man mit der Zahl direkt weiter rechnen kann, hat aber den Nachteil, dass man nicht weiß, inwiefern man sich auf die Zahl verlassen kann. Andererseits kann man ein Intervall berechnen, in dem sich der unbekannte Parameter mit einer vorgegebenen Wahrscheinlichkeit befindet (Konfidenzintervalle bzw. Intervallschätzungen). Diese Methode hat den Nachteil, dass man mit Intervallen schlecht weiter rechnen kann, bietet aber direkt ein Gütemaß mit an, nämlich die Wahrscheinlichkeit, dass der unbekannte Parameter wirklich in dem Intervall liegt.[81]

5.1.1   Punktschätzungen

Die Idee der Punktschätzung ist die Folgende: Man denkt sich eine Funktion aus, von der man annimmt, dass sie bestimmte Eigenschaften[82] besitzt: $\hat{\vartheta}(X_1, X_2, \ldots, X_n)$. In diese Schätzfunktion $\hat{\vartheta}$ setzt man die Messwerte der Stichprobe ein und erhält hierdurch einen Wert

---

[78] Man weiß z.B. dass eine Zufallsvariable normalverteilt ist, kennt aber μ nicht.

[79] Die Fachfrau / der Fachmann sagt: Hypothesen.

[80] Da kann man üblicherweise nicht die komplette Lieferung untersuchen, weil sie entweder zu groß ist oder man bei der Überprüfung die Produkte zerstört.

[81] Ohne vorgreifen zu wollen, aber diese Wahrscheinlichkeit heißt Konfidenzniveau.

[82] Einige Eigenschaften, die man sich so von Schätzfunktionen wünscht, kommen gleich.

für den unbekannten Parameter ϑ[83], zumindest wenn man die Schätzfunktion geschickt gewählt hat.[84]

5.1.1.1   Eigenschaften von Punktschätzern

Wie gesagt gibt es sinnvolle und sinnlose Schätzfunktionen. Sinnvoll sind Schätzfunktionen, die eine oder mehrere der folgenden Eigenschaften besitzen:

<u>Bezeichnung 54</u>
<u>Erwartungstreue; Verzerrung; Konsistenz</u>
- Eine Schätzfunktion $\hat{\vartheta}(X_1, X_2, …, X_n)$ heißt erwartungstreu für einen unbekannten Parameter ϑ, wenn gilt:

$$E[\hat{\vartheta}(X_1, X_2, …, X_n)] = \vartheta$$

- $b_n = E[\hat{\vartheta}] - \vartheta$ heißt Verzerrung von $\hat{\vartheta}$.
- Eine Schätzfunktion $\hat{\vartheta}(X_1, X_2, …, X_n)$ heißt asymptotisch erwartungstreu für einen unbekannten Parameter ϑ, wenn gilt:

$$\lim_{n \to \infty} E[\hat{\vartheta}(X_1, X_2, …, X_n)] = \vartheta$$

- Die Folge der Schätzfunktionen $\hat{\vartheta}_n$ heißt konsistent für ϑ, wenn gilt:

$$\hat{\vartheta}(X_1, …, X_n) \xrightarrow{stoch} \vartheta$$

Dass eine Schätzfunktion erwartungstreu sein soll, leuchtet hoffentlich unmittelbar ein. Schließlich sollte im langfristigen Mittel schon ungefähr der unbekannte Parameter rauskommen, bei dem, was man da rechnet.
Oder wenn das exakt nicht klappt, dann doch zumindest rein hypothetisch im Unendlichen, auch wenn man nicht unendlich viele Elemente in die Stichprobe packen kann. Dann hätten wir aber zumindest die Eigenschaft der asymptotischen Erwartungstreue erfüllt.
Um die Konsistenz zu verstehen, müssen Sie zumindest grob eine Ahnung entwickelt haben, was die stochastische Konvergenz aus Kapitel 4.8 eigentlich bedeutet. Zur Sicherheit noch ein Erklärungsversuch: Bei der stochastischen Konvergenz wird gefordert, dass eine Stichprobe mit Wahrscheinlichkeit 1 (was ja nicht ganz genau dasselbe ist wie

---

[83] Hier sehen wir übrigens den kleinen griechischen Buchstaben theta. Ein allgemeiner unbekannter Parameter heißt immer theta.

[84] Übrigens verwendet man als Synonyme: Schätzer, Schätzung und Schätzfunktion. Bitte nicht verwirren lassen.

auf jeden Fall[85]) ganz nah an ihrem Grenzwert liegt. Also besagt die Eigenschaft der Konsistenz, dass sich die Schätzfunktion mit 100%iger Wahrscheinlichkeit dem unbekannten Parameter nähern soll. Klingt plausibel, finde ich.

OK, anhand dieser Eigenschaften können Sie nun entscheiden, ob eine gegebene Schätzfunktion sinnvoll ist. Zusätzlich gibt es noch ein Qualitätskriterium, das unmittelbar einsichtig ist, wenn man die Varianz verstanden hat. Denn natürlich ist man bei (zumindest erwartungstreuen) Schätzern daran interessiert, dass die Varianz der Schätzfunktion möglichst gering ist.[86]

Bezeichnung 55
Mittleres Fehler-Quadrat

Das mittlere Fehler-Quadrat einer Schätzfunktion $\hat{\vartheta}_n$ ist definiert als

$$MFQ(\hat{\vartheta}_n) = E\big[(\hat{\vartheta}(X_1, \dots, X_n)] - \vartheta)^2\big]$$

Wenn $\hat{\vartheta}_n$ erwartungstreu ist, gilt: $MFQ(\hat{\vartheta}_n) = Var(\hat{\vartheta}_n)$.

5.1.1.2 Spezielle Punktschätzer

Bei einigen unbekannten Parametern ist schon längst bekannt, wie gute bzw. die besten Schätzfunktionen aussehen. Die muss man also lediglich kennen und kann sie dann immer verwenden:

Wichtig 36
- Sei X eine Zufallsvariable mit unbekanntem Erwartungswert $\vartheta = \mu = E[X]$, der aus n unabhängigen Wiederholungen $X_1, \dots, X_n$ von X geschätzt werden soll. Dann ist das arithmetische Mittel der Beobachtungswerte $x_1, \dots, x_n$

$$\hat{\mu}(x_1, \dots, x_n) = \frac{1}{n}\sum_{i=1}^{n} x_i = \bar{x}_n$$

eine erwartungstreue und konsistente Schätzfunktion für μ mit $MFQ(\hat{\mu}) = \frac{\sigma^2}{n}$.

Unter allen linearen Schätzfunktionen ist diese Schätzfunktion diejenige mit der geringsten Varianz.

---

[85] Dass das nicht dasselbe ist, kann man schön an stetigen Verteilungen erkennen: Die Wahrscheinlichkeit, dass ein Baumstamm, dessen Länge N(2, 5)-verteilt ist, genau 2m lang ist, ist zwar Null, aber es gibt solche Baumstämme mit der Länge 2m.

[86] Falls Sie sich nicht mehr erinnern: Das bedeutet, dass die Werte der Schätzfunktion im Durchschnitt nur wenig vom unbekannten Parameter ϑ abweichen, und stellt ein allgemein akzeptiertes Maß für die Zuverlässigkeit einer Schätzung dar.

- Sei X eine Zufallsvariable mit unbekannter Varianz $\vartheta = \sigma^2 = Var(X)$, die aus n unabhängigen Wiederholungen $X_1, \ldots, X_n$ von X geschätzt werden soll. Dann ist die Schätzung für die Varianz der Beobachtungswerte $x_1, \ldots, x_n$

$$\hat{\sigma}_n^2(x_1, \ldots, x_n) = \frac{1}{n-1} \sum_{i=1}^{n} (x_i - \bar{x})^2$$

eine erwartungstreue und konsistente Schätzfunktion für σ^2.

Achtung! Die in der deskriptiven Statistik gebräuchliche empirische Varianz s^2 ist nicht erwartungstreu für σ^2, lediglich asymptotisch erwartungstreu.

Achtung! $\hat{\sigma}_n = +\sqrt{\hat{\sigma}_n^{\,2}}$ ist keine erwartungstreue Schätzung für σ.

Wichtig 37

Zur Berechnung von $\hat{\sigma}_n^2$ verwendet man üblicherweise die folgende Formel:
$\hat{\sigma}_n^2 = \frac{n}{n-1}(\overline{x^2} - \overline{x}^2)$. Na, den Ausdruck in der Klammer kennen wir doch schon, das ist doch nichts anderes als s^2. Also können wir auch festhalten, dass Folgendes gilt:
$\hat{\sigma}_n^2 = \frac{n}{n-1} \cdot s^2$.

Na, wenn Sie den Erwartungswert oder die Varianz schätzen sollen, brauchen Sie sich doch schon keine Gedanken mehr zu machen.

5.1.1.3   Maximum-Likelihood-Methode

Nun kennen Sie einige wichtige Schätzfunktionen, und Sie sind in der Lage, gegebene Schätzfunktionen auf verschiedene Gütemaße hin zu untersuchen. Es bleibt noch, dass Sie selbst in der Lage sind, sinnvolle Schätzfunktionen zu konstruieren. Dazu lernen Sie nun die Maximum-Likelihood-Methode (bzw. ML-Methode) kennen.[87]

Die Idee der ML-Methode besteht darin, den unbekannten Parameter ϑ so zu wählen bzw. zu berechnen, dass die Wahrscheinlichkeit, mit diesem Wert für den unbekannten Parameter die gegebene Stichprobe zu erhalten, am größten, also maximal wird. Diese Idee muss man sich mal ein bisschen im Gehirn zergehen lassen, dann erklärt sich die folgende Vorgehensweise eigentlich sehr gut.

---

[87] Maximum Likelihood bedeutet „größte Wahrscheinlichkeit" und der Name ist, wie Sie gleich feststellen werden, Programm.

Vorgehensweise 4

Maximum-Likelihood-Methode

Gegeben sei eine Stichprobe x_1, ..., x_n als Realisierung der Zufallsvariablen X_1, ..., X_n. Von diesen Zufallsvariablen müssen Sie die Art der Verteilung kennen, aber wie immer in diesem Kapitel ist ein Parameter, nämlich ϑ unbekannt und soll geschätzt werden.

Zur Durchführung der ML-Methode müssen Sie folgende Schritte durchführen:

Schritt 1: Bestimmen Sie die Likelihood-Funktion $L(\vartheta)$.

Im diskreten Fall lautet $L(\vartheta) = \prod_{i=1}^{n} P(X = x_i)$, im stetigen Fall lautet sie $L(\vartheta) = \prod_{i=1}^{n} f(x_i)$.

Hierdurch berechnen Sie die gemeinsame Wahrscheinlichkeitsfunktion bzw. die gemeinsame Dichte der o.g. Zufallsvariablen, also (zumindest im diskreten Fall) die Wahrscheinlichkeit dafür, dass die gegebenen Ergebnisse tatsächlich alle gemeinsam erzielt wurden. Wegen der unterstellten Unabhängigkeit der Elemente einer Stichprobe kann man diese gemeinsame Wahrscheinlichkeit bzw. Dichte als Produkt der einzelnen Wahrscheinlichkeiten bzw. Dichten berechnen.

Übrigens steht da mit voller Absicht jeweils x_i, Sie müssen also bei den gegebenen Wahrscheinlichkeitsfunktionen und Dichten erst das k bzw. x durch x_i ersetzen.

Schritt 2: Nun soll der Parameter ϑ so bestimmt werden, dass eben die Funktion $L(\vartheta)$ maximal wird. Das bedeutet, Sie müssten eigentlich $L'(\vartheta)$ berechnen, gleich Null setzen und prüfen, ob Sie tatsächlich das globale Maximum gefunden haben. Blöderweise ist $L(\vartheta)$ ein Produkt, und Sie werden sich daran erinnern, dass man Produkte nur mit einem gewissen Aufwand ableiten kann.[88] Daher macht man normalerweise einen Kunstgriff: Statt $L(\vartheta)$ zu betrachten, ermittelt man die Log-Likelihood-Funktion $l(\vartheta)$, das ist $l(\vartheta) = \ln L(\vartheta)$. Im diskreten Fall ist $l(\vartheta) = \ln L(\vartheta) = \sum_{i=1}^{n} \ln(P(X = x_i))$. Im stetigen Fall berechnet sich $l(\vartheta)$ durch $l(\vartheta) = \ln L(\vartheta) = \sum_{i=1}^{n} \ln(f(x_i))$. Diese Funktion lässt sich viel einfacher ableiten, hat aber an derselben Stelle ihr globales Maximum wie die Likelihood-Funktion.[89]

Schritt 3: Nun müssen Sie all Ihr Wissen über Logarithmusgesetze ausgraben und $l(\vartheta)$ vereinfachen. Schließlich wollen Sie sich beim Ableiten nicht übernehmen.

---

[88] Ich sach nur: „Produktregel!"

[89] Das liegt daran, dass der Logarithmus eine monoton wachsende Funktion ist. Der Wert des Maximums ist logischerweise ein anderer, nämlich der Logarithmus des ursprünglichen Wertes, aber der interessiert uns eh nicht.

Schritt 4: Aus dem gleichen Grunde wenden Sie hiernach auch noch alles an, was Sie noch zur Vereinfachung von Summen wissen.

Schritt 5: Jetzt bilden Sie $l'(\vartheta)$. Achtung! Denken Sie daran, dass Sie nach ϑ ableiten. Alle anderen Buchstaben, die bei $l'(\vartheta)$ auftauchen, sind nur dämliche Konstanten. Und davon gibt es eine Menge![90]

Schritt 6: Jetzt suchen wir das globale Maximum von $l(\vartheta)$. Hierzu sollten Sie am einfachsten eine Monotoniebetrachtung machen und prüfen, wo $l(\vartheta)$ steigt und wo $l(\vartheta)$ fällt, also wo $l'(\vartheta) \geq 0$ bzw. $l'(\vartheta) \leq 0$. An den Stellen, wo ein Wechsel von Steigen zu Fallen stattfindet, verstecken sich (zumindest bei stetigen Funktionen) lokale Maxima.

Schritt 7: Nun überprüfen Sie, ob es sich bei dem Kandidaten um ein globales Maximum handelt, Sie suchen also die Stelle, an der $l(\vartheta)$ den absolut größten Wert annimmt. Hierzu müssen Sie alle lokalen Maxima und die Ränder des Definitionsbereichs berücksichtigen, um sicher zu stellen, dass Sie wirklich ein globales Maximum erhalten. Die Stelle, an der $l(\vartheta)$ den größten Funktionswert annimmt, ist das globale Maximum der Funktion.

Schritt 8: Das gefundene globale Maximum nennen Sie nun noch $\hat{\vartheta}_n$. Sie haben die Schätzfunktion für den unbekannten Parameter ϑ gefunden.

Erzählen Sie doch nicht, dass Sie das jetzt alles verstanden haben. Wir schauen uns mal besser ein Beispiel an:

Beispiel 52

In der Qualitätskontrolle eines Betriebes, der Glühbirnen produziert, sollen diese auf Funktionsfähigkeit (intakt/ defekt) überprüft werden. Dazu wird der Produktion eine Stichprobe vom Umfang n entnommen, die durch die stochastisch unabhängigen Zufallsgrößen $X_1, X_2, ..., X_n$ beschrieben wird, wobei $X_i = 1$, falls Birne i defekt ist und $X_i = 0$, falls Birne i intakt ist. Dabei ist die Ausschusswahrscheinlichkeit: $p = P(X_i = 1)$ natürlich von großer Wichtigkeit und soll daher geschätzt werden.

Es gilt also: $X_i \sim Bin(1,p), i = 1, ..., n; \; 0 < p < 1, p$ unbekannt. Um p mit der ML-Methode zu schätzen, brauchen wir noch einige Informationen zur Verteilung der X_i.

Die Wahrscheinlichkeitsfunktion der $Bin(1,p)$-Verteilung lautet:

$P(X = k) = p^k \cdot (1 - p)^{1-k}, k \in \{0,1\}$ mit $E[X] = p$ und $Var(X) = p(1 - p)$.

---

[90] Ich mache das noch heute so, dass ich mir immer vorstelle, statt des komplizierten Ausdrucks, den ich als Konstante erkannt habe, steht da einfach 5.

Die Likelihood-Funktion lautet also

$$L(p) = \prod_{i=1}^{n} P(X = x_i) = \prod_{i=1}^{n} p^{x_i} \cdot (1-p)^{1-x_i}$$

Da niemand diese Funktion ableiten will, bilden wir die Log-Likelihood-Funktion:

$$l(p) = \ln L(p) = \ln \prod_{i=1}^{n} P(X = x_i) = \sum_{i=1}^{n} \ln P(X = x_i) = \sum_{i=1}^{n} \ln p^{x_i} \cdot (1-p)^{1-x_i}.$$

Das sieht zwar auch mies aus, aber wenn man die Logarithmus- und Summen-Gesetze kann, kann man einiges vereinfachen. Beginnen wir mit den Logarithmusgesetzen:

$$l(p) = \ln L(p) = \ln \prod_{i=1}^{n} P(X = x_i) = \sum_{i=1}^{n} \ln P(X = x_i)$$

$$= \sum_{i=1}^{n} \ln p^{x_i} \cdot (1-p)^{1-x_i} = \sum_{i=1}^{n} \ln p^{x_i} + \ln(1-p)^{1-x_i}$$

$$= \sum_{i=1}^{n} x_i \cdot \ln p + (1-x_i) \cdot \ln(1-p)$$

Und nun vereinfachen wir noch mit Hilfe der Summenregeln:

$$l(p) = \ln L(p) = \ln \prod_{i=1}^{n} P(X = x_i) = \sum_{i=1}^{n} \ln P(X = x_i) = \sum_{i=1}^{n} x_i \cdot \ln p + (1-x_i) \cdot \ln(1-p)$$

$$= \sum_{i=1}^{n} x_i \cdot \ln p + \sum_{i=1}^{n} (1-x_i) \cdot \ln(1-p)$$

$$= \ln p \sum_{i=1}^{n} x_i + \ln(1-p) \sum_{i=1}^{n} (1-x_i)$$

Na, und das kann man doch ableiten:

$$l'(p) = \frac{1}{p} \sum_{i=1}^{n} x_i - \frac{1}{1-p} \sum_{i=1}^{n} (1-x_i)$$

Damit führen wir eine Monotoniebetrachtung durch, wir interessieren uns also dafür, wo $l(p)$ steigt, wo also $l'(p) \geq 0$ ist.

$$l'(p) = \frac{1}{p} \sum_{i=1}^{n} x_i - \frac{1}{1-p} \sum_{i=1}^{n} (1-x_i) \geq 0 \Leftrightarrow (1-p) \sum_{i=1}^{n} x_i - p \sum_{i=1}^{n} (1-x_i) \geq 0$$

$$\Leftrightarrow \sum_{i=1}^{n} x_i - p \sum_{i=1}^{n} x_i - p \sum_{i=1}^{n} 1 + p \sum_{i=1}^{n} x_i \geq 0 \Leftrightarrow \sum_{i=1}^{n} x_i - -p \sum_{i=1}^{n} 1 \geq 0$$

$$\Leftrightarrow \sum_{i=1}^{n} x_i - n \cdot p \geq 0 \Leftrightarrow \sum_{i=1}^{n} x_i \geq n \cdot p \Leftrightarrow p \leq \frac{1}{n} \sum_{i=1}^{n} x_i$$

Bis zum arithmetischen Mittel steigt die Funktion also, ab dort fällt sie. Damit liegt bei $p = \bar{x}$ ein globales Maximum und $\hat{p} = \bar{x}$ ist der gesuchte ML-Schätzer. Ehrlich gesagt ist das auch nicht sonderlich verwunderlich, denn wir haben oben ja bereits festgehalten, dass bei der $Bin(1,p)$-Verteilung $E[X] = p$ gilt. Und gerade eben hatten wir uns darauf geeinigt, dass das arithmetische Mittel der beste Schätzer für den Erwartungswert, also in diesem Fall für p ist.

5.1.2   Intervallschätzungen

Gut, Punktschätzer können Sie nun berechnen. Allerdings haben die wie oben schon angesprochen den kleinen Nachteil, dass man die Zahl, die rauskommt, glauben muss oder nicht. Es gibt keine Garantie, dass der Wert mit dem wirklichen Parameter übereinstimmt. Etwas anders sieht das aus, wenn man darauf verzichtet, eine Zahl als Ergebnis zu haben, sondern man sich mit einem Intervall zufrieden gibt.[91] Sprich: Der wirklich wahre Parameter liegt zwischen x und y. Dann kann man zusätzlich noch die Wahrscheinlichkeit berechnen, dass der unbekannte Parameter tatsächlich in dem Intervall liegt. Bzw. was noch viel besser ist, man kann diese Wahrscheinlichkeit vorgeben, sozusagen als Anspruchsniveau, und dann ein Intervall berechnen, dass dieses Anspruchsniveau erfüllt.

<u>Bezeichnung 56</u>
<u>Konfidenzniveau, $1 - \alpha$-Konfidenzintervall</u>
Die Wahrscheinlichkeit, dass ein unbekannter Parameter in einem Konfidenzintervall liegt, heißt Vertrauenswahrscheinlichkeit bzw. Konfidenzniveau und wird mit $1 - \alpha$ abgekürzt. α heißt auch Misstrauenswahrscheinlichkeit. Ein Konfidenzintervall, das einen unbekannten Parameter mit Wahrscheinlichkeit $1 - \alpha$ enthält, heißt $1 - \alpha$-Konfidenzintervall.

Nun, ich will Sie gar nicht mit der Theorie langweilen, die hinter Konfidenzintervallen steckt. Wichtiger ist, dass Sie in der Lage sind, zu gegebenen Problemstellungen und unbekannten Parametern das geeignete Konfidenzintervall zu berechnen. Dazu ist es absolut wichtig, dass Sie die Aufgabenstellung genau lesen bzw. in der Realität ihre Problemstellung genau analysieren. Denn je nachdem, welcher Parameter geschätzt werden soll und welche Verteilung unterstellt wird, müssen Sie völlig unterschiedliche Berechnungen anstellen.

---

[91] Diese Intervalle heißen Konfidenzintervalle oder Konfidenzbereiche.

5.1.2.1   Konfidenzintervalle für den Erwartungswert einer Verteilung

Wenn Sie ein Konfidenzintervall für den unbekannten Erwartungswert einer Verteilung suchen, müssen Sie unterscheiden, mit was für einer Verteilung Sie es zu tun haben. Beginnen wir mit der Situation, dass Sie guten Gewissens unterstellen können, dass Sie es mit einer Normalverteilung zu tun haben[92]:

Wichtig 38

Wenn die Stichprobe normalverteilt ist und die Standardabweichung σ bekannt ist, dann ist ein zweiseitiges $1 - \alpha$-Konfidenzintervall für μ gegeben durch das Intervall:

$$\left[\bar{x} - u_{1-\frac{\alpha}{2}} \cdot \frac{\sigma}{\sqrt{n}}; \; \bar{x} + u_{1-\frac{\alpha}{2}} \cdot \frac{\sigma}{\sqrt{n}}\right]$$

Das einseitige untere $1 - \alpha$-Konfidenzintervall für μ lautet:

$$\left]-\infty; \; \bar{x} + u_{1-\alpha} \cdot \frac{\sigma}{\sqrt{n}}\right]$$

Das einseitige obere $1 - \alpha$-Konfidenzintervall für μ lautet:

$$\left[\bar{x} - u_{1-\alpha} \cdot \frac{\sigma}{\sqrt{n}}; \infty\right[$$

Zugegeben, in der Realität kann man diese Konfidenzintervalle nicht sehr oft brauchen, denn wann ist man schon mal in der Situation, dass man den Erwartungswert nicht kennt, aber die Varianz, für die man den Erwartungswert braucht, schon. Hm…

Aber für akademische Zwecke sind diese Konfidenzintervalle super. Denn ehrlich gesagt sollten Sie, wenn Sie bis hierhin alles verstanden haben, selbstständig in der Lage sein, die obige Formel anzuwenden. Da steht nix drin, was Sie noch nicht kennen: Mittelwert, Quantil der Standardnormalverteilung, der Rest muss angegeben sein, sonst haben Sie das falsche Intervall gewählt. Zur Sicherheit sehen wir uns aber noch ein Beispiel an:

Beispiel 53

> *Auf 12 Versuchsflächen wurden neue Weizensorten angebaut. Die Flächen erbrachten die Hektarerträge (in dz):*

> *35,6 33,7   37,8   31,2   37,2   34,1*

> *35,6 36,6   37,1   34,9   35,6   34,0*

---

[92] In der Realität müssen Sie das erstmal testen. Wie das geht, lernen Sie in Abschnitt 5.2.2.

Aus Erfahrung ist bekannt, dass die Hektarerträge als Realisierung unabhängiger $N(\mu, \sigma^2)$-verteilter Zufallsgrößen angesehen werden können. Gehen wir davon aus, dass man (woher auch immer) weiß, dass $\sigma^2 = 3{,}24$ gilt. Dann können wir ein zweiseitiges 0,95-Konfidenzintervall wie folgt ausrechnen:

$$\bar{x} = 35{,}2833,\ n = 12,\ \alpha = 0{,}05 \Rightarrow u_{1-\frac{\alpha}{2}} = u_{0{,}975} = 1{,}96,\ \sigma = \sqrt{3{,}24} = 1{,}8$$

Also gilt:

$$\left[\bar{x} - u_{1-\frac{\alpha}{2}} \cdot \frac{\sigma}{\sqrt{n}};\ \bar{x} + u_{1-\frac{\alpha}{2}} \cdot \frac{\sigma}{\sqrt{n}}\right] = \left[35{,}2833 - 1{,}96 \cdot \frac{1{,}8}{\sqrt{12}};\ 35{,}2833 + 1{,}96 \cdot \frac{1{,}8}{\sqrt{12}}\right]$$
$$= [34{,}265; 36{,}302]$$

Der durchschnittliche Ertrag der Weizenfelder liegt also mit einer Wahrscheinlichkeit von 95% zwischen 34,265 und 36,302.

Prinzipiell kann man die Länge eines beliebigen zweiseitigen Konfidenzintervalls ganz leicht durch „obere Grenze – untere Grenze" ausrechnen.[93] In dem soeben besprochenen Fall kann man diese Formel aber nutzen, um den benötigten Stichprobenumfang zu schätzen.

Wichtig 39

Die Länge eines zweiseitigen Konfidenzintervalls für μ bei Normalverteilung und bekannter Varianz beträgt:

$$l = 2 \cdot u_{1-\frac{\alpha}{2}} \cdot \frac{\sigma}{\sqrt{n}}$$

Wenn ein solches Konfidenzintervall höchstens die Länge l besitzen soll, berechnet sich der Mindeststichprobenumfang wie folgt:

$$n \geq 4 \cdot \sigma^2 \cdot \left(\frac{u_{1-\frac{\alpha}{2}}}{l}\right)^2$$

Beispiel 54

Kommen wir noch einmal auf die 12 Weizenfelder aus dem letzten Beispiel zurück. Das Konfidenzintervall, das wir berechnet haben, hat eine Länge von $l = 2 \cdot u_{1-\frac{\alpha}{2}} \cdot \frac{\sigma}{\sqrt{n}} = 2 \cdot 1{,}96 \cdot \frac{\sqrt{0{,}324}}{\sqrt{12}} = 2{,}03689$. Das bestätigt sich auch, wenn wir die untere Intervallgrenze von der oberen abziehen: $l = 36{,}302 - 34{,}265 = 2{,}03689$.

---

[93] Die einseitigen haben ja logischerweise immer die Länge ∞. Mal abgesehen von den einseitig unteren Konfidenzintervallen für σ^2 und σ. Da die bei 0 anfangen (eine negative Varianz bzw. Standardabweichung gibt's ja nicht), kann man da auch die Länge der einseitigen Konfidenzintervalle berechnen.

Gehen wir nun davon aus, dass das Konfidenzintervall zu lang ist und dass wir ein Konfidenz-intervall haben wollen, das die Länge 0,5 besitzt. An der Verlässlichkeit wollen wir keine Ab-striche machen, daher müssen wir sicherlich eine größere Stichprobe ziehen. Genauer gesagt brauchen wir eine Stichprobe vom Umfang $n \geq 4 \cdot \sigma^2 \cdot \left(\frac{u_{1-\frac{\alpha}{2}}}{l}\right)^2 = 4 \cdot 3{,}24 \cdot \left(\frac{1{,}96}{0{,}5}\right)^2 = 199{,}148.$ *Also beträgt der Mindeststichprobenumfang* $n = 200$, *mit dem dies gewährleistet werden kann.*

Wichtig 40

Wenn die Stichprobe normalverteilt ist und die Standardabweichung σ unbekannt ist, muss man zuerst die Standardabweichung bzw. die Varianz schätzen, also $\hat{\sigma}_n^2 = \frac{n}{n-1}(\overline{x^2} - \overline{x}^2)$ berechnen.[94] Dann ist ein zweiseitiges $1 - \alpha$-Konfidenzintervall für μ das Intervall:

$$\left[\bar{x} - t_{n-1}\left(1 - \frac{\alpha}{2}\right) \cdot \frac{\hat{\sigma}_n}{\sqrt{n}}; \ \bar{x} + t_{n-1}\left(1 - \frac{\alpha}{2}\right) \cdot \frac{\hat{\sigma}_n}{\sqrt{n}}\right]$$

Das einseitige untere $1 - \alpha$-Konfidenzintervall für μ lautet:

$$\left]-\infty; \ \bar{x} + t_{n-1}(1 - \alpha) \cdot \frac{\hat{\sigma}_n}{\sqrt{n}}\right]$$

Das einseitige obere $1-\alpha$-Konfidenzintervall für μ lautet:

$$\left[\bar{x} - t_{n-1}(1 - \alpha) \cdot \frac{\hat{\sigma}_n}{\sqrt{n}}; \ \infty\right[$$

Hierbei bezeichnet $t_{n-1}\left(1 - \frac{\alpha}{2}\right)$ das $\left(1 - \frac{\alpha}{2}\right)$-Quantil der t-Verteilung, die wie die Stan-dardnormalverteilung tabelliert vorliegt. Im Anhang finden Sie eine solche Tabelle.

Dort sind allgemein Werte von $t_f(p)$ tabelliert. Das bedeutet, Sie müssen in der ers-ten Spalte das p suchen, in der ersten Zeile das f, und im Schnittpunkt befindet sich der gesuchte Wert.

---

[94] Achtung! Aus irgendeinem Grund sind viele Statistik-Bücher an dieser Stelle inkonsistent und nennen die erwartungstreue Varianzschätzung auf einmal s^2, obwohl das vorher noch die nicht er-wartungstreue Stichprobenvarianz gewesen ist. Nach vielen Diskussionen mit Studenten habe ich mich dazu entschlossen, konsistent vorzugehen. Also seien Sie nicht verwundert, wenn in anderen Büchern da s^2 bzw. s steht. Gemeint ist dasselbe!

Beispiel 55

Gehen wir von 5 Messwerten aus und einem Konfidenzniveau $1 - \alpha = 0,95$. Damit ist $\alpha = 0,05$.

Dann benötigen Sie für das zweiseitige Konfidenzintervall für μ bei unbekannter Varianz $t_{5-1}\left(1 - \frac{0,05}{2}\right) = t_4(0,975) = 2,7764$.[95]

Beispiel 56

Gehen wir davon aus, dass bei den 12 Weizenfeldern die Varianz nicht bekannt ist, denn wie bereits erwähnt ist diese Annahme sehr unrealistisch. Wenn wir aber begründet unterstellen können, dass eine Normalverteilung vorliegt, dann berechnen wir das zweiseitige Konfidenzintervall für den Erwartungswert mit der folgenden Formel, wobei gilt, dass

$$t_{n-1}\left(1 - \frac{\alpha}{2}\right) = t_{11}(0,975) = 2,201 \quad und \quad \hat{\sigma}_n = \sqrt{\frac{12}{11}(1248,06 - 1244,9136)} = 1,8517:$$

$$\left[\bar{x} - t_{n-1}\left(1 - \frac{\alpha}{2}\right) \cdot \frac{\hat{\sigma}_n}{\sqrt{n}}; \bar{x} + t_{n-1}\left(1 - \frac{\alpha}{2}\right) \cdot \frac{\hat{\sigma}_n}{\sqrt{n}}\right] = \left[35,2833 - 2,201 \cdot \frac{1,8517}{\sqrt{12}}; 35,2833 + 2,201 \cdot \frac{1,8517}{\sqrt{12}}\right] = [34,107; 36,46].$$

Aber auch wenn man die Verteilung nicht kennt, kann man ein Konfidenzintervall für μ angeben. Falls σ bekannt ist, nimmt man dasselbe Konfidenzintervall wie bei der Normalverteilung, falls nicht:

Wichtig 41

Wenn die Stichprobe beliebig verteilt ist und die Standardabweichung σ unbekannt ist, muss man zuerst die Standardabweichung bzw. die Varianz schätzen, also $\hat{\sigma}_n^2 = \frac{n}{n-1}(\overline{x^2} - \bar{x}^2)$ berechnen. Dann ist ein zweiseitiges $1 - \alpha$-Konfidenzintervall für μ das Intervall:

$$\left[\bar{x} - u_{1-\frac{\alpha}{2}} \cdot \frac{\hat{\sigma}_n}{\sqrt{n}}; \bar{x} + u_{1-\frac{\alpha}{2}} \cdot \frac{\hat{\sigma}_n}{\sqrt{n}}\right]$$

Das einseitige untere $1 - \alpha$-Konfidenzintervall für μ lautet:

$$\left]-\infty; \bar{x} + u_{1-\alpha} \cdot \frac{\hat{\sigma}_n}{\sqrt{n}}\right]$$

---

[95] Ich liebe dieses verzerrte Gesicht von Studenten bei der Berechnung von 1-5% geteilt durch 2. Aber mit ein bisschen Übung klappt es!

Das einseitige obere $1 - \alpha$-Konfidenzintervall für µ lautet:

$$\left[\bar{x} - u_{1-\alpha} \cdot \frac{\hat{\sigma}_n}{\sqrt{n}}; \infty\right[$$

Beispiel 57

Kommen wir noch einmal auf die 12 Weizenfelder aus dem obigen Beispiel zurück. Gehen wir nun davon aus, dass wir weder die Verteilung noch die Varianz kennen. Dann können wir ein zweiseitiges 95%-Konfidenzintervall für den unbekannten Erwartungswert mit der folgenden Formel berechnen:

$$\left[\bar{x} - u_{1-\frac{\alpha}{2}} \cdot \frac{\hat{\sigma}_n}{\sqrt{n}}; \bar{x} + u_{1-\frac{\alpha}{2}} \cdot \frac{\hat{\sigma}_n}{\sqrt{n}}\right] = \left[35{,}2833 - 1{,}96 \cdot \frac{1{,}8517}{\sqrt{12}}; 35{,}2833 + 1{,}96 \cdot \frac{1{,}8517}{\sqrt{12}}\right] =$$
$$[34{,}236; 36{,}331]$$

5.1.2.2   Konfidenzintervalle für die Varianz einer Verteilung

Wichtig 42

Wenn die Stichprobe normalverteilt ist, muss man wieder zuerst die Standardabweichung bzw. die Varianz schätzen, also $\hat{\sigma}_n^2 = \frac{n}{n-1}(\overline{x^2} - \bar{x}^2)$ berechnen. Dann ist ein zweiseitiges $1 - \alpha$-Konfidenzintervall für σ^2 das Intervall:

$$\left[\frac{(n-1)\hat{\sigma}_n^2}{\chi_{n-1}^2\left(1 - \frac{\alpha}{2}\right)}; \frac{(n-1)\hat{\sigma}_n^2}{\chi_{n-1}^2\left(\frac{\alpha}{2}\right)}\right]$$

Das einseitige untere $1 - \alpha$-Konfidenzintervall für σ^2 lautet:

$$\left[0, \frac{(n-1)\hat{\sigma}_n^2}{\chi_{n-1}^2(\alpha)}\right]$$

Das einseitige obere $1 - \alpha$-Konfidenzintervall für σ^2 lautet:

$$\left[\frac{(n-1)\hat{\sigma}_n^2}{\chi_{n-1}^2(1-\alpha)}; \infty\right[$$

Aha, mal wieder eine neue Abkürzung: Hierbei bezeichnet $\chi_{n-1}^2\left(1 - \frac{\alpha}{2}\right)$ das $\left(1 - \frac{\alpha}{2}\right)$ –Quantil der χ^2-Verteilung, die ebenfalls tabelliert vorliegt. Im Anhang finden Sie eine solche Tabelle. Dort sind allgemein Werte von $\chi_f^2(p)$ tabelliert. Das bedeutet, Sie müssen in der ersten Spalte das p suchen, in der ersten Zeile das f, und im Schnittpunkt befindet sich der gesuchte Wert.

Beispiel 58

Gehen wir von 5 Messwerten aus und einem Konfidenzniveau $1-\alpha = 0,95$. Damit ist $\alpha = 0,05$.

Dann benötigen Sie für das zweiseitige Konfidenzintervall für σ^2 $\chi^2_{5-1}\left(1 - \frac{0,05}{2}\right) = \chi^2_4(0.975) = 11,14327$[96]

Beispiel 59

Bislang sind wir bei den Berechnungen für unsere Weizenfelder immer von der Punktschätzung für die unbekannte Varianz $\hat{\sigma}_n^2$ ausgegangen. Nun können wir ein Konfidenzintervall, zum Beispiel zweiseitig und zum Konfidenzniveau 95%, berechnen. Dazu benötigen wir die folgende Formel:

$$\left[\frac{(n-1)\hat{\sigma}_n^2}{\chi^2_{n-1}\left(1 - \frac{\alpha}{2}\right)} ; \frac{(n-1)\hat{\sigma}_n^2}{\chi^2_{n-1}\left(\frac{\alpha}{2}\right)}\right] = \left[\frac{11 \cdot 3,432436}{21,92} ; \frac{11 \cdot 3,432436}{3,816}\right] = [1,722 ; 9,894]$$

Mit einer Wahrscheinlichkeit von 95% liegt die unbekannte Varianz also zwischen 1,722 und 9,894.

5.1.2.3   Konfidenzintervalle für die Standardabweichung einer Verteilung

Jetzt wird es noch mal richtig schwierig. ☺

Wichtig 43

Wenn die Stichprobe normalverteilt ist, muss man einfach aus den Grenzen des Intervalls für σ^2 die Wurzel ziehen. Also ist ein zweiseitiges $1 - \alpha$-Konfidenzintervall für σ das Intervall:

$$\left[\sqrt{\frac{(n-1)\hat{\sigma}_n^2}{\chi^2_{n-1}\left(1 - \frac{\alpha}{2}\right)}} ; \sqrt{\frac{(n-1)\hat{\sigma}_n^2}{\chi^2_{n-1}\left(\frac{\alpha}{2}\right)}}\right]$$

Das einseitige untere $1 - \alpha$-Konfidenzintervall für σ lautet:

$$\left[0 ; \sqrt{\frac{(n-1)\hat{\sigma}_n^2}{\chi^2_{n-1}(\alpha)}}\right]$$

---

[96] Na, ging's schon leichter zu rechnen?

Das einseitige obere $1 - \alpha$-Konfidenzintervall für σ lautet:

$$\left[\sqrt{\frac{(n-1)\hat{\sigma}_n^2}{\chi_{n-1}^2(1-\alpha)}} ; \infty \right[$$

Beispiel 60

Nach dem letzten Beispiel ist es wirklich nicht besonders schwierig, ein 95%-Konfidenzintervall für die unbekannte Standardabweichung zu berechnen: Wir ziehen aus den vorhin ermittelten Intervallgrenzen einfach die Wurzel und erhalten:

$$\left[\sqrt{\frac{(n-1)\hat{\sigma}_n^2}{\chi_{n-1}^2\left(1-\frac{\alpha}{2}\right)}} ; \sqrt{\frac{(n-1)\hat{\sigma}_n^2}{\chi_{n-1}^2\left(\frac{\alpha}{2}\right)}} \right] = \left[\sqrt{1{,}722} ; \sqrt{9{,}894} \right] = [1{,}312; 3{,}145]$$

5.2 Hypothesentests

Das Highlight dieses Buchs. Jetzt kommen die wichtigsten Methoden, die die Statistik zu bieten hat.

5.2.1 Grundsätzliches zu Hypothesentests

Kommen wir zum letzten Kapitel der Veranstaltung: den Hypothesentests. Hier ist die Fragestellung nun etwas anders als bei den Schätzungen, denn wir betreiben mal wieder induktive Statistik, schließen also von einer Stichprobe auf die Allgemeinheit zurück, aber statt einen unbekannten Parameter zu schätzen, haben wir schon zumindest eine Vermutung (also eine Hypothese) z.B. über einen der unbekannten Parameter.[97]

Tests sind immer so aufgebaut, dass man eine Aussage als Nullhypothese H_0 aufstellt, das Gegenteil dieser Aussage wird ebenfalls (als Alternative A) notiert. Hierbei wird darauf geachtet, dass die Meinung desjenigen, der den Test durchführt, als Alternative formuliert wird. Das klingt merkwürdig, hat aber sehr gute Gründe. Zuerst einmal existiert nach wie vor das Problem, dass aus einer Stichprobe Rückschlüsse auf die Allgemeinheit gezogen werden. Das bedeutet, dass Tests streng wissenschaftlich gesehen nichts beweisen können, sondern dass man nur folgendermaßen argumentieren kann: Wenn eine Nullhypothese (aus irgendwelchen Gründen) verworfen wird, so wird die Alternative statistisch unter-

---

[97] In diesem Fall spricht man auch von Parametertests. Wenn die Fragestellung nicht einen Parameter der Verteilung betrifft, sondern z. B. die gesamte Verteilung betrifft oder Unabhängigkeit prüft, spricht man von nicht-parametrischen bzw. parameterfreien Tests. Von denen schauen wir uns am Schluss auch einige an.

mauert. Daher arbeiten alle Tests so, dass man versucht, die Nullhypothese zu verwerfen, und so die eigene Vermutung, die ja in der Alternative steht, zu stützen.

Hinzu kommt noch ein wissenschaftstheoretischer Grund. Ein Prinzip der Forschung lautet: Wenn es mehrere Möglichkeiten der Wahrheit gibt, soll man alle unmöglichen ausschließen, und die einzig mögliche Wahrheit bleibt übrig. Auch aus diesem Grund schreibt man die eigene Meinung in die Alternative und versucht, das Gegenteil, also die Nullhypothese, zu verwerfen, um so die eigene Meinung zu unterstützen.

Parametertests gibt es aus diesem Grund übrigens immer in drei Variationen, so genannten Fragestellungen:

Bezeichnung 57
Fragestellungen von Hypothesentests

Die 1. einseitige Fragestellung	$H_0: \vartheta \leq \vartheta_0$	A: $\vartheta > \vartheta_0$
Die 2. einseitige Fragestellung	$H_0: \vartheta \geq \vartheta_0$	A: $\vartheta < \vartheta_0$
Die zweiseitige Fragestellung	$H_0: \vartheta = \vartheta_0$	A: $\vartheta \neq \vartheta_0$

Anschließend werden bei allen Tests bestimmte Testgrößen (Teststatistiken) berechnet, und je nach Ergebnis wird die Nullhypothese verworfen oder nicht. Dieses Vorgehen nennt man Testvorschrift.

Aber kommen wir noch einmal auf die Problematik des induktiven Vorgehens zurück. Auch wenn Sie die Testvorschrift 100%-ig richtig befolgt haben, kann es passieren, dass der Test ein falsches Ergebnis liefert. Genauer gesagt kann der Test als Ergebnis liefern, dass die Nullhypothese H_0 abgelehnt werden soll, obwohl die Nullhypothese H_0 richtig ist. Dies nennen wir den Fehler 1. Art. Oder die Testvorschrift sagt, dass die Nullhypothese H_0 nicht abgelehnt werden kann, obwohl sie in Wirklichkeit falsch ist. Dann unterläuft uns gerade der Fehler 2. Art.[98]

Betrachten wir erstmal ein Beispiel, um zu verstehen, was gemeint ist:

Beispiel 61

Ein Richter kann zwei Arten von Fehlern machen: Entweder er sperrt einen Unschuldigen aufgrund der Beweislage fälschlicherweise ein, oder er spricht einen Straftäter unberechtigterweise frei.

Stellen Sie sich vor, Sie sind Filialleiter eines Supermarkts. Eines Morgens finden Sie auf Ihrem Schreibtisch einen Erpresserbrief, in dem jemand behauptet, er hätte alle Ihre Joghurts vergiftet. Dann können Ihnen ebenfalls zwei Fehler unterlaufen: Entweder Sie schmeißen alle Joghurts weg, obwohl sie gar nicht vergiftet sind, oder Sie verkaufen die Joghurts weiter und sie sind vergiftet.

---

[98] Wie immer liegt der Grund darin, dass man einfach Pech mit der Stichprobe haben kann.

Diese Beispiele sollen Ihnen verdeutlichen, dass normalerweise einer der beiden (tatsächlich nicht ganz auszuschließenden) Fehler schwerwiegender ist als der andere. Das deutsche (wie jedes demokratische) Rechtssystem legt zugrunde, dass es schwerwiegender ist einen Unschuldigen einzusperren als einen Schuldigen freizulassen. Und zu der Joghurtproblematik muss ich hoffentlich nichts sagen...

Unmittelbar einleuchten sollte Ihnen, dass man daran interessiert ist, die Wahrscheinlichkeit

für das Eintreten des schwerwiegenden Fehlers möglichst gering zu halten. Genau so klar muss Ihnen sein, dass wenn Sie eine Fehlerwahrscheinlichkeit klein halten, die andere Fehlerwahrscheinlichkeit automatisch größer wird.[99]

Bezeichnung 58
Fehlerwahrscheinlichkeiten
Die Wahrscheinlichkeit des Eintretens des Fehlers 1. Art, also des Fehlers, H_0 abzulehnen, obwohl H_0 richtig ist, heißt Fehlerwahrscheinlichkeit 1. Art bzw. α. Sie wird auch als Signifikanzniveau eines Tests bezeichnet.
Die Wahrscheinlichkeit für das Eintreten des Fehlers 2. Art, also des Fehlers, H_0 nicht abzulehnen, obwohl H_0 falsch ist, heißt Fehlerwahrscheinlichkeit 2. Art bzw. β.[100]

Mathematisch sind Tests so aufgebaut, dass man α beschränken kann bzw. einfach vorgibt, z. B. $\alpha = 1\%$ etc. Auch hierin liegt wieder eine Begründung, warum Ihre Vermutung in die Alternative gehört: Wenn α beschränkt werden kann, bedeutet das, dass die Wahrscheinlichkeit, dass Sie die Nullhypothese H_0 ablehnen, obwohl sie richtig ist, beschränkt werden kann. Wenn nun dort das drin steht, das Sie eigentlich nicht vermuten, arbeiten Sie besonders wissenschaftlich, da Sie die Fehlerwahrscheinlichkeit, dass Sie sich „in die Tasche lügen" gering halten.[101]

Aber lassen wir die theoretischen Ausführungen nun sein und reden Tacheles, sprich betrachten wir konkrete Tests.

---

[99] Allerdings addieren sie sich gottseidank nicht zu 100%, das wäre dramatisch!!

[100] OK, es gibt kreativere Bezeichnungen, aber so heißen sie nun einmal. Sie können Sie ja Rudi nennen, wenn Sie lernen.

[101] Falls Ihnen jetzt der Schädel dröhnt, müssen Sie sich nicht wundern. Kleine Anekdote hierzu: Vor langer, langer Zeit haben mir drei Nachhilfeschüler nach ihrer (bestandenen) Statistik-Klausur gestanden, dass sie zu den Nachhilfestunden zur induktiven Statistik immer bekifft gekommen sind, weil sich ihnen die Gedankenwelt dann besser erschlossen hat. Das soll keine Aufforderung sein, aber erklären, dass Sie mit Ihren Kopfschmerzen nicht alleine sind.

5.2.2   Parametertests

In diesem Abschnitt geht es, wie der Titel schon sagt, um Hypothesentests, die sich mit einem Parameter einer Verteilung beschäftigen, es geht also z.B. um μ oder um σ^2 etc. Man unterscheidet hierbei Tests, die mit einer Stichprobe arbeiten, und Tests, die mehrere Stichproben miteinander vergleichen.[102] Beginnen wir mit den Ein-Stichproben-Tests.

5.2.2.1   Ein-Stichproben-Tests

Die folgenden Parameter-Tests arbeiten alle mit einer Stichprobe.

Wichtig 44   Gauß-Test

Der Gauß-Test testet Hypothesen bzgl. des Erwartungswerts bei Normalverteilung.
Die Varianz σ^2 muss dabei bekannt sein.
Hypothesen und Alternativen lauten dann:
1. einseitige Fragestellung: $H_0: \mu \leq \mu_0$ $A: \mu > \mu_0$
2. einseitige Fragestellung: $H_0: \mu \geq \mu_0$ $A: \mu < \mu_0$
zweiseitige Fragestellung: $H_0: \mu = \mu_0$ $A: \mu \neq \mu_0$

Die Testvorschrift lautet in den jeweiligen Fragestellungen:
1. einseitige Fragestellung: $H_0: \mu \leq \mu_0$ $A: \mu > \mu_0$
Lehne H_0 ab, falls:

$$\bar{x} > \mu_0 + u_{1-\alpha} \cdot \frac{\sigma}{\sqrt{n}}$$

2. einseitige Fragestellung: $H_0: \mu \geq \mu_0$ $A: \mu < \mu_0$
Lehne H_0 ab, falls:

$$\bar{x} < \mu_0 - u_{1-\alpha} \cdot \frac{\sigma}{\sqrt{n}}$$

zweiseitige Fragestellung: $H_0: \mu = \mu_0$ $A: \mu \neq \mu_0$
Lehne H_0 ab, falls:

$$\bar{x} > \mu_0 + u_{1-\frac{\alpha}{2}} \cdot \frac{\sigma}{\sqrt{n}} \text{ oder } \bar{x} < \mu_0 - u_{1-\frac{\alpha}{2}} \cdot \frac{\sigma}{\sqrt{n}}$$

---

[102] Da dies ja eine Grundlagengeschichte ist, betrachten wir nur zwei Stichproben. Richtig lustig wird es aber natürlich, wenn man 3,4 oder mehr Stichproben miteinander vergleichen will.

Im dritten Fall muss also zuerst die eine Ungleichung überprüft werden. Wenn diese nicht erfüllt ist, muss noch die zweite Ungleichung überprüft werden. Nur wenn beide Ungleichungen nicht erfüllt sind, kann die Hypothese nicht abgelehnt werden.

OK, auch in diesen Formeln taucht nix Neues für Sie auf. Ehrlich gesagt sind Tests und Konfidenzintervalle in Statistik-Klausuren bei Studenten sehr beliebt, denn wenn man einmal dieses Schema geschnallt hat, ist es wie Spielen mit Bauklötzen: Man pickt sich die einzelnen Komponenten aus Tabellen raus und rechnet ein bisschen – fertig! Das schauen wir uns mal an einem Beispiel an.

Beispiel 62

Zwischen dem Hersteller einer Schokoladenmarke und einem Supermarkt gibt es einen Liefervertrag, in dem geregelt ist, dass der Supermarkt einen Preisnachlass fordern darf, wenn nachgewiesen werden kann, dass bei einer Lieferung die Schokoladentafeln weniger als die vereinbarten (und auf die Pakete aufgedruckten) 100g wiegen. Da eine Vollerhebung zu teuer und zu aufwändig ist, haben die Parteien vereinbart, aus jeder Lieferung eine Stichprobe vom Umfang 10 zu ziehen, und sie konnten sich auf ein Signifikanzniveau von 5% einigen. Beide Parteien gehen davon aus, dass das Gewicht der Schokoladentafeln normalverteilt ist, wobei generell eine Varianz von $\sigma^2 = 4$ vorliegt. Bei der letzten Lieferung ergab die Stichprobe folgende Werte: 101g, 98g, 96g, 102g, 99g, 101g, 102g, 103g, 96g, 97g.

Der Geschäftsführer des Supermarkts will nun wissen, ob er einen Preisnachlass fordern darf. Hierzu verwendet er die 2. einseitige Fragestellung: $H_0: \mu \geq 100$ gegen $A: \mu < 100$, denn er möchte ja gerne belegen, dass er weniger als 100g erhält, und das muss wie bereits besprochen in die Alternative. Seine zu befolgende Testvorschrift lautet also:

Lehne H_0 ab, falls $\bar{x} < \mu_0 - u_{1-\alpha} \cdot \frac{\sigma}{\sqrt{n}}$. Suchen wir zuerst alle Werte, die wir benötigen.

Nun, $\mu_0 = 100$, denn das ist ja immer die Zahl, die in Nullhypothese und Alternative auftaucht. $\sigma = 2$, denn die Varianz war ja mit 4 angegeben. $n = 10$, das ist ja der Stichprobenumfang. $\bar{x} = 99{,}5$. Bleibt noch das Quantil der Standardnormalverteilung: $u_{1-\alpha} = u_{0{,}95} = 1{,}645$. Insgesamt gilt es also zu prüfen, ob $99{,}5 \underset{?}{<} 100 - 1{,}645 \cdot \frac{2}{\sqrt{10}} = 98{,}9596$. Da das nicht stimmt,

kann der Geschäftsführer die Nullhypothese auf dem 5% Signifikanzniveau nicht ablehnen. Er kann also seine eigene Meinung nicht untermauern, denn die steht ja in der Alternative, also kann er keinen Preisnachlass fordern.

Nun nehmen wir die Perspektive des Herstellers ein. Dieser möchte nachweisen, dass er nicht nur 100g in die Tafeln packt, sondern sogar mehr als das. Also verwendet er die 1. einseitige Fragestellung: $H_0: \mu \leq 100$ gegen $A: \mu > 100$ mit der Testvorschrift: Lehne H_0 ab, falls $\bar{x} > \mu_0 + u_{1-\alpha} \cdot \frac{\sigma}{\sqrt{n}}$. Wir müssen also prüfen, ob $99{,}5 \underset{?}{>} 100 + 1{,}645 \cdot \frac{2}{\sqrt{10}} = 101{,}0404$.

Da das auch nicht stimmt, kann der Schokoladenfabrikant seine Behauptung auch nicht belegen, jedenfalls nicht bei einer Fehlerwahrscheinlichkeit von 5%.[103]

Als letzter Akteur mischt sich nun der Hersteller der Maschine ein, auf der die Schokoladentafeln befüllt werden. Er will überprüfen, ob seine Maschine noch korrekt befüllt. Daher verwendet er die zweiseitige Fragestellung:H_0: $\mu = 100$ gegen A: $\mu \neq 100$ mit der Testvorschrift: Lehne H_0 ab, falls $\bar{x} > \mu_0 + u_{1-\frac{\alpha}{2}} \cdot \frac{\sigma}{\sqrt{n}}$ oder $\bar{x} < \mu_0 - u_{1-\frac{\alpha}{2}} \cdot \frac{\sigma}{\sqrt{n}}$. Hier benötigen wir ein anderes Quantil der Standardnormalverteilung, nämlich $u_{1-\frac{\alpha}{2}} = u_{0,975} = 1,960$. Beginnen wir mit der ersten Bedingung und prüfen, ob $99,5 \overset{?}{>} 100 + 1,96 \cdot \frac{2}{\sqrt{10}} = 101,2396$. Das stimmt natürlich nicht, also müssen wir die zweite Bedingung prüfen: $99,5 \overset{?}{<} 100 - 1,96 \cdot \frac{2}{\sqrt{10}} = 98,76$. Auch das ist nicht erfüllt. Also kann auch der Maschinenhersteller die Nullhypothese nicht ablehnen. Aber im Gegensatz zu den beiden vorherigen Fragestellungen steht in der Nullhypothese das, was der Maschinenhersteller zeigen möchte, nämlich dass die Maschine Tafeln mit einem Gewicht von 100g produziert. Er kann also davon ausgehen, dass seine Maschine exakt arbeitet.[104]

Beim Gauß-Test ist es relativ einfach, die Fehlerwahrscheinlichkeit 2. Art zu berechnen. Dazu benutzt man den Zentralen Grenzwertsatz (siehe Wichtig 35). Wenn man das tut, erhält man Folgendes:

Wichtig 45

Beim Gauß-Test beträgt die Fehlerwahrscheinlichkeit 2. Art in der ersten einseitigen Fragestellung:

$$\beta = \Phi\left((\mu_0 - \mu) \cdot \frac{\sqrt{n}}{\sigma} + u_{1-\alpha}\right)$$

Bei der zweiten einseitigen Fragestellung beträgt sie:

$$\beta = 1 - \Phi\left((\mu_0 - \mu) \cdot \frac{\sqrt{n}}{\sigma} - u_{1-\alpha}\right)$$

Die zweiseitige Fragestellung lassen wir an dieser Stelle erstmal. Es sollte Ihnen klar sein, dass Sie zur Berechnung natürlich den wirklichen und wahren Erwartungswert μ und die Fehlerwahrscheinlichkeit 1. Art α kennen müssen. Sonst geht es nicht!

---

[103] Ehrlich gesagt wird er seine Behauptung auf keinem Signifikanzniveau belegen können, denn egal wie klein der 2. Term wird, er bleibt auf jeden Fall positiv, und daher wird die rechte Seite immer >100 sein.

[104] Die zugehörige Fehlerwahrscheinlichkeit ist aber β, nämlich die Wahrscheinlichkeit, H_0 nicht abzulehnen, obwohl die Nullhypothese falsch ist.

Beispiel 63

Der Geschäftsführer des Supermarkts möchte nun gerne wissen, mit welcher Wahrscheinlichkeit er irrtümlich auf einen Preisnachlass verzichtet, falls das wirklich wahre Gewicht der Schokoladenta- feln μ genau so groß ist wie der Mittelwert der Stichprobe, also 99,5g. Er interessiert sich also für die Fehlerwahrscheinlichkeit 2. Art β. Da er die 2. einseitige Fragestellung verwendet hat, gilt:

$$\beta = 1 - \Phi((\mu_0 - \mu) \cdot \frac{\sqrt{n}}{\sigma} - u_{1-\alpha}) = 1 - \Phi\left((100 - 99,5) \cdot \frac{\sqrt{10}}{2} - 1,645\right) = 1 - \Phi(-0,85) =$$

$\Phi(0,85) = 0,8023.$ *Die Wahrscheinlichkeit beträgt also 80,23%.*

Der Schokoladenhersteller wiederum möchte nun wissen, mit welcher Wahrscheinlichkeit der Test als Ergebnis liefert, dass n den Tafeln höchstens 100g sind, wenn das zu erwartende Ge- wicht der Tafeln μ in Wirklichkeit 101g beträgt. Auch er muss also die Fehlerwahrscheinlichkeit 2. Art, also β berechnen, aber für die 1. Fragestellung. Daher gilt: $\beta = \Phi((\mu_0 - \mu) \cdot \frac{\sqrt{n}}{\sigma} +$

$u_{1-\alpha}) = \Phi\left((100 - 101) \cdot \frac{\sqrt{10}}{2} + 1,645\right) = \Phi(0,06) = 0,5239.$ *Der Test ist also in diesem Sinne recht ungenau, da er in mehr als der Hälfte der Fälle falsch entscheidet.*

Genauso kann man auch einen Mindeststichprobenumfang angeben, der bei gegebenem α und β verwendet werden muss[105]:

Wichtig 46

Beim Gauß-Test beträgt der Mindeststichprobenumfang bei gegebenem α und β in der ersten einseitigen Fragestellung:

$$n \geq \left(\frac{u_\beta - u_{1-\alpha}}{\mu_0 - \mu} \cdot \sigma\right)^2$$

Bei der zweiten einseitigen Fragestellung beträgt er:

$$n \geq \left(\frac{u_{1-\alpha} + u_{1-\beta}}{\mu_0 - \mu} \cdot \sigma\right)^2$$

Beispiel 64

Der Geschäftsführer möchte nun beide Fehlerwahrscheinlichkeiten begrenzen: α soll nach wie vor höchstens 5% betragen, β aber höchstens 10%. Daher muss er einen Stichprobenumfang von $n \geq \left(\frac{u_{1-\alpha}+u_{1-\beta}}{\mu_0-\mu} \cdot \sigma\right)^2 = \left(\frac{u_{0,95}+u_{0,9}}{100-99,5} \cdot 2\right)^2 = \left(\frac{1,645+1,282}{0,5} \cdot 2\right)^2 = 137,077.$ *Es müssen also mindestens 138 Tafeln gewogen werden.*

---

[105] Dazu muss man „nur" die obigen Formeln nach n umstellen. ☺

Der Schokoladenhersteller muss für seine Frage $n \geq \left(\frac{u_\beta - u_{1-\alpha}}{\mu_0 - \mu} \cdot \sigma\right)^2 = n \geq \left(\frac{u_{0,1} - u_{0,95}}{100 - 101} \cdot 2\right)^2 =$
$n \geq \left(\frac{-1,282 - 1,645}{100 - 101} \cdot 2\right)^2 = 34,269$, also 35 Tafeln wiegen.

<u>Wichtig 47</u>   t-Test

Der t-Test testet Hypothesen bzgl. des Erwartungswerts bei Normalverteilung. Die Varianz σ^2 ist dabei unbekannt. Daher muss zuerst die Varianz geschätzt werden, indem $\hat{\sigma}_n^2 = \frac{n}{n-1}(\overline{x^2} - \bar{x}^2)$ berechnet wird.

Hypothesen und Alternativen lauten dann:

1. einseitige Fragestellung: H_0: $\mu \leq \mu_0$ A: $\mu > \mu_0$
2. einseitige Fragestellung: H_0: $\mu \geq \mu_0$ A: $\mu < \mu_0$
zweiseitige Fragestellung: H_0: $\mu = \mu_0$ A: $\mu \neq \mu_0$

Die Testvorschrift lautet in den jeweiligen Fragestellungen:
1. einseitige Fragestellung: H_0: $\mu \leq \mu_0$ A: $\mu > \mu_0$
Lehne H_0 ab, falls:

$$\bar{x} > \mu_0 + t_{n-1}(1 - \alpha) \cdot \frac{\hat{\sigma}_n}{\sqrt{n}}$$

2. einseitige Fragestellung: H_0: $\mu \geq \mu_0$ A: $\mu < \mu_0$
Lehne H_0 ab, falls:

$$\bar{x} < \mu_0 - t_{n-1}(1 - \alpha) \cdot \frac{\hat{\sigma}_n}{\sqrt{n}}$$

zweiseitige Fragestellung: H_0: $\mu = \mu_0$ A: $\mu \neq \mu_0$
Lehne H_0 ab, falls:

$$\bar{x} > \mu_0 + t_{n-1}\left(1 - \frac{\alpha}{2}\right) \cdot \frac{\hat{\sigma}_n}{\sqrt{n}} \text{ oder } \bar{x} < \mu_0 - t_{n-1}\left(1 - \frac{\alpha}{2}\right) \cdot \frac{\hat{\sigma}_n}{\sqrt{n}}$$

Im dritten Fall muss also zuerst die eine Ungleichung überprüft werden. Wenn diese nicht erfüllt ist, muss noch die zweite Ungleichung überprüft werden. Nur wenn beide Ungleichungen nicht erfüllt sind, kann die Hypothese nicht abgelehnt werden.

Beispiel 65

Wir betrachten noch einmal unsere beiden Geschäftspartner aus den vorherigen Beispielen. Aber diesmal gehen wir davon aus, dass (realistischerweise) die Varianz der Gewichte der Schokoladentafeln unbekannt ist. Ohne es überprüft zu haben, unterstellen wir weiterhin, dass das Gewicht der Schokoladentafeln normalverteilt ist.

Wir müssen also zuerst die unbekannte Varianz schätzen: $\hat{\sigma}_n{}^2 = \frac{n}{n-1}\left(\overline{x^2} - \bar{x}^2\right) = \frac{10}{9}(9906,5 - 99,5^2) = 6,944$, *also ist* $\hat{\sigma}_n = 2,635$.

Der Geschäftsführer des Supermarkts will nun wissen, ob er einen Preisnachlass fordern darf. Hierzu verwendet er die 2. einseitige Fragestellung:H_0: $\mu \geq 100$ gegen A: $\mu < 100$, denn er möchte ja gerne belegen, dass er weniger als 100g erhält, und das muss wie bereits besprochen in die Alternative. Seine zu befolgende Testvorschrift lautet also:

Lehne H_0 ab, falls $\bar{x} < \mu_0 - t_{n-1}(1 - \alpha) \cdot \frac{\hat{\sigma}_n}{\sqrt{n}}$. Suchen wir zuerst alle Werte, die wir benötigen.

Nun, $\mu_0 = 100$, denn das ist ja immer noch die Zahl, die in Nullhypothese und Alternative auftaucht. $\hat{\sigma}_n = 2,635$. $n = 10$, das ist ja der Stichprobenumfang. $\bar{x} = 99,5$. Bleibt noch das Quantil der t-Verteilung: $t_{n-1}(1 - \alpha) = t_9(0,95) = 1,833$. Insgesamt gilt es also zu prüfen, ob $99,5 \underset{?}{<} 100 - 1,833 \cdot \frac{2,635}{\sqrt{10}} = 98,4725$. Da das nicht stimmt, kann der Geschäftsführer die Nullhypothese auf dem 5% Signifikanzniveau nicht ablehnen. Er kann also seine eigene Meinung nicht untermauern, denn die steht ja in der Alternative, also kann er keinen Preisnachlass fordern.

Nun nehmen wir die Perspektive des Herstellers ein. Dieser möchte nachweisen, dass er nicht nur 100g in die Tafeln packt, sondern sogar mehr als das. Also verwendet er die 1. einseitige Fragestellung: H_0: $\mu \leq 100$ gegen A: $\mu > 100$ mit der Testvorschrift: Lehne H_0 ab, falls $\bar{x} > \mu_0 + t_{n-1}(1 - \alpha) \cdot \frac{\hat{\sigma}_n}{\sqrt{n}}$. Wir müssen also prüfen, ob $99,5 \underset{?}{>} 100 + 1,833 \cdot \frac{2,635}{\sqrt{10}} = 101,5275$. Da das auch nicht stimmt, kann der Schokoladenfabrikant seine Behauptung auch nicht belegen, jedenfalls nicht bei einer Fehlerwahrscheinlichkeit von 5%.[106]

Als letzter Akteur mischt sich nun der Hersteller der Maschine ein, auf der die Schokoladentafeln befüllt werden. Er will überprüfen, ob seine Maschine noch korrekt befüllt. Daher verwendet er die zweiseitige Fragestellung:H_0: $\mu = 100$ gegen A: $\mu \neq 100$ mit der Testvorschrift: Lehne H_0 ab, falls $\bar{x} > \mu_0 + t_{n-1}\left(1 - \frac{\alpha}{2}\right) \cdot \frac{\hat{\sigma}_n}{\sqrt{n}}$ oder $\bar{x} < \mu_0 - t_{n-1}\left(1 - \frac{\alpha}{2}\right) \cdot \frac{\hat{\sigma}_n}{\sqrt{n}}$. Hier benötigen wir ein anderes Quantil der t-Verteilung, nämlich $t_{n-1}\left(1 - \frac{\alpha}{2}\right) = t_9(0,975) = 2,262$. Beginnen wir mit der ersten Bedingung und prüfen, ob $99,5 \underset{?}{>} 100 + 2,262 \cdot \frac{2,635}{\sqrt{10}} = 101,8848$. Das stimmt natürlich nicht, also müssen wir die zweite Bedingung prüfen: $99,5 \underset{?}{<} 100 - 2,262 \cdot \frac{2,635}{\sqrt{10}} = 98,12$. Auch das ist nicht erfüllt. Also kann auch der Maschinenhersteller die Nullhypothese nicht ablehnen.

---

[106] Ehrlich gesagt, wird er seine Behauptung auf keinem Signifikanzniveau belegen können, denn egal, wie klein der 2. Term wird, er bleibt auf jeden Fall positiv, und daher wird die rechte Seite immer >100 sein.

Aber im Gegensatz zu den beiden vorherigen Fragestellungen steht in der Nullhypothese das, was der Maschinenhersteller zeigen möchte, nämlich dass die Maschine Tafeln mit einem Gewicht von 100g produziert. Er kann also belegen, dass seine Maschine exakt arbeitet.[107]

Wichtig 48   Approximativer Gauß-Test

Der Gauß-Test testet Hypothesen bzgl. des Erwartungswerts bei beliebiger Verteilung. Der Stichprobenumfang muss mindestens $n \geq 30$ betragen. Die Varianz σ^2 kann dabei bekannt sein, muss aber nicht.

Hypothesen und Alternativen lauten dann:

1. einseitige Fragestellung: $H_0: \mu \leq \mu_0$ A: $\mu > \mu_0$
2. einseitige Fragestellung: $H_0: \mu \geq \mu_0$ A: $\mu < \mu_0$
zweiseitige Fragestellung: $H_0: \mu = \mu_0$ A: $\mu \neq \mu_0$

Die Testvorschrift lautet in den jeweiligen Fragestellungen, wenn σ^2 bekannt ist:

1. einseitige Fragestellung: $H_0: \mu \leq \mu_0$ A: $\mu > \mu_0$
Lehne H_0 ab, falls:

$$\bar{x} > \mu_0 + u_{1-\alpha} \cdot \frac{\sigma}{\sqrt{n}}$$

2. einseitige Fragestellung: $H_0: \mu \geq \mu_0$ A: $\mu < \mu_0$
Lehne H_0 ab, falls:

$$\bar{x} < \mu_0 - u_{1-\alpha} \cdot \frac{\sigma}{\sqrt{n}}$$

zweiseitige Fragestellung: $H_0: \mu = \mu_0$ A: $\mu \neq \mu_0$
Lehne H_0 ab, falls:

$$\bar{x} > \mu_0 + u_{1-\frac{\alpha}{2}} \cdot \frac{\sigma}{\sqrt{n}} \text{ oder } \bar{x} < \mu_0 - u_{1-\frac{\alpha}{2}} \cdot \frac{\sigma}{\sqrt{n}}$$

Im dritten Fall muss also zuerst die eine Ungleichung überprüft werden. Wenn diese nicht erfüllt ist, muss noch die zweite Ungleichung überprüft werden. Nur wenn beide Ungleichungen nicht erfüllt sind, kann die Hypothese nicht abgelehnt werden.

---

[107] Die zugehörige Fehlerwahrscheinlichkeit ist aber β, nämlich die Wahrscheinlichkeit, H_0 nicht abzulehnen, obwohl die Nullhypothese falsch ist.

Wenn σ^2 nicht bekannt ist, muss in der Teststatistik σ durch $\hat{\sigma}_n$ ersetzt werden (wobei $\hat{\sigma}_n^2 = \frac{n}{n-1}(\overline{x^2} - \bar{x}^2)$).

Hypothesen und Alternativen lauten dann:

1. einseitige Fragestellung: $H_0: \mu \leq \mu_0$ A: $\mu > \mu_0$

2. einseitige Fragestellung: $H_0: \mu \geq \mu_0$ A: $\mu < \mu_0$

zweiseitige Fragestellung: $H_0: \mu = \mu_0$ A: $\mu \neq \mu_0$

Die Testvorschrift lautet in den jeweiligen Fragestellungen, wenn σ^2 unbekannt ist[108]:

1. einseitige Fragestellung: $H_0: \mu \leq \mu_0$ A: $\mu > \mu_0$

Lehne H_0 ab, falls:

$$\bar{x} > \mu_0 + u_{1-\alpha} \cdot \frac{\hat{\sigma}_n}{\sqrt{n}}$$

2. einseitige Fragestellung: $H_0: \mu \geq \mu_0$ A: $\mu < \mu_0$

Lehne H_0 ab, falls:

$$\bar{x} < \mu_0 - u_{1-\alpha} \cdot \frac{\hat{\sigma}_n}{\sqrt{n}}$$

zweiseitige Fragestellung: $H_0: \mu = \mu_0$ A: $\mu \neq \mu_0$

Lehne H_0 ab, falls:

$$\bar{x} > \mu_0 + u_{1-\frac{\alpha}{2}} \cdot \frac{\hat{\sigma}_n}{\sqrt{n}} \text{ oder } \bar{x} < \mu_0 - u_{1-\frac{\alpha}{2}} \cdot \frac{\hat{\sigma}_n}{\sqrt{n}}$$

Im dritten Fall muss also zuerst die eine Ungleichung überprüft werden. Wenn diese nicht erfüllt ist, muss noch die zweite Ungleichung überprüft werden. Nur wenn beide Ungleichungen nicht erfüllt sind, kann die Hypothese nicht abgelehnt werden.

Beispiel 66

OK, wenn Sie noch verstehen, worum es hier geht, dann ist Ihnen klar, dass bei bekannter Varianz der Gauß-Test und der approximative Gauß-Test identisch sind. Wir müssen also nur den Fall betrachten, dass die Varianz unbekannt ist und dass sich nun doch herausgestellt hat, dass die Gewichte der Schokoladentafeln nicht normalverteilt sind.

Wir müssen wieder zuerst die unbekannte Varianz schätzen: $\hat{\sigma}_n{}^2 = \frac{n}{n-1}(\overline{x^2} - \bar{x}^2) = \frac{10}{9}(9906{,}5 - 99{,}5^2) = 6{,}944$, *also ist* $\hat{\sigma}_n = 2{,}635$.

---

[108] Ich schreib's lieber noch mal hin. Nicht, dass Sie in der Klausur die Formeln verwechseln.

Der Geschäftsführer des Supermarkts will immer noch wissen, ob er einen Preisnachlass fordern darf.[109] Hierzu verwendet er die 2. einseitige Fragestellung:H_0: $\mu \geq 100$ gegen A: $\mu < 100$, denn er möchte ja gerne belegen, dass er weniger als 100g erhält, und das muss wie bereits besprochen in die Alternative. Seine zu befolgende Testvorschrift lautet also:

Lehne H_0 ab, falls $\bar{x} < \mu_0 - u_{1-\alpha} \cdot \frac{\hat{\sigma}_n}{\sqrt{n}}$. Suchen wir zuerst alle Werte, die wir benötigen.

Nun, $\mu_0 = 100$, denn das ist ja immer die Zahl, die in Nullhypothese und Alternative auftaucht. $\hat{\sigma}_n = 2{,}635$,. $n = 10$. $\bar{x} = 99{,}5$. Bleibt noch das Quantil der Standardnormalverteilung: $u_{1-\alpha} = u_{0{,}95} = 1{,}645$. Insgesamt gilt es also zu prüfen, ob $99{,}5 \overset{?}{<} 100 - 1{,}645 \cdot \frac{2{,}635}{\sqrt{10}} = 98{,}6293$. Da das nicht stimmt, kann der Geschäftsführer die Nullhypothese auf dem 5% Signifikanzniveau wieder nicht ablehnen. Er kann also seine eigene Meinung immer noch nicht untermauern, denn die steht ja in der Alternative, also kann er keinen Preisnachlass fordern.

Nun nehmen wir die Perspektive des Herstellers ein. Dieser möchte immer noch nachweisen, dass er nicht nur 100g in die Tafeln packt, sondern sogar mehr als das. Also verwendet er wieder die 1. einseitige Fragestellung: H_0: $\mu \leq 100$ gegen A: $\mu > 100$ mit der Testvorschrift: Lehne H_0 ab, falls $\bar{x} > \mu_0 + u_{1-\alpha} \cdot \frac{\hat{\sigma}_n}{\sqrt{n}}$. Wir müssen also prüfen, ob $99{,}5 \overset{?}{>} 100 + 1{,}645 \cdot \frac{2{,}635}{\sqrt{10}} = 101{,}3707$. Da das auch nicht stimmt, kann der Schokoladenfabrikant seine Behauptung auch noch immer nicht belegen, jedenfalls nicht bei einer Fehlerwahrscheinlichkeit von 5%.[110]

Als letzter Akteur mischt sich nun wieder der Hersteller der Maschine ein, auf der die Schokoladentafeln befüllt werden. Er will überprüfen, ob seine Maschine noch korrekt befüllt. Daher verwendet er die zweiseitige Fragestellung:H_0: $\mu = 100$ gegen A: $\mu \neq 100$ mit der Testvorschrift: Lehne H_0 ab, falls $\bar{x} > \mu_0 + u_{1-\frac{\alpha}{2}} \cdot \frac{\hat{\sigma}_n}{\sqrt{n}}$ oder $\bar{x} < \mu_0 - u_{1-\frac{\alpha}{2}} \cdot \frac{\hat{\sigma}_n}{\sqrt{n}}$. Hier benötigen wir ein anderes Quantil der Standardnormalverteilung, nämlich $u_{1-\frac{\alpha}{2}} = u_{0{,}975} = 1{,}960$. Beginnen wir mit der ersten Bedingung und prüfen, ob $99{,}5 \overset{?}{>} 100 + 1{,}96 \cdot \frac{2{,}635}{\sqrt{10}} = 101{,}633$. Das stimmt natürlich nicht, also müssen wir die zweite Bedingung prüfen: $99{,}5 \overset{?}{<} 100 - 1{,}96 \cdot \frac{2{,}635}{\sqrt{10}} = 98{,}37$. Auch das ist nicht erfüllt. Also kann auch der Maschinenhersteller die Nullhypothese nicht ablehnen. Aber im Gegensatz zu den beiden vorherigen Fragestellungen steht in der Nullhypothese das, was der Maschinenhersteller zeigen möchte, nämlich dass die Maschine Tafeln mit einem Gewicht von 100g produziert. Er kann also nachweisen, dass seine Maschine exakt arbeitet.[111]

---

[109] Vielleicht klappt's ja diesmal?

[110] Ehrlich gesagt wird er seine Behauptung auf keinem Signifikanzniveau belegen können, denn egal wie klein der 2. Term wird, er bleibt auf jeden Fall positiv, und daher wird die rechte Seite immer >100 sein.

[111] Die zugehörige Fehlerwahrscheinlichkeit ist aber wie erwähnt β, nämlich die Wahrscheinlichkeit, H_0 nicht abzulehnen, obwohl die Nullhypothese falsch ist.

χ^2-Test für die Varianz

Der χ^2-Test für die Varianz testet Hypothesen bzgl. der Varianz bei Normalverteilung.

Hypothesen und Alternativen lauten dann:

1. einseitige Fragestellung: H$_0$: $\sigma^2 \leq \sigma_0^2$ \quad A: $\sigma^2 > \sigma_0^2$

2. einseitige Fragestellung: H$_0$: $\sigma^2 \geq \sigma_0^2$ \quad A: $\sigma^2 < \sigma_0^2$

zweiseitige Fragestellung: H$_0$: $\sigma^2 = \sigma_0^2$ \quad A: $\sigma^2 \neq \sigma_0^2$

Die Testvorschrift lautet in den jeweiligen Fällen:

1. einseitige Fragestellung: H$_0$: $\sigma^2 \leq \sigma_0^2$ \quad A: $\sigma^2 > \sigma_0^2$

Lehne H$_0$ ab, falls

$$\frac{(n-1)\hat{\sigma}_n^2}{\sigma_0^2} > \chi_{n-1}^2(1-\alpha)$$

2. einseitige Fragestellung: H$_0$: $\sigma^2 \geq \sigma_0^2$ \quad A: $\sigma^2 < \sigma_0^2$

Lehne H$_0$ ab, falls

$$\frac{(n-1)\hat{\sigma}_n^2}{\sigma_0^2} < \chi_{n-1}^2(\alpha)$$

zweiseitige Fragestellung: H$_0$: $\sigma^2 = \sigma_0^2$ \quad A: $\sigma^2 \neq \sigma_0^2$

Lehne H$_0$ ab, falls

$$\frac{(n-1)\hat{\sigma}_n^2}{\sigma_0^2} < \chi_{n-1}^2\left(\frac{\alpha}{2}\right) \text{ oder } \frac{(n-1)\hat{\sigma}_n^2}{\sigma_0^2} > \chi_{n-1}^2\left(1-\frac{\alpha}{2}\right)$$

Im dritten Fall muss also zuerst die eine Ungleichung überprüft werden. Wenn diese nicht erfüllt ist, muss noch die zweite Ungleichung überprüft werden. Nur wenn beide Ungleichungen nicht erfüllt sind, kann die Hypothese nicht abgelehnt werden.

Beispiel 67

Nun beschäftigen wir uns noch mit der Frage, ob die Varianz, die bei den beiden Geschäftspartnern im ersten Beispiel (also beim Gauß-Test) von Himmel gefallen war, denn wirklich $\sigma^2 = 4$ ist, oder ob sie nicht eher größer oder kleiner als 4 ist. Wir testen also die Varianz gegen die Zahl $\sigma^2 = 4$.[112]

Wir müssen wieder zuerst die unbekannte Varianz schätzen: $\hat{\sigma}_n{}^2 = \frac{n}{n-1}\left(\overline{x^2} - \bar{x}^2\right) = \frac{10}{9}(9906,5 - 99,5^2) = 6,944$.

Bei diesem Test muss man übrigens bei jeder Fragestellung auf der linken Seite der Ungleichungen immer denselben Ausdruck berechnen: $\frac{(n-1)\hat{\sigma}_n^2}{\sigma_0^2} = \frac{9 \cdot 6,944}{4} = 15,625$.

Damit es nicht zu langweilig wird, betrachten wir diesmal nur die zweiseitige Fragestellung.

Wir müssen brauchen zum Vergleich mit unserer Testgröße zwei Quantile der χ^2-Verteilung: $\chi_{n-1}^2\left(\frac{\alpha}{2}\right) = \chi_9^2(0,025) = 2,7$ und $\chi_{n-1}^2\left(1 - \frac{\alpha}{2}\right) = \chi_9^2(0,975) = 19,023$. Da weder $15,625 < 2,7$ noch $15,625 > 19,023$ stimmt, kann H_0 zum Niveau 5% nicht abgelehnt werden. Die Schätzung, dass $\sigma^2 = 4$ ist, ist also völlig in Ordnung.

5.2.2.2   Zwei-Stichproben-Tests

Hier folgen nun die wichtigsten Parameter-Tests, bei denen Parameter aus zwei Stichproben miteinander verglichen werden.

Vergleich zweier Erwartungswerte

Im Falle des Vergleichs zweier Erwartungswerte muss man unterscheiden, ob man es mit verbundenen (synonym auch abhängigen) oder unverbundenen (synonym: unabhängigen) Stichproben zu tun hat. Damit ist gemeint, ob man für jedes Merkmal unterschiedliche Stichprobenelemente hat oder ob bei jedem Stichprobenelement beide Merkmale erhoben wurden. Wenn Sie ihre Merkmalsträger der ersten und der zweiten Stichprobe physisch trennen können, haben sie unverbundene Stichproben. Wenn Sie das nicht können, arbeiten Sie gerade mit verbundenen Stichproben.

Beispiel 68

Wenn man einen Vergleich des Konsumverhaltens von Frauen und Männern durchführt, arbeitet man mit unverbundenen Stichproben. Denn man wird das Kaufverhalten von einigen Frauen beobachten und davon getrennt das Kaufverhalten von ausgewählten Männern. Man könnte also alle Frauen in ein Geschäft bringen und die Männer in ein anderes und die beiden Stichproben so physisch voneinander trennen.

---

[112] Wir nehmen dieselbe Stichprobe wie vorhin ($n = 10$) und wir bleiben auch bei unserem Signifikanzniveau $\alpha = 5\%$.

Wenn man hingegen die Wirksamkeit eines Diätmittels testet, wird man sinnvollerweise die
ausgewählten Probanden vor der Diät wiegen und dieselben Probanden nach der Diät noch
einmal auf die Waage stellen. Da ist es nicht möglich, die Vorher- und die Nachher-Stichprobe
voneinander physisch zu trennen, also arbeitet man in dem Fall mit verbundenen Stichproben.

Im Falle von verbundenen Stichproben erhebt man einfach für jedes Stichprobenelement
die Differenz der beiden Merkmale und führt für die Differenzwerte je nach den erfüllten
Voraussetzungen einen Gauß- Test, t-Test oder approximativen Gauß-Test durch. Das
bedeutet, dass Nullhypothese und Alternative umgeformt werden müssen:

1. einseitige Fragestellung: H_0: $\mu_1 \leq \mu_2$ A: $\mu_1 > \mu_2$

2. einseitige Fragestellung: H_0: $\mu_1 \geq \mu_2$ A: $\mu_1 < \mu_2$

   zweiseitige Fragestellung: H_0: $\mu_1 = \mu_2$ A: $\mu_1 \neq \mu_2$

wird zu

1. einseitige Fragestellung: H_0: $\mu_1 - \mu_2 \leq 0$ A: $\mu_1 - \mu_2 > 0$

2. einseitige Fragestellung: H_0: $\mu_1 - \mu_2 \geq 0$ A: $\mu_1 - \mu_2 < 0$

   zweiseitige Fragestellung: H_0: $\mu_1 - \mu_2 = 0$ A: $\mu_1 - \mu_2 \neq 0$

Dementsprechend müssen auch alle Messwerte umgeformt werden, indem man die Diffe-
renzen berechnet.

Beispiel 69

Betrachten wir ein Medikament zur Senkung des Bluthochdrucks. Vor Beginn der Therapie
wurde der Blutdruck bei 10 Probanden gemessen, nach der Therapie noch einmal. Die Ergebnis-
se können der folgenden Tabelle entnommen werden (inkl. Veränderungen):

Proband	1	2	3	4	5	6	7	8	9	10
Blutdruck vorher (x_1)	156	167	134	147	120	154	155	140	139	128
Blutdruck nachher (x_2)	147	159	134	149	120	140	151	136	130	125
Veränderung ($d = x_1 - x_2$)	9	8	0	-2	0	14	4	4	9	3

Zur Vereinfachung gehen wir davon aus, dass der Blutdruck normalverteilt, die Varianz aber
genau wie der Erwartungswert unbekannt ist. Dementsprechend führen wir einen t-Test für die
Veränderung durch. Wir nehmen die Perspektive des Herstellers ein, wollen also zeigen

($\alpha = 5\%$), dass das Medikament wirkt. Daher nehmen wir die 1. einseitige Fragestellung und testen H_0: $\mu_1 \leq \mu_2$ gegen A: $\mu_1 > \mu_2$ bzw. umgeformt: H_0: $\mu_1 - \mu_2 \leq 0$ gegen A: $\mu_1 - \mu_2 > 0$.

Es ergibt sich: $\bar{x} = 4{,}9$, $\hat{\sigma}_n = 5{,}021$, $t_9(0{,}95) = 1{,}833$. Da $4{,}9 > 0 + 1{,}833 \cdot \frac{5{,}021}{\sqrt{10}} = 2{,}91$, kann H_0 zum Niveau 5% abgelehnt werden. Das Blutdruck-Medikament scheint also zu wirken.

Im Falle von unverbundenen Stichproben ($x_1, ..., x_{n_1}$ und $y_1, ..., y_{n_2}$) lauten die Hypothesen und Alternativen wie folgt:

1. einseitige Fragestellung: H_0: $\mu_1 \leq \mu_2$ $\qquad$ A: $\mu_1 > \mu_2$

2. einseitige Fragestellung: H_0: $\mu_1 \geq \mu_2$ $\qquad$ A: $\mu_1 < \mu_2$

zweiseitige Fragestellung: $\qquad$ H_0: $\mu_1 = \mu_2$ $\qquad$ A: $\mu_1 \neq \mu_2$

Um die Testvorschrift aufzustellen, muss man wieder einige Fälle unterscheiden:[113]

■ Beide Stichproben sind normalverteilt, beide Varianzen (σ_1^2 und σ_2^2) sind bekannt.

Die Testvorschrift lautet in den jeweiligen Fällen:

1. einseitige Fragestellung: H_0: $\mu_1 \leq \mu_2$ $\qquad$ A: $\mu_1 > \mu_2$

Lehne H_0 ab, falls $\dfrac{\bar{x} - \bar{y}}{\sqrt{\frac{\sigma_1^2}{n_1} + \frac{\sigma_2^2}{n_2}}} > u_{1-\alpha}$

2. einseitige Fragestellung: H_0: $\mu_1 \geq \mu_2$ $\qquad$ A: $\mu_1 < \mu_2$

Lehne H_0 ab, falls $\dfrac{\bar{x} - \bar{y}}{\sqrt{\frac{\sigma_1^2}{n_1} + \frac{\sigma_2^2}{n_2}}} < -u_{1-\alpha}$

zweiseitige Fragestellung: H_0: $\mu_1 = \mu_2$ $\qquad$ A: $\mu_1 \neq \mu_2$

Lehne H_0 ab, falls $\dfrac{\bar{x} - \bar{y}}{\sqrt{\frac{\sigma_1^2}{n_1} + \frac{\sigma_2^2}{n_2}}} > u_{1-\frac{\alpha}{2}}$ oder $\dfrac{\bar{x} - \bar{y}}{\sqrt{\frac{\sigma_1^2}{n_1} + \frac{\sigma_2^2}{n_2}}} < -u_{1-\frac{\alpha}{2}}$

---

[113] Ich kann nichts dafür, dass Statistik so viele Fälle unterscheidet. Dafür ist es aber dann auch immer ganz richtig!

■ Beide Stichproben sind normalverteilt, die Varianzen sind unbekannt, aber man weiß, dass $\sigma_1^2 = \sigma_2^2$.

Die Testvorschrift lautet in den jeweiligen Fällen:

1. einseitige Fragestellung: H_0: $\mu_1 \le \mu_2$ A: $\mu_1 > \mu_2$

Lehne H_0 ab, falls $\dfrac{\bar{x}-\bar{y}}{\sqrt{\dfrac{(n_1-1)\cdot\hat{\sigma}_1^2+(n_2-1)\cdot\hat{\sigma}_2^2}{n_1+n_2-2}\dfrac{n_1+n_2}{n_1\cdot n_2}}} > t_{n_1+n_2-2}(1-\alpha)$

2. einseitige Fragestellung: H_0: $\mu_1 \ge \mu_2$ A: $\mu_1 < \mu_2$

Lehne H_0 ab, falls $\dfrac{\bar{x}-\bar{y}}{\sqrt{\dfrac{(n_1-1)\cdot\hat{\sigma}_1^2+(n_2-1)\cdot\hat{\sigma}_2^2}{n_1+n_2-2}\dfrac{n_1+n_2}{n_1\cdot n_2}}} < - t_{n_1+n_2-2}(1-\alpha)$

zweiseitige Fragestellung: H_0: $\mu_1 = \mu_2$ A: $\mu_1 \ne \mu_2$

Lehne H_0 ab, falls $\dfrac{\bar{x}-\bar{y}}{\sqrt{\dfrac{(n_1-1)\cdot\hat{\sigma}_1^2+(n_2-1)\cdot\hat{\sigma}_2^2}{n_1+n_2-2}\dfrac{n_1+n_2}{n_1\cdot n_2}}} > t_{n_1+n_2-2}\left(1-\dfrac{\alpha}{2}\right)$ oder

$\dfrac{\bar{x}-\bar{y}}{\sqrt{\dfrac{(n_1-1)\cdot\hat{\sigma}_1^2+(n_2-1)\cdot\hat{\sigma}_2^2}{n_1+n_2-2}\dfrac{n_1+n_2}{n_1\cdot n_2}}} < - t_{n_1+n_2-2}\left(1-\dfrac{\alpha}{2}\right)$

■ Beide Stichproben sind beliebig verteilt, beide Varianzen sind unbekannt, $n_1, n_2 > 30$.

Die Testvorschrift lautet in den jeweiligen Fällen:

1. einseitige Fragestellung: H_0: $\mu_1 \le \mu_2$ A: $\mu_1 > \mu_2$

Lehne H_0 ab, falls $\dfrac{\bar{x}-\bar{y}}{\sqrt{\dfrac{\hat{\sigma}_1^2}{n_1}+\dfrac{\hat{\sigma}_2^2}{n_2}}} > u_{1-\alpha}$

2. einseitige Fragestellung: H_0: $\mu_1 \ge \mu_2$ A: $\mu_1 < \mu_2$

Lehne H_0 ab, falls $\dfrac{\bar{x}-\bar{y}}{\sqrt{\dfrac{\hat{\sigma}_1^2}{n_1}+\dfrac{\hat{\sigma}_2^2}{n_2}}} < -u_{1-\alpha}$

zweiseitige Fragestellung: H_0: $\mu_1 = \mu_2$ A: $\mu_1 \ne \mu_2$

Lehne H₀ ab, falls $\dfrac{\bar{x}-\bar{y}}{\sqrt{\dfrac{\hat{\sigma}_1^2}{n_1}+\dfrac{\hat{\sigma}_2^2}{n_2}}} > u_{1-\frac{\alpha}{2}}$ oder $\dfrac{\bar{x}-\bar{y}}{\sqrt{\dfrac{\hat{\sigma}_1^2}{n_1}+\dfrac{\hat{\sigma}_2^2}{n_2}}} < -u_{1-\frac{\alpha}{2}}$

Beispiel 70

Nun können wir das Kaufverhalten zwischen den Geschlechtern näher untersuchen.[114] Gehen wir davon aus, dass eine Forschergruppe 40 Frauen und 50 Männer in einen Supermarkt einkaufen geschickt hat. Im Durchschnitt haben die Frauen $\bar{x} = 95{,}6$ Euro ausgegeben ($\hat{\sigma}_1 = 10{,}5$), die Männer $\bar{y} = 93{,}3$ Euro ($\hat{\sigma}_2 = 10{,}9$). Heißt das, dass Frauen im Supermarkt mehr Geld ausgeben als Männer? Nehmen wir ein Signifikanzniveau von 5%.

Nun, in diesem Fall müssen wir die Formel des dritten Knubbels anwenden, da die Varianzen unbekannt sind, aber die Stichprobenumfänge groß genug sind. Wir wollen überprüfen, ob $\mu_1 > \mu_2$, also müssen wir die erste einseitige Fragestellung anwenden, d.h. wir können H₀ ablehnen, falls $\dfrac{\bar{x}-\bar{y}}{\sqrt{\dfrac{\hat{\sigma}_1^2}{n_1}+\dfrac{\hat{\sigma}_2^2}{n_2}}} > u_{1-\alpha}$. *Es gilt:* $\dfrac{\bar{x}-\bar{y}}{\sqrt{\dfrac{\hat{\sigma}_1^2}{n_1}+\dfrac{\hat{\sigma}_2^2}{n_2}}} = \dfrac{95{,}6-93{,}3}{\sqrt{\dfrac{10{,}5^2}{40}+\dfrac{10{,}9^2}{50}}} = 1{,}015$. $u_{1-\alpha} = u_{0{,}95} = 1{,}645$.

H₀ kann also zum Niveau 5% nicht abgelehnt werden. Frauen und Männer scheinen also gleich viel Geld im Supermarkt auszugeben.

Gehen wir nun davon aus, dass die Stichproben (die wir ja hier nicht kennen) normalverteilt waren und dass wir guten Gewissens (dafür sprechen auch die ähnlichen Varianzschätzungen) davon ausgehen dürfen, dass die Varianzen zwar unbekannt aber gleich sind. Dann können wie den zweiten Knubbel benutzen, und zwar immer noch die erste einseitige Fragestellung: H₀: $\mu_1 \le \mu_2$ A: $\mu_1 > \mu_2$, wobei wir H₀ ablehnen dürfen, falls $\dfrac{\bar{x}-\bar{y}}{\sqrt{\dfrac{(n_1-1)\cdot\hat{\sigma}_1^2+(n_2-1)\cdot\hat{\sigma}_2^2}{n_1+n_2-2}\cdot\dfrac{n_1+n_2}{n_1\cdot n_2}}} >$

$t_{n_1+n_2-2}(1-\alpha)$. *Hier ergibt sich:* $\dfrac{\bar{x}-\bar{y}}{\sqrt{\dfrac{(n_1-1)\cdot\hat{\sigma}_1^2+(n_2-1)\cdot\hat{\sigma}_2^2}{n_1+n_2-2}\cdot\dfrac{n_1+n_2}{n_1\cdot n_2}}} = \dfrac{95{,}6-93{,}3}{\sqrt{\dfrac{39\cdot10{,}5^2+49\cdot10{,}9^2}{88}\cdot\dfrac{90}{2000}}} = 1{,}011$,

$t_{n_1+n_2-2}(1-\alpha) = t_{88}(0{,}95) = 1{,}662$.[115] *Auch dieser Test spricht dafür, dass das Kaufverhalten zwischen den Geschlechtern nicht unterschiedlich ist.*

---

[114] Die methodischen Feinheiten dieser Untersuchung blenden wir hierbei komplett aus!

[115] Diesen Wert können Sie nicht in der Tabelle hinten ablesen, den hab ich mit Excel berechnet.

Als Letztes tun wir noch so, als wenn es sich bei den Varianzschätzungen um die wirklichen Varianzen gehandelt hätte. Es gilt also $\sigma_1 = 10,5$ und $\sigma_2 = 10,9$. Nun müssen wir den ersten Knubbel heranziehen, und zwar wiederum die erste einseitige Fragestellung: H_0: $\mu_1 \leq \mu_2$ gegen A: $\mu_1 > \mu_2$. Nun dürfen wir H_0 ablehnen, falls $\dfrac{\bar{x}-\bar{y}}{\sqrt{\frac{\sigma_1^2}{n_1}+\frac{\sigma_2^2}{n_2}}} > u_{1-\alpha}$. : $\dfrac{\bar{x}-\bar{y}}{\sqrt{\frac{\sigma_1^2}{n_1}+\frac{\sigma_2^2}{n_2}}} = \dfrac{95,6-93,3}{\sqrt{\frac{10,5^2}{40}+\frac{10,9^2}{50}}} =$

$1,015.$ $u_{1-\alpha} = u_{0,95} = 1,645.$

H_0 kann also zum Niveau 5% nicht abgelehnt werden. Frauen und Männer scheinen also gleich viel Geld im Supermarkt auszugeben.[116]

Vergleich zweier Varianzen

Möchte man die Varianzen zweier unabhängiger Stichproben miteinander vergleichen, so führt man einen Zwei-Stichproben-F-Test durch. Die Hypothesen und Alternativen lauten dann wie folgt:

1. einseitige Fragestellung: H_0: $\sigma_1^2 \leq \sigma_2^2$ A: $\sigma_1^2 > \sigma_2^2$

2. einseitige Fragestellung: H_0: $\sigma_1^2 \geq \sigma_2^2$ A: $\sigma_1^2 < \sigma_2^2$

zweiseitige Fragestellung: H_0: $\sigma_1^2 = \sigma_2^2$ A: $\sigma_1^2 \neq \sigma_2^2$

Falls beide Stichproben normalverteilt sind, lautet die Testvorschrift in den jeweiligen Fällen:

1. einseitige Fragestellung: H_0: $\sigma_1^2 \leq \sigma_2^2$ A: $\sigma_1^2 > \sigma_2^2$

Lehne H_0 ab, falls $\dfrac{\hat{\sigma}_1^2}{\hat{\sigma}_2^2} > F_{n_1-1;\,n_2-1}(1-\alpha)$

2. einseitige Fragestellung: H_0: $\sigma_1^2 \geq \sigma_2^2$ A: $\sigma_1^2 < \sigma_2^2$

Lehne H_0 ab, falls $\dfrac{\hat{\sigma}_1^2}{\hat{\sigma}_2^2} < \dfrac{1}{F_{n_2-1;\,n_1-1}(1-\alpha)}$

zweiseitige Fragestellung: H_0: $\sigma_1^2 = \sigma_2^2$ A: $\sigma_1^2 \neq \sigma_2^2$

Lehne H_0 ab, falls $\dfrac{\hat{\sigma}_1^2}{\hat{\sigma}_2^2} > F_{n_1-1;\,n_2-1}\left(1-\dfrac{\alpha}{2}\right)$ oder $\dfrac{\hat{\sigma}_1^2}{\hat{\sigma}_2^2} < \dfrac{1}{F_{n_2-1;\,n_1-1}\left(1-\dfrac{\alpha}{2}\right)}$

---

[116] Logischerweise haben wir genau das Gleiche gerechnet wie beim dritten Knubbel. Nur müssen wir die Zahlen jetzt anders interpretieren!

Aha, endlich mal was Neues: $F_{m,n}(p)$ bezeichnet die Quantile der F-Verteilung mit den Freiheitsgraden m und n. Die entsprechenden Quantile liegen tabelliert vor. Wichtig ist hierbei die Reihenfolge der Indizes. Denn $F_{m,n}(p)$ ist was anderes als $F_{n,m}(p)$. In der beigefügten Tabelle im Anhang stehen der erste Index in der ersten Spalte und der zweite Index in der ersten Zeile.

Beispiel 71

Gehen wir davon aus, dass in der ersten Stichprobe 7 Objekte waren und in der zweiten Stichprobe 8 Objekte. Falls Sie auf dem Signifikanzniveau 10% einen Test durchführen wollen, ob die Varianzen der beiden Stichproben gleich sind, brauchen Sie also einmal $F_{6,7}(0,95) = 3,86597776$ und einmal $F_{7,6}(0,95) = 4,206668791$.

Im Anhang und ehrlich gesagt auch in allen Statistik-Lehrbüchern, die ich kenne, finden Sie nur Tabellen für $p = 0,95$ und $p = 0,99$. Ein beliebter Anfängerfehler besteht darin, die beiden Tabellen zu verwechseln. Wie immer gilt: Wer lesen kann, ist klar im Vorteil.

Es gibt übrigens noch weitere p-Werte, für die Sie mit ein bisschen Gefrickel die Quantile der F-Verteilung ausrechnen können:

Wichtig 49
Es gilt der folgende Zusammenhang:

$$F_{m,n}(p) = \frac{1}{F_{n,m}(1-p)}$$

Auf Deutsch: Wenn Sie in der Klausur der Meinung sind, dass Sie einen anderen p-Wert als 0,95, 0,99, 0,05 oder 0,01 zum Ablesen brauchen, rechnen Sie besser noch mal nach.

Den F-Test braucht man übrigens in der Realität andauernd sozusagen als „Vortest". Denn vielleicht haben Sie sich beim Test für den Vergleich von zwei Erwartungswerten bei unverbundenen Stichproben ja auch schon über den zweiten Knubbel gewundert. Die Varianzen müssen unbekannt aber gleich sein?! Wie soll das denn bitte schön gehen. Naja, jetzt können Sie es beantworten. Man hat zuerst einen F-Test in der zweiseitigen Fragestellung durchgeführt und konnte die Nullhypothese nicht verwerfen. Dann kennen Sie zwar die Varianzen kein Stück mehr als vorher, aber Sie dürfen jetzt annehmen, dass sie gleich sind.

Jetzt brauchen wir erstmal ein Beispiel für den F-Test:

Beispiel 72

Wir kommen noch einmal auf unsere Studie zum Kaufverhalten von Frauen und Männern zurück. Und ganz klar, wir überprüfen, ob die Varianzen gleich sind, denn so langsam wird es Zeit, dass wir Klarheit haben, ob das Beispiel, das ich Ihnen verkauft habe, auch wirklich für den zweiten Knubbel geeignet ist. ein Signifikanzniveau von 2% halte ich für ausreichend exakt. Es werden 41 Frauen und 51 Männer in einen Supermarkt einkaufen geschickt.[117] *Die geschätzten Varianzen betragen $\hat{\sigma}_1^2 = 10{,}5^2$ und $\hat{\sigma}_2^2 = 10{,}9^2$. Wir überprüfen die zweiseitige Fragestellung,*

also: H_0: $\sigma_1^2 = \sigma_2^2$ *gegen* A: $\sigma_1^2 \neq \sigma_2^2$, *und wir dürfen* H_0 *ablehnen, falls* $\dfrac{\hat{\sigma}_1^2}{\hat{\sigma}_2^2} >$

$$F_{n_1-1;\,n_2-1}\left(1-\frac{\alpha}{2}\right) \text{ oder } \frac{\hat{\sigma}_1^2}{\hat{\sigma}_2^2} < \frac{1}{F_{n_2-1;\,n_1-1}\left(1-\frac{\alpha}{2}\right)}.$$

Nun, $\dfrac{\hat{\sigma}_1^2}{\hat{\sigma}_2^2} = \dfrac{10{,}5^2}{10{,}9^2} = 0{,}928$. $F_{n_1-1;\,n_2-1}\left(1-\frac{\alpha}{2}\right) = F_{40;50}(0{,}99) = 2{,}01$. *Die erste Bedingung ist also nicht erfüllt. Vielleicht ja die zweite:* $\dfrac{1}{F_{n_2-1;\,n_1-1}\left(1-\frac{\alpha}{2}\right)} = \dfrac{1}{F_{50;\,40}(0{,}99)} = \dfrac{1}{2{,}06} = 0{,}485$, *also ist auch die zweite Bedingung nicht erfüllt. Wir dürfen die Nullhypothese nicht verwerfen. Die Varianzen scheinen also gleich zu sein (aber immer noch unbekannt).*

5.2.3   Parameterfreie Tests

Bislang haben wir nur Tests kennengelernt, die Hypothesen bezüglich eines Parameters einer Verteilung geprüft haben. Das ist natürlich nicht alles, was uns interessiert. Weitere wichtige Fragestellungen sind z.B. „Welche Verteilung haben meine Daten?", „Sind meine Daten unabhängig?" Solche Fragestellungen können mit parameterfreien Tests (oder auch synonym nicht-parametrischen Tests) bearbeitet werden.

5.2.3.1 χ^2-Anpassungstest

In vielen Fällen ist man daran interessiert, ob die unbekannte Verteilung einer Grundgesamtheit gleich einer vermuteten Verteilung ist. Beispielsweise sollte man vor der Durchführung eines t-Tests in der Realität erstmal überprüfen, ob die Daten eigentlich normalverteilt sind.[118]

Ein möglicher Test, um eine vorgegebene Verteilung zu testen, ist der χ^2-Anpassungstest.[119] Den χ^2-Anpassungstest gibt es in drei Varianten, je nachdem, welche Verteilung man vermutet und welche Informationen man über die Verteilung besitzt.

---

[117] Die neuen Stichprobenumfänge brauchen wir nur, damit Sie auch was in der Tabelle ablesen können. Mit Excel kann man problemlos auch 40 und 50 Leute einkaufen schicken.

[118] Falls sie es nicht sind, gibt es immer noch den Ausweg zu argumentieren, dass der t-Test hinreichend robust ist und dass man trotzdem den t-Test durchführen kann. Falls Sie Literatur zitieren müssen: Bortz, J. / Döring, N. (2006): „Forschungsmethoden und Evaluation", 4. Auflage (Berlin)!

[119] Das ist nicht unbedingt der beste Test, da er eine relativ große Stichprobe benötigt, um hinreichend exakt zu sein. Statistik-Programme wie SPSS bieten auch den Kolmogorov-Smirnov-Test an, der bei kleineren Stichproben sinnvoller ist.

5.2.3.2 χ^2-Anpassungstest für diskrete Verteilungen

Hier betrachten wir den Fall, dass eine diskrete Verteilung mit den Ausprägungen $x_1, x_2, \ldots x_m$ und der Wahrscheinlichkeitsfunktion P vorliegt, wobei $p_j = P(X = x_j)$ unbekannt ist. Etwaige Parameter der Verteilung werden aber als bekannt vorausgesetzt.

Dann lauten die Nullhypothese und die Alternative wie folgt:

H₀: $p_j = \overline{p}_j$ für alle $j = 1, \ldots, m$ A: $p_j \neq \overline{p}_j$ für mindestens ein j

Die Testvorschrift lautet dann:

Lehne H₀ ab, falls

$$V > \chi^2_{m-1}(1 - \alpha), \text{ wobei } V = \sum_{j=1}^{m} \frac{(n_j - n \cdot \overline{p}_j)^2}{n \cdot \overline{p}_j} = \frac{1}{n} \sum_{j=1}^{m} \frac{n_j^2}{\overline{p}_j} - n$$

Achtung: Es muss gelten: $n \cdot \overline{p}_j \geq 5$ für alle $1 \leq j \leq m$

Als Hilfe legt man sich normalerweise eine Tabelle an.

Beispiel 73

Nehmen wir an, Sie finden sich nachts in einer zwielichtigen Kneipe wieder und werden zum Würfelspiel (natürlich gegen Geldeinsatz) eingeladen. Da sollte es für Sie von Interesse sein, rauszufinden, ob der Würfel gefälscht ist. Sie leihen sich also (kurz) den Würfel und würfeln 100 Mal. Die folgende Tabelle zeigt das Ergebnis:

Ergebnis j	1	2	3	4	5	6
Häufigkeit n_j	23	26	17	14	11	9

Ihr Hypothesensystem lautet dann natürlich: H₀: $p_j = \frac{1}{6}$ für $j = 1, \ldots, 6$ (dann ist der Würfel fair) gegen A: $p_j \neq \frac{1}{6}$ für mindestens ein j (dann ist der Würfel gefälscht). Es gilt, dass Sie H₀ ablehnen (und wegrennen) müssen, falls $V > \chi^2_{m-1}(1 - \alpha)$, wobei $V = \sum_{j=1}^{m} \frac{(n_j - n \cdot \overline{p}_j)^2}{n \cdot \overline{p}_j} = \frac{1}{n} \sum_{j=1}^{m} \frac{n_j^2}{\overline{p}_j} - n$. Ich denke, ein Signifikanzniveau von 5% bietet ausreichende Sicherheit.

Wir machen uns zur Berechnung von V eine Tabelle:

$\overline{p_j}$	$n \cdot \overline{p_j}$	n_j
1/6	100 •1/6=16,67	23
1/6	100 •1/6=16,67	26
1/6	100 •1/6=16,67	17
1/6	100 •1/6=16,67	14
1/6	100 •1/6=16,67	11
1/6	100 •1/6=16,67	9

Die Bedingung $n \cdot \overline{p_j} \geq 5$ ist für alle Ergebnisse erfüllt, wir können also weiter rechnen.

Wir nehmen die zweite Variante, um V auszurechnen:

$$V = \frac{1}{n}\sum_{j=1}^{m}\frac{n_j^2}{\overline{p_j}} - n = \frac{1}{100}\left(\frac{23^2}{\frac{1}{6}} + \frac{26^2}{\frac{1}{6}} + \frac{17^2}{\frac{1}{6}} + \frac{14^2}{\frac{1}{6}} + \frac{11^2}{\frac{1}{6}} + \frac{9^2}{\frac{1}{6}}\right) - 100 = 13,52.$$

Das gesuchte Quantil ist $\chi_{m-1}^2(1-\alpha) = \chi_5^2(0,95) = 11,07$. Sie sollten also Ihre Hypothese ablehnen und schleunigst den Laden verlassen.

5.2.3.3 χ^2-Anpassungstest für stetige Verteilungen

Hier betrachten wir den Fall, dass eine stetige Verteilung mit der unbekannten Verteilungsfunktion F^X vorliegt. Etwaige Parameter der Verteilung werden wiederum als bekannt vorausgesetzt.

Dann lauten die Hypothese und die Alternative wie folgt:

H₀: $F^X = F_0^X$ A: $F^X \neq F_0^X$

Die Testvorschrift lautet dann ebenfalls:

Lehne H₀ ab, falls

$V > \chi_{m-1}^2(1-\alpha).$

Hier müssen aber zuerst einige Berechnungen durchgeführt werden:

Zuerst wird die x-Achse in m Intervalle zerlegt, nämlich $A_1 =]-\infty; x_1]$, $A_2 =]x_1; x_2], \dots$, $A_m =]x_{m-1}; \infty[$.

Dann ist $\overline{p_1} = F_0^X(x_1), \overline{p_2} = F_0^X(x_2) - F_0^X(x_1), \dots, \overline{p_m} = 1 - F_0^X(x_{m-1})$

Dann berechnet sich V wie oben, also $V = \sum_{j=1}^{m} \frac{(n_j - n \cdot \overline{p_j})^2}{n \cdot \overline{p_j}} = \frac{1}{n} \sum_{j=1}^{m} \frac{n_j^2}{\overline{p_j}} - n.$

Achtung: Es muss auch hier gelten: $n \cdot \overline{p_j} \geq 5$ für alle $1 \leq j \leq m$. Wenn die Bedingung nicht erfüllt ist, fasst man benachbarte Intervalle so lange zusammen, bis die Bedingung für alle Intervalle erfüllt ist.

Als Hilfe legt man sich normalerweise dieselbe Tabelle wie oben an.

Beispiel 74

In einer Sägemühle werden Balken der Länge 2m gesägt. Die Qualitätssicherung erlaubt eine Standardabweichung von $\sigma = 0,05m$.[120] Um zu überprüfen, ob die Länge der Balken normalverteilt, also $N(2; 0,05^2)$-verteilt ist, wurde eine Stichprobe vom Umfang 1000 gezogen. Das Ergebnis kann der folgenden Tabelle entnommen werden:

Klasse A_j	$]-\infty; 1,80]$	$]1,80; 2,00]$	$]2,00; 2,20]$	$]2,20; \infty]$
Häufigkeit n_j	0	530	470	0

Zur Überprüfung legen wir eine Tabelle wie beim diskreten χ^2-Anpassungstest an, aber diesmal müssen wir die $\overline{p_j}$ zuerst gesondert berechnen:

$$\overline{p_1} = P(X \leq 1,9) = \phi\left(\frac{1,9-2}{0,05}\right) = \phi(-2) = 1 - \phi(2) = 1 - 0,977 = 0,023$$

$$\overline{p_2} = P(X \leq 2) - P(X \leq 1,9) = \phi\left(\frac{2-2}{0,05}\right) - \phi\left(\frac{1,9-2}{0,05}\right) = \phi(0) - \phi(-2)$$
$$= 0,5 - \left(1 - \phi(2)\right) = -0,5 + 0,977 = 0,477$$

$$\overline{p_3} = P(X \leq 2,1) - P(X \leq 2) = \phi\left(\frac{2,1-2}{0,05}\right) - \phi\left(\frac{2-2}{0,05}\right) = \phi(2) - \phi(0) = 0,977 - 0,5$$
$$= 0,477$$

$$\overline{p_4} = 1 - P(X \leq 2,1) = 1 - \phi\left(\frac{2,1-2}{0,05}\right) = 1 - \phi(2) = 1 - 0,977 = 0,023$$

---

[120] Beide Größen sehen wir als permanent erfüllt an.

Jetzt können wir die Tabelle aufstellen:

A_j	$\bar{p}_j$	$n \cdot \bar{p}_j$	n_j
$]-\infty; 1{,}90]$	*0,023*	$1000 \cdot 0{,}023 = 23$	*0*
$]1{,}90; 2{,}00]$	*0,477*	$1000 \cdot 0{,}477 = 477$	*530*
$]2{,}00; 2{,}10]$	*0,477*	$1000 \cdot 0{,}477 = 477$	*470*
$]2{,}10; \infty]$	*0,023*	$1000 \cdot 0{,}023 = 23$	*0*

Die Bedingung $n \cdot \bar{p}_j \geq 5$ ist für alle Klassen erfüllt, wir müssen also keine Klassen zusammenfassen.

Dann ist auch die Berechnung von V ganz einfach:

$V = \frac{1}{n}\sum_{j=1}^{m} \frac{n_j^2}{\bar{p}_j} - n = \frac{1}{1000}\left(\frac{0^2}{0{,}023} + \frac{530^2}{0{,}477} + \frac{470^2}{0{,}477} + \frac{0^2}{0{,}023}\right) - 1000 = 51{,}99$. *Diesen Wert müssen wir mit $\chi^2_{m-1}(1-\alpha) = \chi^2_3(0{,}95) = 7{,}81$ vergleichen und dürfen die Nullhypothese verwerfen. Die Länge der Balken scheint nicht $N(2; 0{,}05^2)$-verteilt zu sein.*

5.2.3.4 χ^2-Anpassungstest bei unbekannten Parametern

Hier betrachten wir den Fall, dass eine Verteilung vermutet wird (egal ob diskret oder stetig) und dass zusätzlich k Parameter der Verteilung unbekannt sind.

In diesem Fall müssen die unbekannten Parameter zuerst mit Hilfe der ML-Methode geschätzt werden.

Anschließend werden die entsprechenden Hypothesen und Alternativen entweder des diskreten oder des stetigen Tests benutzt, also im diskreten Fall:

H₀: $p_j = \bar{p}_j$ für alle $j = 1, \dots, m$ A: $p_j \neq \bar{p}_j$ für mindestens ein j

Und im stetigen Fall:

H₀: $F^X = F_0^X$ A: $F^X \neq F_0^X$

Die Testvorschrift lautet dann:

Lehne H₀ ab, falls

$$V > \chi^2_{m-1-k}(1-\alpha)$$

Achtung: Auch wenn es nur ganz klein ist, aber in dem Index steht ein „$-k$"!!!

Ansonsten geht man genau so vor, wie wenn man keine Parameter geschätzt hat. Mit der Hilfstabelle geht es eigentlich ganz schnell.

Beispiel 75

Kommen wir noch einmal auf die Balken aus dem vorigen Beispiel zurück. Vielleicht sind sie ja normalverteilt, aber die Parameter, die vorgegeben waren, stimmten gar nicht?! Nehmen wir an, dass die Stichprobe die folgenden Schätzungen ergeben hat:[121] $\bar{x} = 2{,}03$ und $\hat{\sigma}_n = 0{,}09$.

Diesmal berechnen sich die $\bar{p}_j$ wie folgt:

$$\bar{p_1} = P(X \leq 1{,}9) = \phi\left(\frac{1{,}9 - 2{,}03}{0{,}09}\right) = \phi(-1{,}44) = 1 - \phi(1{,}44) = 1 - 0{,}925 = 0{,}075$$

$$\bar{p_2} = P(X \leq 2) - P(X \leq 1{,}9) = \phi\left(\frac{2 - 2{,}03}{0{,}09}\right) - \phi\left(\frac{1{,}9 - 2{,}03}{0{,}09}\right) = \phi(-0{,}33) - \phi(-1{,}44)$$
$$= \phi(1{,}44) - \phi(0{,}33) = 0{,}925 - 0{,}629 = 0{,}296$$

$$\bar{p_3} = P(X \leq 2{,}1) - P(X \leq 2) = \phi\left(\frac{2{,}1 - 2{,}03}{0{,}09}\right) - \phi\left(\frac{2 - 2{,}03}{0{,}09}\right) = \phi(0{,}78) - \phi(-0{,}33)$$
$$= 0{,}782 - (1 - 0{,}629) = 0{,}357$$

$$\bar{p_4} = 1 - P(X \leq 2{,}1) = 1 - \phi\left(\frac{2{,}1 - 2{,}03}{0{,}09}\right) = 1 - \phi(0{,}78) = 1 - 0{,}782 = 0{,}218$$

Jetzt können wir die Tabelle aufstellen:

A_j	$\bar{p}_j$	$n \cdot \bar{p}_j$	n_j
$]-\infty; 1{,}90]$	0,075	$1000 \cdot 0{,}075 = 75$	0
$]1{,}90; 2{,}00]$	0,296	$1000 \cdot 0{,}296 = 296$	530
$]2{,}00; 2{,}10]$	0,357	$1000 \cdot 0{,}357 = 357$	470
$]2{,}10; \infty]$	0,218	$1000 \cdot 0{,}218 = 218$	0

Die Bedingung $n \cdot \bar{p}_j \geq 5$ ist für alle Klassen erfüllt, wir müssen also keine Klassen zusammenfassen.

Dann ist auch die Berechnung von V ganz einfach:

---

[121] Das Durchführen der ML-Methode erspare ich uns allen.

$V = \frac{1}{n}\sum_{j=1}^{m}\frac{n_j^2}{p_j} - n = \frac{1}{1000}\left(\frac{0^2}{0,075} + \frac{530^2}{0,296} + \frac{470^2}{0,357} + \frac{0^2}{0,218}\right) - 1000 = 567,75.$ *Diesen Wert müssen wir mit $\chi^2_{m-k-1}(1-\alpha) = \chi_1^2(0,95) = 3,84$ vergleichen. Wir haben ja zwei Parameter geschätzt, also ist $k = 2$. Wiederum dürfen wir die Nullhypothese verwerfen. Die Länge der Balken scheint also gar nicht normalverteilt zu sein.[122]*

5.3   Übungsaufgaben

Aufgabe 24

Die Zufallsvariablen $X_1, ..., X_5$ seien unabhängig. Weiter soll angenommen werden, dass sie dieselbe Verteilung haben und dass $E[X_i] = \mu$ und $Var(X_1) = \sigma^2$ für $i = 1,...,5$ gilt. Welche der folgenden Schätzfunktionen

a)   sind erwartungstreu für μ?

b)   ist unter den erwartungstreuen diejenige mit der kleinsten Varianz?

    a. $A = X_1 + \frac{3}{5}X_2 - \frac{1}{5}X_3 - \frac{1}{5}X_4 - \frac{1}{5}X_5$

    b. $B = \frac{1}{5}X_1 + \frac{1}{5}X_2 + \frac{2}{5}X_3 + \frac{3}{7}X_4 + \frac{1}{8}X_5$

    c. $C = \frac{1}{2}(X_1 + X_2)$

    d. $D = 1 + \frac{1}{5}(X_1 + X_2 + X_3 + X_4 + X_5)$

    e. $E = \frac{1}{5}(X_1 + X_2 + X_3 + X_4 + X_5)$

Aufgabe 25

Ein Autohersteller produziert Luxusautos. Der Verkaufsleiter hat für die letzten 24 Monate notiert, wie viele Autos in jedem Monat verkauft wurden. Diese Zahlen sind in der nachfolgenden Tabelle angegeben:

Anzahl k der in einem Monat verkauften Autos	0	1	2	3	4	5	6	≥ 7
Anzahl der Monate mit k Autos	2	5	6	5	3	2	1	0

a)   Die Ereignisse 6,7 oder mehr Luxusautos in einem Monat zu verkaufen, sind offensichtlich sehr selten. Welche der Ihnen bekannten Verteilungen können Sie dem Verkaufsleiter zur Modellierung für das Auftreten seltener Ereignisse vorschlagen?

---

[122] Dieses Testergebnis ist übrigens gar nicht aussagekräftig. Das liegt daran, dass wir nur vier Klassen gebildet haben. Da hat der Test einfach zu wenig Material, und deswegen lehnt er die Nullhypothese ab.

b) Die in a) bestimmte Verteilung hängt nur von einem Parameter ab. Schätzen Sie diesen Parameter mit Hilfe der Maximum-Likelihood-Methode für das hier angegebene Beispiel.

c) Bestimmen Sie die relativen Häufigkeiten für den Verkauf von 0,1,2, ..., 6 Autos in einem Monat.

d) Berechnen Sie für die in a) bestimmte Verteilung unter Verwendung des in b) ermittelten Parameters die Wahrscheinlichkeiten für die Ereignisse 0,1,2, ..., 6 Autos in einem Monat zu verkaufen.

e) Vergleichen Sie die relativen Häufigkeiten aus c) mit den in d) bestimmten Wahrscheinlichkeiten.

Aufgabe 26

Die Zufallsvariable X sei $N(\mu; 2)$-verteilt, wobei μ unbekannt ist. Eine Stichprobe vom Umfang 100 ergab einen Mittelwert von 4,5. Bestimmen Sie ein (zweiseitiges) Intervall, welches den gesuchten Erwartungswert μ mit einer Wahrscheinlichkeit von mindestens 0,9 enthält.

Aufgabe 27

Für das Produkt A stehe eine neue Produktionsmethode zur Verfügung. Es kann angenommen werden, dass die Produktionsdauer X $N(\mu; \sigma^2)$-verteilt ist, wobei μ und σ unbekannt sind. Eine Stichprobe vom Umfang 10 brachte das folgende Ergebnis, wobei die jeweilige Produktionsdauer in Minuten notiert ist:

i	1	2	3	4	5	6	7	8	9	10
x_i	55	45	50	54	56	52	58	49	61	60

a) Bestimmen Sie zum Konfidenzniveau 0,95 ein zweiseitiges Konfidenzintervall für μ.

b) Bestimmen Sie zum Konfidenzniveau 0,95 ein zweiseitiges Konfidenzintervall für σ.

Aufgabe 28

Eine Krankenversicherung hat zur Berechnung eines Tarifs 1000 zufällig ausgewählte Versicherte befragt, wie viele Tage X im Jahr sie Ski fahren. Die Auswertung der Befragung ergab:

$$\bar{x}_n = 4{,}5 \text{ und } s_n = 3{,}2$$

Bestimmen Sie ein zweiseitiges Konfidenzintervall für μ zum Konfidenzniveau 0,95.

Aufgabe 29

Ein Vertrag über die Lieferung von Ravioli in 750-ml-Dosen sieht vor, dass der Abnehmer einen Preisnachlass fordern darf, wenn er (bei einer Fehlerwahrscheinlichkeit $\alpha = 5\%$) nachweist, dass der zu erwartende Doseninhalt μ kleiner als 750 ml ist. Er entnimmt dazu der Lieferung unabhängig und zufällig $n = 25$ Dosen und bestimmt den jeweiligen Inhalt [in ml]:

748	753	741	761	759
756	749	737	749	755
744	742	755	751	743
753	758	748	757	735
743	742	759	741	742

Der Doseninhalt sei eine N(μ; 16)-verteilte Zufallsgröße.

a) Wie ist die Fragestellung als statistisches Testproblem zu formulieren?

b) Welches Ergebnis resultiert aus dem zugehörigen statistischen Test? Darf der Abnehmer einen Preisnachlass fordern?

c) Mit welcher Wahrscheinlichkeit verzichtet der Abnehmer aufgrund der in b) benutzten Testvorschrift irrtümlich (beim Stichprobenumfang $n = 25$) auf den vertragsmäßig vereinbarten Rabatt, falls der zu erwartende Doseninhalt gleich 748 ml ist? Welche Wahrscheinlichkeit ist damit im Sinne der Testtheorie gemeint?

d) Wie groß muss n gewählt werden, damit die in c) genannte Wahrscheinlichkeit höchstens 10% beträgt?

e) Welche Testvorschrift müsste der Ravioliproduzent benutzen, wenn er (bei einer Fehlerwahrscheinlichkeit von 5%) nachweisen will, dass der zu erwartende Doseninhalt μ tatsächlich größer als 750 ml ist?

Aufgabe 30

Ein Unternehmen hatte in einer Mitteilung vor dem Börsengang bekannt gegeben, dass die durchschnittliche Produktionsdauer für das Gut A weniger als 12 Stunden betrage. Von der Produktionsdauer kann angenommen werden, dass sie normalverteilt ist. Eine Überprüfung vom Umfang 25 ergab nun ein Stichprobenmittel von 11,5 Stunden und eine empirische Standardabweichung von 3 Stunden.

Muss das Unternehmen die Hypothese, dass die durchschnittliche Produktionsdauer weniger als 12h beträgt, aufgrund der Stichprobe bei einem Signifikanzniveau von 0,01 revidieren?

Aufgabe 31

Als Portfolio-Manager investieren Sie in die Aktien A und B. Für diese beiden Papiere werden folgende Stichproben von Schlusskursen (in EUR) notiert:

Zeitpunkt	1	2	3	4	5	6
Aktie A	12,10	12,50	10,50	10,30	11,60	k.A.
Aktie B	14,30	16,00	16,50	16,40	15,30	14,50

Es wird (hier) unterstellt, dass die Schlusskurse für den beobachteten Zeitraum normalverteilt und stochastisch unabhängig sind.

Für das Risikocontrolling Ihres Arbeitgebers ist es wichtig, das "Risiko" von Aktien zu messen. Als Maß für das Risiko einer Aktie werde vereinfachend die Standardabweichung der Schlusskurse herangezogen.

a) Testen Sie die Nullhypothese „Das Risikomaß der Aktie A ist gleich 0,60 Euro" (Irrtumswahrscheinlichkeit 5%).

b) Können Sie die Vermutung, dass die Aktie A risikoreicher ist als die Aktie B, durch einen Test zum Niveau 1% statistisch untermauern?

Aufgabe 32

Ein Hersteller von Kühlschränken bietet fünf verschiedene Modelle an. Die Firma geht davon aus, dass 30% der verkauften Kühlschränke vom Typ 1, 35% vom Typ 2, 15% vom Typ 3, 10% vom Typ 4 und 10% vom Typ 5 sind. Von 500 zufällig ausgewählten Käufern eines Kühlschranks dieses Herstellers haben 120 den Kühlschrank vom Typ 1, 135 den vom Typ 2, 120 den vom Typ 3, 65 den vom Typ 4 und 60 den vom Typ 5 gekauft.

Formulieren Sie Nullhypothese und Alternative. Kann man die Nullhypothese H_0 zum Signifikanzniveau 0,01 verwerfen?

Aufgabe 33

Ein Unternehmen möchte überprüfen, ob die Lebensdauer eines von ihr produzierten Elektronikbauteils exponential mit Parameter $\lambda = 0,25$ verteilt ist. Eine Stichprobe vom Umfang 30 ergab folgende Werte:

i	1	2	3	4	5	6	7	8	9	10	11	12	13	14	15
x_i	3	4	2,5	5	8	3	5	4,5	5,8	4	2,5	7	1,5	2,5	6
i	16	17	18	19	20	21	22	23	24	25	26	27	28	29	30
x_i	3,5	4	5,5	5	10	3	5	4,5	8	4	1,5	5	4	2	6

Überprüfen Sie die Hypothese zum Signifikanzniveau 0,05. Verwenden Sie folgende Intervalleinteilung: $A_1 = [0; 1], A_2 =]1; 3], A_3 =]3; 5]$ und $A_4 =]5; \infty[$.

Aufgabe 34

X sei die Zeitdauer für die Abfertigung eines Kunden an der Kasse eines Supermarkts.

Es wurde eine Stichprobe vom Umfang 50 entnommen, um zu überprüfen, ob X eine Exponentialverteilung besitzt, dabei lagen die Abfertigungszeiten (in sec.) mit folgenden Häufigkeiten n_i im Intervall A_i:

i	1	2	3	4	5	6	7	8
A_i	[0; 15]	]15; 30]	]30; 45]	]45; 60]	]60; 90]	]90; 120]	]120; 180]	]180; ∞[
n_i	2	7	7	10	12	6	4	2

Das Stichprobenmittel betrug 54. Testen Sie die Behauptung zum Niveau $\alpha = 0,05$.

Und jetzt kommt das schönste Wort im ganzen Buch:

ENDE

6 Lösungen zu den Übungsaufgaben

Lösung zu Aufgabe 1

a) Mitarbeiterzahl: Z.B. 5, 17

Familienstand des Chefs: ledig, verheiratet

Hergestellte Produkte: z.B. Tische, Schrauben, Hosen

Qualität der Produkte: z.B. niedrig, mittel, hoch

Umsatz eines Jahres: 1 Mio. Euro, 100.000 Euro

Rechtsform: GmbH, AG, GbR

Betriebsklima: z.B. gut, mittel, schlecht

Kundenzufriedenheit: z.B. hoch, mittel, niedrig

Sitz der Zentrale: z.B. Bottrop-Kirchhellen, Aachen, Saarbrücken, New York

Wert der Immobilien: 1 Mio. Euro, 100.000 Euro

Gründungsjahr: 1950, 1972, 2010

b) Sie finden hier die Lösung mit den obigen Ausprägungen. Wenn Sie sich andere Ausprägungen ausgedacht haben, haben Sie es unter Umständen auch mit anderen Merkmalen zu tun.

Mitarbeiterzahl: quantitativ diskret, denn es gibt keine halben Mitarbeiter

Familienstand des Chefs: qualitativ nominal, denn weder die Durchschnittsbildung noch die Rangreihung machen Sinn.[123]

Hergestellte Produkte: qualitativ nominal, denn weder die Durchschnittsbildung noch die Rangreihung machen Sinn.

Qualität der Produkte: qualitativ ordinal, denn eine Durchschnittsbildung geht nicht, aber hier gibt es eine Reihenfolge im Sinne von „ist besser als".

Umsatz eines Jahres: quantitativ diskret, denn man kann durchaus den Mittelwert bilden, aber bei Währungen ist immer nach der 2. Nachkommastelle Schluss mit Unterteilung.[124]

---

[123] Auch wenn mir einmal ein Student im Brustton der Überzeugung versichert hat, dass verheiratet auf jeden Fall immer besser ist.

[124] Ich weiß, Sie denken jetzt wieder an die Benzinpreise, da ist aber nach der 3. Stelle Schluss, die sind also auch noch diskret!

Rechtsform: qualitativ nominal, denn weder die Durchschnittsbildung noch die Rangreihung machen Sinn.

Betriebsklima: qualitativ ordinal, denn eine Durchschnittsbildung geht nicht, aber hier gibt es eine Reihenfolge im Sinne von „ist besser als".

Kundenzufriedenheit: qualitativ ordinal, denn eine Durchschnittsbildung geht nicht, aber hier gibt es eine Reihenfolge im Sinne von „ist besser als".

Sitz der Zentrale: qualitativ nominal, denn weder die Durchschnittsbildung noch die Rangreihung machen Sinn.[125]

Wert der Immobilien: quantitativ diskret, denn man kann durchaus den Mittelwert bilden, aber bei Währungen ist immer nach der 2. Nachkommastelle Schluss mit Unterteilung.

Gründungsjahr: Tja, hier kann man vortrefflich streiten, ob eine Durchschnittsbildung Sinn macht. Wenn Sie eine vernünftige Interpretation für die Zahl 1987,546 haben[126], dann können Sie tatsächlich für quantitativ diskret plädieren. Wenn Ihnen diese Interpretation nicht passt (so wie mir), dann bleibt Ihnen nur, das Merkmal als qualitativ nominal zu klassifizieren.

Lösung zu Aufgabe 2

a)

MMA_i	n_i	h_i
600	1	0,025
800	3	0,075
850	7	0,175
900	3	0,075
1000	7	0,175
1200	3	0,075
1300	1	0,025
1400	4	0,1
1500	3	0,075
1700	1	0,025

---

[125] Auch wenn es Menschen gibt, die überzeugt sind, dass Aachen die schönste Stadt der Welt ist…

[126] Vielleicht sowas wie 13.6. 1988?!

MMA_i	n_i	h_i
1800	1	0,025
2000	3	0,075
2500	2	0,05
2700	1	0,025

b)

$$F_{40}(x)=\begin{cases} 0 & ; & & x < 600 \\ 0,025 & ; & 600 \leq x < 800 \\ 0,1 & ; & 800 \leq x < 850 \\ 0,275 & ; & 850 \leq x < 900 \\ 0,35 & ; & 900 \leq x < 1000 \\ 0,525 & ; & 1000 \leq x < 1200 \\ 0,6 & ; & 1200 \leq x < 1300 \\ 0,625 & ; & 1300 \leq x < 1400 \\ 0,725 & ; & 1400 \leq x < 1500 \\ 0,8 & ; & 1500 \leq x < 1700 \\ 0,825 & ; & 1700 \leq x < 1800 \\ 0,85 & ; & 1800 \leq x < 2000 \\ 0,925 & ; & 2000 \leq x < 2500 \\ 0,975 & ; & 2500 \leq x < 2700 \\ 1 & ; & 2700 \leq x \end{cases}$$

Zur Zeichnung muss man sagen, dass Excel keine große Hilfe ist. Zumindest sieht das Diagramm nicht umwerfend aus.

Abbildung 6.1   Empirische Verteilungsfunktion der Auktionspreise der Weine

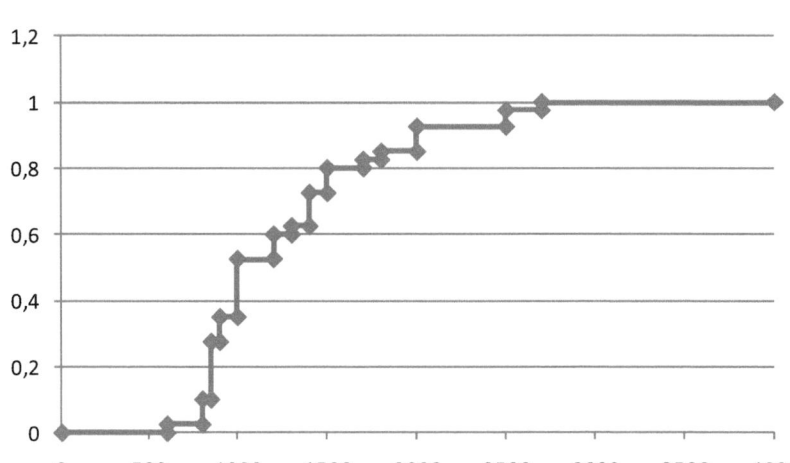

c)

   a. Weniger als 1000 Euro haben absolut gesehen 14 Weine gebracht. Der Anteil beträgt also 14/40=0,35. Das kann man auch mit Hilfe der empirischen Verteilungsfunktion berechnen, denn es gilt: Der Anteil der Weine, die weniger als 1000 Euro erbrachten, entspricht genau dem Anteil der Weine, die höchstens 900 Euro gekostet haben, also $F_{40}(900)=0,35$.

   b. 8 Weine haben mehr als 1500 Euro erzielt. Das ist ein Anteil von 8/40=0,2. Auch das kann man mit der empirischen Verteilungsfunktion berechnen. Denn mehr als 1500 Euro zu kosten, ist das Gegenteil davon höchstens 1500 Euro zu kosten. Das entspricht aber gerade $F_{40}(1500)=0,8$, also muss das Gegenteil 1-0,8=0,2 sein.

   c. 18 Weine erzielten einen Preis zwischen 1100 und 2600 Euro. Das entspricht einem Anteil von 18/40=0,45. Mit Hilfe der empirischen Verteilungsfunktion geschrieben, bedeutet das, wir suchen die Weine, die höchstens/weniger als[127] 2600 Euro gekostet hat, also $F_{40}(2600)=0,975$. Darin enthalten sind aber auch alle Weine, die höchstens 1100 Euro gekostet haben, die wollen wir nicht, also müssen wir sie abziehen. Ihr Anteil entspricht $F_{40}(1100)=0,525$. Bleibt ein Anteil von 0,975-0,525=0,45.

---

[127] Ist nicht eindeutig formuliert, spielt aber keine Rolle, weil es keinen Wein gibt, der 2600 bzw. 1100 Euro gekostet hat.

d) Um den Median zu berechnen, betrachten wir die geordneten Messwerte aus Aufgabenteil a). 40 Messwerte sind eine gerade Anzahl. Also ist der Median das Intervall $[x_{(20)}; x_{(21)}] = [1000; 1000]$ Daher beträgt der Median (eindeutig) x_{med} = 1000.

Es gibt zwei Werte, die am häufigsten (nämlich 7 mal) vorkommen: 850 und 1000. Daher liegt der Modus / Modalwert bei x_{mod} = {850; 1000}.

Am einfachsten erhält man das arithmetische Mittel, wenn man die einzelnen Preise mit ihrer relativen Häufigkeit gewichtet: Dann gilt:

$\bar{x} = 600 \cdot 0{,}025 + 800 \cdot 0{,}075 + 850 \cdot 0{,}175 + 900 \cdot 0{,}075 + 1000 \cdot 0{,}175 + 1200 \cdot 0{,}075 + 1300 \cdot 0{,}025 + 1400 \cdot 0{,}1 + 1500 \cdot 0{,}075 + 1700 \cdot 0{,}025 + 1800 \cdot 0{,}25 + 2000 \cdot 0{,}075 + 2500 \cdot 0{,}05 + 2700 \cdot 0{,}025 = 1271{,}25$

e)

A_i	h_i	d_i	k_i
[600;1000]	0,525	400	0,0013125
]1000;1500]	0,275	500	0,00055
]1500;2000]	0,125	500	0,00025
]2000;2700]	0,075	700	0,0001071428571

Abbildung 6.2 Histogramm zu den erzielten Weinpreisen

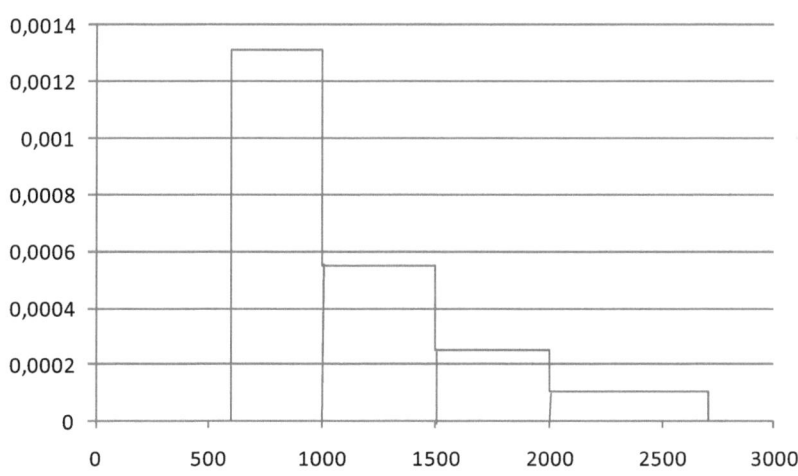

f)

$$\hat{F}_{40}(x) = \begin{cases} 0 & ; & x < 1000 \\ 0{,}525 & ; & 1000 \leq x < 1500 \\ 0{,}8 & ; & 1500 \leq x < 2000 \\ 0{,}925 & ; & 2000 \leq x < 2700 \\ 1 & ; & 2700 \leq x \end{cases}$$

Abbildung 6.3   Empirische Verteilungsfunktion zu den klassierten Weinpreisen

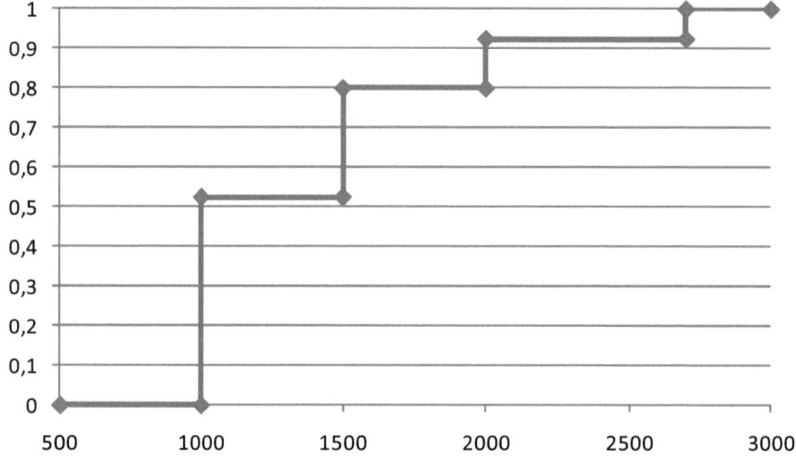

$$F^{*}_{40}(x) = \begin{cases} 0 & ; & x < 600 \\ 0{,}0013125\,(x - 600) & ; & 600 \leq x < 1000 \\ 0{,}525 + 0{,}0055\,(x - 1000) & ; & 1000 \leq x < 1500 \\ 0{,}8 + 0{,}00025\,(x - 1500) & ; & 1500 \leq x < 2000 \\ 0{,}925 + 0{,}0001071\,(x - 2000) & ; & 2000 \leq x < 2700 \\ 1 & ; & 2700 \leq x \end{cases}$$

Abbildung 6.4	Linear interpolierte empirische Verteilungsfunktion zu den klassierten Weinpreisen

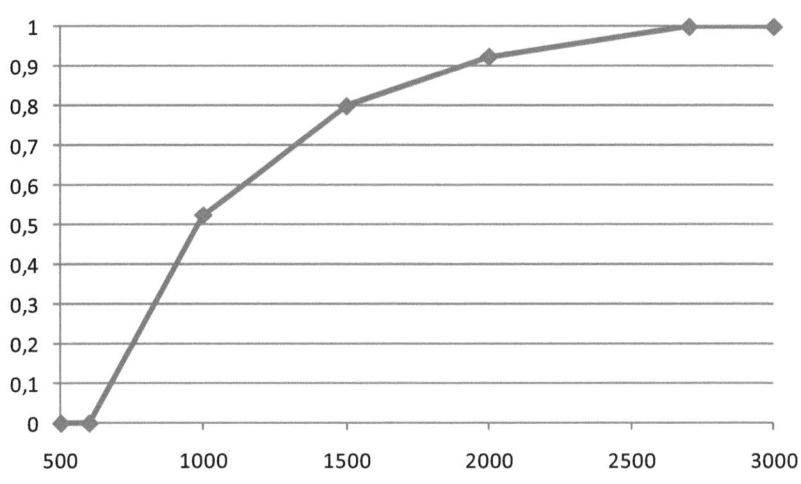

Lösung zu Aufgabe 3

Das arithmetische Mittel beträgt

$$\bar{x} = \frac{27,1+26,54+10,4+14,22+24,39+17,34+24,33+22,99+23,6+8,13+22,13+28,56+23,85}{13} = 21,04461538$$

Für die empirische Standardabweichung muss zuerst die empirische Varianz s^2 berechnet werden, zumindest wenn Sie sie „zu Fuß" ausrechnen.[128] Für s^2 wiederum brauchen Sie zuerst $\overline{x^2}$. Los geht's:

$$\overline{x^2} = \frac{27,1^2+26,54^2+10,4^2+14,22^2+24,39^2+17,34^2+24,33^2+22,99^2+23,6^2+8,13^2+22,13^2+28,56^2+23,85^2}{13} =$$

$\frac{6262,4766}{13} = 481,728969$ Damit gilt:

$s^2 = \overline{x^2} - (\bar{x})^2 = 481,728969 - 21,04461538^2 = 38,8531325.$ Daher gilt: $s = \sqrt{s^2} = \sqrt{38,8531325} = 6,2332281$

Für das untere Quartil muss geprüft werden, ob $n \cdot p$ ganzzahlig ist oder nicht. $n \cdot p = 13 \cdot 0,25 = 3,25$. Das ist nicht ganzzahlig, also muss die Formel $\hat{Q}_p = x_{(\lfloor n \cdot p \rfloor + 1)}$ benutzt werden. Damit gilt: $\hat{Q}_{0,25} = x_{(\lfloor 3,25 \rfloor + 1)} = x_{(4)} = 17,34$.

---

[128] Wenn Sie den Taschenrechner massiv nutzen, bekommen Sie das Endergebnis direkt serviert. Da gibt's dann keine Zwischenergebnisse.

Analog ist auch $n \cdot p = 13 \cdot 0{,}75 = 9{,}75$ nicht ganzzahlig. Daher gilt:

$\hat{Q}_{0{,}75} = x_{(\lfloor 9{,}75 \rfloor + 1)} = x_{(10)} = 24{,}39$.

Für den Variationskoeffizienten V muss s durch $\bar{x}$ dividiert werden. Daher gilt:

$V = \dfrac{s}{\bar{x}} = \dfrac{6{,}2332281}{21{,}04461538} = 0{,}296191115$.

Lösung zu Aufgabe 4

a) Da als erstes Merkmal immer die Branche genannt wurde, kommen die zugehörigen Ausprägungen in die erste Spalte, damit bildet die Branchenzugehörigkeit immer den ersten Index. Die Einschätzung gehört somit in die erste Zeile und ist für den zweiten Index zuständig.

	b	g	s	$n_{i\bullet}$
A	6	3	1	10
B	0	3	3	6
C	5	3	1	9
$n_{i\bullet}$	11	9	5	25

b) Es gibt logischerweise zwei bedingte Verteilungen. Zuerst berechnen wir die bedingte Verteilung unter dem festgehaltenen Merkmal der Branchenzugehörigkeit. Auf Deutsch: Wir geben eine Antwort auf die Frage: Wie verteilen sich die Einschätzungen bei den einzelnen und somit fixierten Branchen?

Um diese Frage zu beantworten, müssen wir die gemeinsamen Häufigkeiten jeweils durch die Randhäufigkeiten der Branchen dividieren: Exemplarisch berechnen wir $h_{b|A} = \dfrac{h_{11}}{h_{1\bullet}} = \dfrac{6}{10} = 0{,}6$

	b	g	s	Summe
A	0,6	0,3	0,1	1
B	0	0,5	0,5	1
C	0,55	0,33	0,11	1

Anschließend bedingen wir die Branchenzugehörigkeit unter dem Merkmal der Einschätzung. Jetzt steht also fest, wie die Befragungsteilnehmer die Lage eingeschätzt haben, uns interessiert die Verteilung der Branchen bei den einzelnen Einschätzungen. Beispielsweise fragen wir, wie hoch der Anteil der Angehörigen der

Automobilbranche an denen ist, die wirtschaftliche Entwicklung als besser einge-
schätzt haben: Es geht also um $h_{A|b} = \frac{h_{11}}{h_{\bullet 1}} = \frac{6}{11}$.[129]

	b	g	s
A	$\frac{6}{11}$	$\frac{1}{3}$	0,2
B	0	$\frac{1}{3}$	0,6
C	$\frac{5}{11}$	$\frac{1}{3}$	0,2
Summe	1	1	1

c) Um die chi-Quadrat-Größe auszurechnen, verwenden wir logischerweise die einfa-
chere Formel, also $\chi^2 = n \cdot \left(\sum_{i=1}^{k} \sum_{j=1}^{l} \frac{(n_{ij})^2}{n_{i\bullet} \cdot n_{\bullet j}} \right) - n =$

$25 \left(\frac{6^2}{10 \cdot 11} + \frac{3^2}{10 \cdot 9} + \frac{1^2}{10 \cdot 5} + \frac{0^2}{6 \cdot 11} + \frac{3^2}{6 \cdot 9} + \frac{3^2}{6 \cdot 5} + \frac{5^2}{9 \cdot 11} + \frac{3^2}{9 \cdot 9} + \frac{1^2}{9 \cdot 5} \right) - 25 =$

$25 \cdot (0{,}327272727 + 0{,}1 + 0{,}02 + 0 + 0{,}166666667 + 0{,}3 + 0{,}252525253 + 0{,}111111111 + 0{,}022222222) - 25 = 25 \cdot 1{,}29979797979798 - 25 = 7{,}49$

Damit ist der größte Teil der Arbeit getan. Jetzt müssen wir das Ergebnis nur noch
so verändern, dass wir die Zahl interpretieren können, also berechnen wir den Kontingenzkoeffizienten:

$$K = \sqrt{\frac{\chi^2}{n + \chi^2}} = \sqrt{\frac{7,\overline{49}}{25 + 7,\overline{49}}} = \sqrt{0{,}230649673608952} = 0{,}48026$$

Bleibt noch, den kleinen Schönheitsfehler zu beseitigen, dass K einfach nicht 1 wer-
den kann. Wir berechnen $K^* = K \cdot \sqrt{\frac{min(k,l)}{min(k,l)-1}} = 0{,}48026 \cdot \sqrt{\frac{3}{3-1}} = 0{,}48026 \cdot \sqrt{\frac{3}{2}} =$
$0{,}48026 \cdot 1{,}224744871 = 0{,}588195979$

Das bedeutet also, dass es einen mittleren Zusammenhang zwischen der Branchenzugehörigkeit und der Einschätzung der wirtschaftlichen Entwicklung gibt.

---

[129] Wenn es Ihnen an dieser Stelle eiskalt den Rücken runterläuft, weil Ihnen soeben klar wird, dass es
wohl wichtig ist, welches Merkmal vor dem Strich steht und welches dahinter, Sie es aber nicht ausei-
nanderhalten können, dann seien Sie beruhigt. Fast alle Menschen haben enorme Schwierigkeiten
damit, die beiden bedingten Häufigkeiten auseinander zu halten.

d) Da $K^* \neq 0$, sind die Merkmale nicht unabhängig. Außerdem gab es ja eine Null in
der Kontingenztabelle, also konnten die Merkmale ja gar nicht empirisch unabhängig sein.

Lösung zu Aufgabe 5

Zuerst müssen wir die Daten transformieren und die Rangplatzierungen der Läufer erfassen. Denn schließlich rechnet der Rangkorrelationskoeffizient nur mit den Rängen,
nicht mit den Messwerten selbst. Außerdem können wir anhand der Ränge entscheiden,
ob wir die Monsterformel oder die vereinfachte Formel, die ja nur bei unterschiedlichen
Rängen gilt, verwenden können.

Läufer	Zeit 100m [s]	Zeit 400m [s]
1	2	6
2	7	2
3	4	8
4	1	7
5	3	3
6	8	4
7	6	1
8	5	5

Da keine Mehrfachplatzierungen vorliegen (keinen Platz teilten sich mehrere Läufer),
können wir die einfache Formel verwenden:

$$r_{Sp} = 1 - \frac{6}{n(n^2 - 1)} \sum_{i=1}^{n} (R_i - S_i)^2 =$$

$$1 - \frac{6}{8(8^2-1)} \left((2-6)^2 + (7-2)^2 + (4-8)^2 + (1-7)^2 + (3-3)^2 + (8-4)^2 + (6-1)^2 + (5-5)^2 \right) =$$

$$1 - \frac{6}{8 \cdot 63} (16 + 25 + 16 + 36 + 0 + 16 + 25 + 0) =$$

$$1 - \frac{6 \cdot 134}{8 \cdot 63} = 1 - \frac{67}{42} = -\frac{25}{42} = -0{,}595238095$$

Das bedeutet also, dass es einen mittleren negativen Zusammenhang zwischen der Leistung im 100m- und der Leistung im 400m-Lauf gibt. Tendenziell gilt also: Je schneller
man bei den 100 Metern ist, desto langsamer ist man bei den 400 Metern und umgekehrt.

Lösung zu Aufgabe 6

a) Das Streuungsdiagramm sieht wie folgt aus:

Abbildung 6.5 Streuungsdiagramm und Regressionsgerade zum Zusammenhang zwischen Werbeausgaben und Umsatz

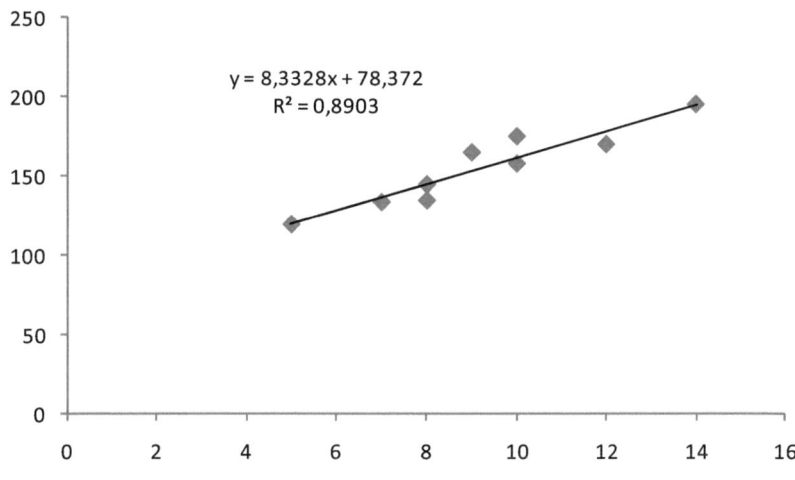

b) Auch hier gilt: Wenn Sie Ihren Taschenrechner clever einsetzen, erhalten Sie direkt das Endergebnis. Wenn nicht brauchen Sie noch ein paar Zwischenwerte: $\bar{x} = 9{,}1$, $\bar{y} = 154{,}2$, $\overline{x^2} = 88{,}7$, $\overline{y^2} = 24237$ und $\overline{xy} = 1452{,}3$. Daraus ergibt sich $\hat{b} = \frac{\overline{xy} - \bar{x} \cdot \bar{y}}{\overline{x^2} - \bar{x}^2} = \frac{1452{,}3 - 9{,}1 \cdot 154{,}2}{88{,}7 - 9{,}1^2} = 8{,}332767402$ sowie $\hat{a} = \bar{y} - \hat{b} \cdot \bar{x} = 154{,}2 - 8{,}332767402 \cdot 9{,}1 = 78{,}37181664$

Damit ergibt sich die Gleichung der Regressionsgeraden zu

$$y = 78{,}37181664 + 8{,}332767402 \cdot x.$$

c) Gehen wir davon aus, dass Sie Ihren Taschenrechner nicht direkt einsetzen können, um den Korrelationskoeffizienten ausgeben zu lassen. Dann brauchen Sie eine Formel. Der Korrelationskoeffizient berechnet sich mit Hilfe von $r_{xy} = \frac{\overline{xy} - \bar{x} \cdot \bar{y}}{\sqrt{\overline{x^2} - (\bar{x})^2} \cdot \sqrt{\overline{y^2} - (\bar{y})^2}}$. Gottseidank haben wir fast alle Größen schon in Aufgabenteil a) berechnet, lediglich $\overline{y^2}$ fehlt noch, aber es gilt: $\overline{y^2} = 24237$. Also gilt: $r_{xy} = \frac{1452{,}3 - 9{,}1 \cdot 154{,}2}{\sqrt{88{,}7 - (9{,}1)^2} \cdot \sqrt{24237 - (154{,}2)^2}} = \frac{49{,}08}{\sqrt{5{,}89 \cdot 459{,}36}} = 0{,}943561732$.

Da das Bestimmtheitsmaß nichts anderes ist als der quadrierte Korrelationskoeffizient, gilt: $B_{xy} = r_{xy}^2 = 0{,}943561732^2 = 0{,}890308742$.

Der lineare Zusammenhang zwischen den Werbeausgaben und dem Umsatz ist also in dieser Stichprobe sehr hoch. Das Prognosemodell der Regressionsgeraden ist sehr gut.

d) Da die Regressionsgerade zumindest für Daten der Größenordnung der gegebenen Messwerte sehr gut ist, können wir die Regressionsgerade als Prognosemodell verwenden und die 11 Mio. Euro einfach als x-Wert in die Geradengleichung einsetzen. Es ergibt sich ein prognostizierter Umsatz von $y = 78{,}37181664 + 8{,}332767402 \cdot 11 = 170{,}03$ Mio. Euro.

Diese Gerade sollte man aber nicht unreflektiert für Prognosen in gänzlich anderen Größenordnungen verwenden. Ob Werbeausgaben in Höhe von 100 Mio. Euro noch immer Umsätze gemäß der Geradengleichung nach sich ziehen, muss sehr kritisch beurteilt werden. Da irgendwann alle wirksamen Werbemöglichkeiten ausgeschöpft sind, ist es plausibler anzunehmen, dass der Zusammenhang zwischen Werbeausgaben und Umsatz in dieser Größenordnung konkav verläuft. Bei sehr viel größeren Eingabewerten ist die Verlässlichkeit des Modells nicht gewährleistet!

Lösung zu Aufgabe 7

Als kleiner Tipp am Anfang. Meistens hilft es, sich vorzustellen, man steht als Protokollant neben dem Versuch oder neben der Befragung. Dann sollte man sich fragen: Was würde ich aufschreiben und wie würde ich es darstellen?

a) Üblicherweise modelliert man dichotome Ergebnisse mit 0 und 1. Es sei im Folgenden Kopf = 0 und Zahl = 1.[130] Da uns die Reihenfolge nicht interessiert, können wir jedes Ergebnis ω als $\{i, j\}$ schreiben. Damit ist $\Omega = \{\{0,0\}, \{0,1\}, \{1,1\}\}$. Man kann das auch wunderschön allgemein hinschreiben, nämlich $\Omega = \{\{i,j\} \mid i, j \in \{0,1\}, i \leq j\}$. Kein Spaß, das ist original dasselbe.

b) Üblicherweise modelliert man wie gesagt dichotome Ergebnisse mit 0 und 1. Es sei im Folgenden Kopf = 0 und Zahl = 1. Da uns die Reihenfolge interessiert, können wir jedes Ergebnis ω als (i, j) schreiben. Damit ist $\Omega = \{(0,0), (0,1), (1,0), (1,1)\}$. Oder (schöner) allgemein: $\Omega = \{(i,j) \mid i, j \in \{0,1\}\}$

c) Auch hier modellieren wir die Ausprägungen wieder mit 0 und 1. Mädchen = 1, Junge = 0. Zusätzlich interessiert uns die Reihenfolge der Geburten, also müssen wir runde Klammern verwenden.

d) Dann ist $\Omega = \{(0,0,0), (0,0,1), (0,1,0), (0,1,1), (1,0,0), (1,0,1), (1,1,0), (1,1,1)\}$. Oder in kürzerer aber schwerer lesbarer Form $\Omega = \{(i, j, k) \mid i, j, k \in \{0,1\}\}$.

---

[130] Warum das eine der schlausten Ideen in der Statistik ist, wird in der nächsten Aufgabe hoffentlich klar. Selbstverständlich ist es vollkommen egal, was wie genannt wird. Sie sollten es nur unbedingt irgendwo notieren, damit Sie und ein evtl. Korrigierender nicht den Überblick verlieren.

e) Jetzt interessiert uns die Reihenfolge nicht mehr, wir müssen also geschweifte Klammern einsetzen. Ansonsten ist alles wie bei c). Also gilt:

$\Omega = \{\{0,0,0\}, \{0,0,1\}, \{0,1,1\}, \{1,1,1\}\}$ oder eben wieder allgemein

$\Omega = \{\{i,j,k\}|i,j,k \in \{0,1\}, i \leq j \leq k\}$

f) Upps, jetzt wird es irgendwie schwierig. Mit den Klammern allein kommt man nicht weiter, weil es von der Farbe abhängt, ob sie einmal oder mehrmals auftauchen darf. Wir brauchen einen Trick. Und der geht wie folgt: Wir tun so, als hätten wir kleine Nummern auf die Kugeln einer Farbe gemalt. Das sorgt nämlich dafür, dass wir die Kugeln unterscheiden können, und dass jetzt (egal um welche Farbe es sich handelt), jede Kugel nur einmal gezogen werden kann: Was weg ist, ist weg. Die Kugeln heißen also r, g1, g2, s1, s2, s3, s4, s5, s6, s7, s8, s9, s10. Da uns die Reihenfolge interessiert, müssen wir runde Klammern einsetzen. Und jetzt macht sich die allgemeine Schreibweise bezahlt, denn wenn wir alle Ergebnisse einzeln aufzählen, dauert es lange. Also lautet die Ergebnismenge

$\Omega = \{(i,j,k)|i,j,k \in \{r,g1,g2,s1,s2,s3,s4,s5,s6,s7,s8,s9,s10\}, i \neq j \neq k\}$.

g) Jetzt ist es einfacher, denn hier müssen wir nicht mehr unterscheiden, um welche Farbe es geht. Denn jede Farbe kann immer wieder gezogen werden. Daher lautet

$\Omega = \{\{i,j,k\}|i,j,k \in \{r,g,s\}\}$.

Lösung zu Aufgabe 8

a) Der dreimalige Würfelwurf kann mit der Ergebnismenge $\Omega = \{(i,j,k)|i,j,k \in \{1,2,3,4,5,6\}\}$ modelliert werden. Die zugehörige Wahrscheinlichkeitsverteilung ist die Laplace-Verteilung, also die Verteilung, bei der alle Ergebnisse die gleiche Wahrscheinlichkeit besitzen. Das Ereignis, dass die Augensumme höchstens zwei beträgt, lässt sich schreiben als $A = \{(i,j,k) \in \Omega|i+j+k \leq 2\}$, explizit dargestellt ergibt sich $A = \emptyset$, denn es gibt kein Ereignis, bei dem die Augensumme von drei Würfeln höchstens zwei ist. Also gilt: $P(A) = 0$.

b) Der dreimalige Würfelwurf kann wie gesagt mit der Ergebnismenge $\Omega = \{(i,j,k)|i,j,k \in \{1,2,3,4,5,6\}\}$ modelliert werden. Damit besitzt Ω $6^3 = 216$ Elemente, also 216 mögliche Ergebnisse bzw. $|\Omega| = 216$. Die zugehörige Wahrscheinlichkeitsverteilung ist immer noch die Laplace-Verteilung, also die Verteilung, bei der alle Ergebnisse die gleiche Wahrscheinlichkeit besitzen. Das Ereignis, dass die Augensumme mindestens 16 beträgt, lässt sich schreiben als $A = \{(i,j,k) \in \Omega|i+j+k \geq 16\}$, explizit dargestellt ergibt sich $A = \{(4,6,6), (6,4,6), (6,6,4), (5,5,6), (5,6,5), (6,5,5), (5,6,6), (6,5,6), (6,6,5), (6,6,6)\}$.

c) Hierbei wurden zuerst die Ergebnisse (geordnet) aufgezählt, die genau die Summe 16 ergeben, dann die, die genau die Summe 17 ergeben, und zum Schluss diejenigen mit der Summe 18. Insgesamt wurden so 10 Ergebnisse gefunden. Also gilt: $P(A) = \frac{10}{216}$.

d) Der zweimalige Würfelwurf kann mit der Ergebnismenge $\Omega = \{(i,j)|i,j, \in\{1,2,3,4,5,6\}\}$ modelliert werden. Damit besitzt Ω 6^2=36 Elemente, also 36 mögliche Ergebnisse bzw. $|\Omega| = 36$. Die zugehörige Wahrscheinlichkeitsverteilung ist immer noch die Laplace-Verteilung, also die Verteilung, bei der alle Ergebnisse die gleiche Wahrscheinlichkeit besitzen. Das Ereignis, dass das erste Ergebnis gerade ist und das zweite mindestens 5 beträgt, lässt sich schreiben als $A = \{(i,j) \in \Omega | i = 2k, k \in \mathbb{N}, j \geq 5\}$, explizit dargestellt ergibt sich $A = \{(2,5), (2,6), (4,5), (4,6), (6,5), (6,6)\}$. Hierbei wurden zuerst die Ergebnisse (geordnet) aufgezählt, bei denen der erste Würfel eine 2 zeigt, dann die, bei denen der erste Würfel eine 4 zeigt, und zum Schluss diejenigen mit erster Augenzahl 6. Insgesamt wurden so 6 Ergebnisse gefunden. Also gilt: $P(A) = \frac{6}{36}$

e) Der viermalige Münzwurf kann mit der Ergebnismenge $\Omega = \{(i,j,k,l)|i,j \in\{0(=\text{Zahl}), 1(= \text{Wappen})\}\}$ modelliert werden. Damit besitzt Ω 2^4=16 Elemente, also 16 mögliche Ergebnisse bzw. $|\Omega| = 16$. Die zugehörige Wahrscheinlichkeitsverteilung ist immer noch die Laplace-Verteilung, also die Verteilung, bei der alle Ergebnisse die gleiche Wahrscheinlichkeit besitzen. Das Ereignis, dass die Anzahl der Wappen mindestens 3 beträgt, lässt sich schreiben als $A = \{(i,j,k,l) \in \Omega | i + j + k + l \geq 3\}$, explizit dargestellt ergibt sich $A = \{(0,1,1,1), (1,0,1,1), (1,1,0,1), (1,1,1,0), (1,1,1,1)\}$. Hierbei wurden zuerst die Ergebnisse (geordnet) aufgezählt, bei denen genau drei Wappen auftreten, dann die mit vier Wappen. Insgesamt wurden so 5 Ergebnisse gefunden. Also gilt: $P(A) = \frac{5}{16}$.

Lösung zu Aufgabe 9

Bei dieser Aufgabe gibt es prinzipiell zwei Möglichkeiten: Entweder man beherrscht die Rechenregeln, oder man ist in der Lage, sich die gesuchten Wahrscheinlichkeiten mit Hilfe von Venn-Diagrammen zu erklären. Wir gehen hier beide Wege, dann können Sie sich aussuchen, was Ihnen besser gefällt. Allerdings muss man sagen, dass schon bei 3 (und erst recht bei noch mehr) Ereignissen die Venn-Diagramme unübersichtlich werden. Daher sollte man die Rechenregeln für Wahrscheinlichkeiten so oder so beherrschen.

Das Venn-Diagramm für die beschriebene Situation sieht wie folgt aus:

Abbildung 6.6   Venn-Diagramm zu den Werbespots

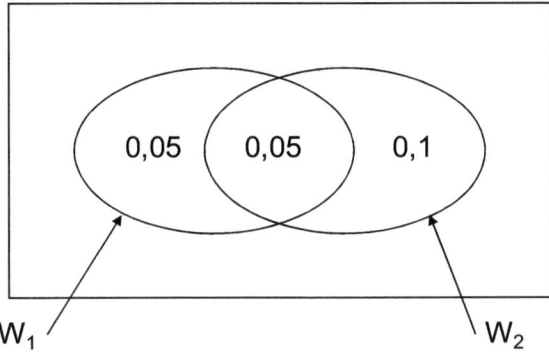

a)   Genau einen Werbespot kennen alle Leute, die entweder Werbespot 1 kennen, aber Werbespot 2 nicht (also im linken Halbmond liegen) oder Werbespot 2, aber nicht Werbespot 1 kennen und somit im rechten Halbmond liegen. Im folgenden Venn-Diagramm sind die Flächen markiert, die den Zuschauern entsprechen, die genau einen Werbespot kennen:

Abbildung 6.7   Venn-Diagramm für das Ereignis, genau einen Werbespot zu kennen

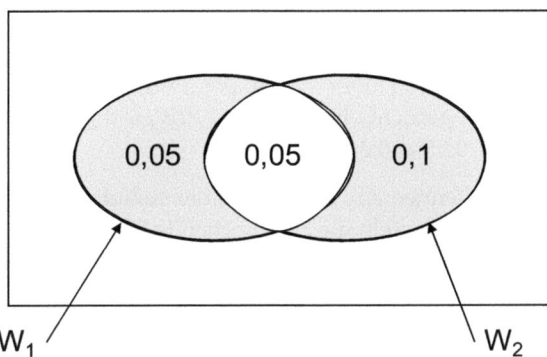

Damit beträgt die Wahrscheinlichkeit, genau einen Werbespot zu kennen, 0,1+0,05=0,15.

Mit Hilfe der Rechenregeln erhält man die gesuchte Wahrscheinlichkeit, indem man rechnet: $P(\text{genau einen Werbespot kennen}) = P(W_1 \backslash W_2) + P(W_2 \backslash W_1) = P(W_1) - P(W_1 \cap W_2) + P(W_2) - P(W_1 \cap W_2) = 0,1 - 0,05 + 0,15 - 0,05 = 0,15$

b) Mindestens einen Werbespot kennen alle Leute, die entweder einen Werbespot
    kennen (also in einem von den beiden Halbmonden liegen) oder sogar beide, und
    damit zur Linse in der Mitte gehören. Insgesamt gehören die gesuchten Leute also
    zu den schraffierten Flächen in der folgenden Abbildung.

Abbildung 6.8   Venn-Diagramm für das Ereignis, mindestens einen Werbespot zu ken-
                      nen

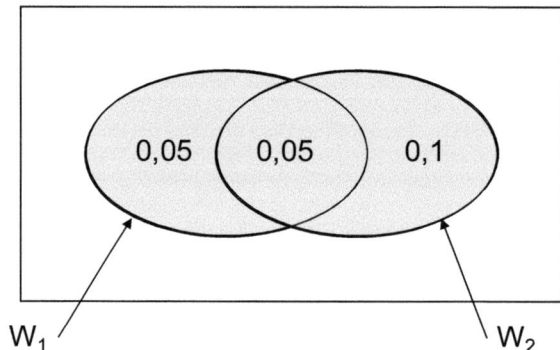

Daher beträgt die Wahrscheinlichkeit, mindestens einen Werbespot zu kennen,
0,05+0,05+0,1=0,2.

Unter Benutzung der Rechenregeln für Wahrscheinlichkeiten muss man überset-
zen, dass das Ereignis mindestens einen Werbespot zu kennen, gerade das Ereignis
ist, entweder Werbespot 1 oder Werbespot 2 oder beide Spots zu kennen, also ist
gerade $P(W_1 \cup W_2)$ gesucht. Es gilt nun: $P(W_1 \cup W_2) = P(W_1) + P(W_2) - P(W_1 \cap W_2) = 0,1 + 0,15 - 0,05 = 0,2$.

c) Keinen Werbespot kennen alle Zuschauer, die außerhalb der liegenden Brezel sind.
    Die folgende Abbildung stellt die entsprechende Fläche dar.

Abbildung 6.9 Venn-Diagramm zum Ereignis, keinen Werbespot zu kennen

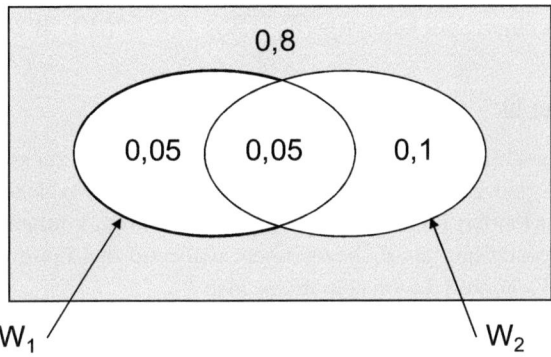

Daher beträgt die Wahrscheinlichkeit, keinen Spot zu kennen, 0,8.

Man kann diese Wahrscheinlichkeit auch berechnen, indem man sich klar macht, dass das Ereignis, keinen Spot zu kennen, das Gegenteil vom Ereignis ist, mindestens einen Spot zu kennen. Also gilt: P(keinen Werbespot kennen) $= P(\overline{W_1 \cup W_2}) = 1 - P(W_1 \cup W_2) = 1 - 0{,}2 = 0{,}8$.

d) Höchstens einen Werbespot kennen alle Zuschauer, die entweder keinen der beiden Spots kennen, also außerhalb der liegenden Brezel sind, oder genau einen Spot kennen, also zu einem der beiden Halbmonde gehören. Insgesamt stellt die folgende Abbildung die entsprechenden Flächen dar.

Abbildung 6.10 Venn-Diagramm zum Ereignis, höchstens einen Werbespot zu kennen

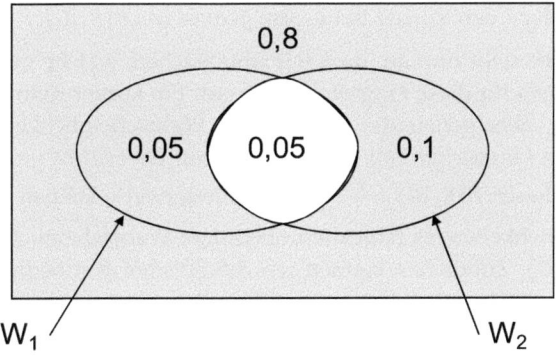

Damit beträgt die Wahrscheinlichkeit, höchstens einen Spot zu kennen, $0{,}05+0{,}1+0{,}8=0{,}95$. Andererseits ist das Ereignis, höchstens einen Werbespot zu kennen, das Gegenteil des Ereignisses, beide Werbespots zu kennen. Also gilt: P(höchstens einen Spot kennen)= $(\overline{W_1 \cap W_2}) = 1 - P(W1 \cap W2) = 1 - 0{,}05 = 0{,}95$.

Lösung zu Aufgabe 10

Gemäß der vorgeschlagenen Vorgehensweise benennen wir zuerst die relevanten Ereignisse. Einerseits geht es in der Aufgabe, um das Ereignis, welcher Richter den Vorsitz hat. Da einer der beiden Richter den Vorsitz haben muss, können wir das Ereignis, das Richter 1 den Vorsitz hat, als R_1 bezeichnen, während das Ereignis, dass Richter 2 den Vorsitz hat, das Gegenteil davon sein muss, also $\overline{R_1}$.

Das zweite Ereignis, das in der Aufgabe eine Rolle spielt, ist das Ereignis, dass K den Prozess verliert bzw. gewinnt. Auch diese beiden Ereignisse sind Gegenteile voneinander, so dass wir mit Komplementen arbeiten können: G sei das Ereignis, dass K den Prozess gewinnt, $\bar{G}$ das Ereignis, dass er den Prozess verliert.

Im zweiten Schritt gilt es, den Aufgabentext nach gegebenen Wahrscheinlichkeiten zu durchsuchen.

Wir finden als erstes die Zahl 0,8. Sie bezeichnet die Wahrscheinlichkeit, dass Richter 1 den Vorsitz führt. Also gilt: $P(R_1) = 0{,}8$ und somit $P(\overline{R_1}) = 0{,}2$. Als nächstes erfahren wir, dass K mit Wahrscheinlichkeit 0,95 den Prozess verliert, unter der Bedingung, dass Richter 1 den Vorsitz führt. In der Sprache der bedingten Wahrscheinlichkeiten ausgedrückt gilt also: $P(\bar{G}|R_1) = 0{,}95$. Analog erfahren wir, dass K mit Wahrscheinlichkeit 0,9 den Prozess verliert, unter der Bedingung, dass Richter 2 den Vorsitz führt. Also gilt auch: $P(\bar{G}|\overline{R_1}) = 0{,}9$.

Der dritte Schritt der Vorgehensweise fordert, dass wir mathematisch formulieren, welche Wahrscheinlichkeit gesucht ist. Hier steht nun fest, dass K den Prozess verloren hat, $\bar{G}$ ist also eingetreten. Unter dieser Bedingung suchen wir nun die Wahrscheinlichkeit dafür, dass Richter 1 den Vorsitz hatte, also geht es um $P(R_1|\bar{G})$.

Als vierter Schritt steht nun an, dass wir untersuchen, welche von den zur Verfügung stehenden Formeln für diese Fragestellung passt. Ein kurzer Kennerblick zeigt, dass wir $P(R_1|\bar{G})$ suchen, aber genau die umgedrehte Wahrscheinlichkeit, nämlich $P(\bar{G}|R_1) = 0{,}95$ kennen. Ein klassischer Fall für den Satz von Bayes. Mit unseren Ereignisbezeichnungen besagt dieser: $P(R_1|\bar{G}) = \frac{P(\bar{G}|R_1) \cdot P(R_1)}{P(\bar{G})}$. Blöderweise kennen wir nicht alle benötigten Wahrscheinlichkeiten, es fehlt die unbedingte Wahrscheinlichkeit, dass K den Prozess verliert, $P(\bar{G})$. Zumindest kennen wir die zugehörigen bedingten Wahrscheinlichkeiten $P(\bar{G}|R_1) = 0{,}95$ und $P(\bar{G}|\overline{R_1}) = 0{,}9$. Damit haben wir eine Anwendungssituation für die Formel von der totalen Wahrscheinlichkeit. Mit unseren Ereignisbezeichnungen gilt nämlich: $P(\bar{G}) = P(\bar{G}|R_1) \cdot P(R_1) + P(\bar{G}|\overline{R_1}) \cdot P(\overline{R_1}) = 0{,}95 \cdot 0{,}8 + 0{,}9 \cdot 0{,}2 = 0{,}94$. Nun kennen wir alle Wahrscheinlichkeiten, die wir für den Satz von Bayes brauchen, und es ergibt sich: $P(R_1|\bar{G}) = \frac{P(\bar{G}|R_1) \cdot P(R_1)}{P(\bar{G})} = \frac{0{,}95 \cdot 0{,}8}{0{,}94} = 0{,}808510638$.

Lösung zu Aufgabe 11

Wir gehen wieder nach der bekannten Vorgehensweise vor: Zuerst identifizieren wir die relevanten Ereignisse. Das sind in diesem Fall die Ereignisse, dass der Test die Diagnose „krank" bzw. die Diagnose „gesund" stellt. Diese Ereignisse sind Gegenteile voneinander, also nennen wir sie in dieser Reihenfolge T und $\bar{T}$. Die zweite Klasse von Ereignissen sind die Ereignisse, ob ein Patient die Krankheit hat oder nicht. Diese Ereignisse bezeichnen wir mit K und $\bar{K}$.[131]

Als nächstes suchen wir die gegebenen Wahrscheinlichkeiten im Aufgabentext: Der Test stellt die Diagnose „krank", unter der Bedingung, dass jemand krank ist, mit Wahrscheinlichkeit 0,98. Also gilt: $P(T|K) = 0,98$. Unter der Bedingung, dass jemand gesund ist, stellt der Test die Diagnose „gesund" mit Wahrscheinlichkeit 0,95, also gilt: $P(\bar{T}|\bar{K}) = 0,95$. Zudem wissen wir, dass die Wahrscheinlichkeit, dass jemand krank ist, p beträgt. OK, ist keine Zahl, können wir aber (fast) genau so mit rechnen: Es gilt: $P(K) = p$.

a) Im Aufgabenteil a) ist die Wahrscheinlichkeit gesucht, dass eine Person krank ist, unter der Bedingung, dass der Test die Diagnose „krank" gestellt hat. Also suchen wir: $P(K|T)$. Da wir wieder einmal die umgedrehte Wahrscheinlichkeit kennen, können/ sollen/ müssen wir den Satz von Bayes anwenden. Mit unseren Bezeichnungen lautet dieser: $P(K|T) = \frac{P(T|K) \cdot P(K)}{P(T)}$. Ein kurzer Blick zu Schritt 2 zeigt, dass wir zwar zwei der benötigten Wahrscheinlichkeiten kennen, die dritte Wahrscheinlichkeit, nämlich $P(T)$ aber leider nicht. Wieder einmal kann man diese aber mit der Formel von der totalen Wahrscheinlichkeit berechnen, da wir die zugehörigen bedingten Wahrscheinlichkeiten kennen oder zumindest berechnen können. Es gilt: $P(T) = P(T|K) \cdot P(K) + P(T|\bar{K}) \cdot P(\bar{K})$. Hierbei zeigt es sich, dass wir $P(T|\bar{K})$ und $P(\bar{K})$ noch nicht kennen. Von diesen Ereignissen kennen wir aber die Wahrscheinlichkeiten der Komplementereignisse, denn $P(\bar{T}|\bar{K}) = 0,95$ und $P(K) = p$. Damit gilt: $P(T|\bar{K}) = 1 - P(\bar{T}|\bar{K}) = 1 - 0,95 = 0,05$ und $P(\bar{K}) = 1 - P(K) = 1 - p$.[132] Damit ergibt sich $P(T) = P(T|K) \cdot P(K) + P(T|\bar{K}) \cdot P(\bar{K}) = 0,98p + 0,05(1-p) = 0,93p + 0,05$. Jetzt haben wir alle Bestandteile beisammen und können $P(K|T)$ berechnen. Es gilt: $P(K|T) = \frac{P(T|K) \cdot P(K)}{P(T)} = \frac{0,98 \cdot p}{0,93 \cdot p + 0,05}$. Mehr können wir in Aufgabenteil a) nicht aussagen.

b) Das Verblüffende an der Aufgabe kommt in Aufgabenteil b) zum Vorschein: Hier

---

[131] Erfahrungsgemäß modellieren viele Studenten statt „Test stellt Diagnose „krank/gesund"" zuerst „Test stellt richtige/falsche Diagnose". Dieser Ansatz führt aber nicht zum Ziel, weil wir die Bewertung richtig oder falsch nur abgeben können, wenn wir berücksichtigen, ob jemand tatsächlich krank oder gesund ist. Bei der Modellierung der Ereignisse muss es aber immer möglich sein, dass wir die Wahrscheinlichkeiten der Ereignisse angeben können, auch ohne, dass die anderen Ereignisse ins Spiel kommen.

[132] Sie erinnern sich ja, dass man vor dem Bedingungsstrich die Komplementregel anwenden darf, hinter dem Komplementstrich aber keinesfalls!!!

setzen wir in die obige Formel für p unterschiedliche Zahlenwerte ein, und betrachten dann jeweils die Wahrscheinlichkeit, dass jemand tatsächlich krank ist, unter der Bedingung, dass der Test die Diagnose „krank" gestellt hat. Eine Situation, in die wir hoffentlich niemals kommen, die aber leider dennoch eintreten kann.

$$p = 0{,}005: P(K|T) = \frac{P(T|K) \cdot P(K)}{P(T)} = \frac{0{,}98 \cdot p}{0{,}93 \cdot p + 0{,}05} = \frac{0{,}98 \cdot 0{,}005}{0{,}93 \cdot 0{,}005 + 0{,}05} = 0{,}089661482$$

$$p = 0{,}01 \quad : \qquad P(K|T) = \frac{P(T|K) \cdot P(K)}{P(T)} = \frac{0{,}98 \cdot p}{0{,}93 \cdot p + 0{,}05} = \frac{0{,}98 \cdot 0{,}01}{0{,}93 \cdot 0{,}01 + 0{,}05} = 0{,}165261382$$

$$p = 0{,}05 \quad : \qquad P(K|T) = \frac{P(T|K) \cdot P(K)}{P(T)} = \frac{0{,}98 \cdot p}{0{,}93 \cdot p + 0{,}05} = \frac{0{,}98 \cdot 0{,}05}{0{,}93 \cdot 0{,}05 + 0{,}05} = 0{,}50777202$$

$$p = 0{,}1 \quad : \qquad P(K|T) = \frac{P(T|K) \cdot P(K)}{P(T)} = \frac{0{,}98 \cdot p}{0{,}93 \cdot p + 0{,}05} = \frac{0{,}98 \cdot 0{,}1}{0{,}93 \cdot 0{,}1 + 0{,}05} = 0{,}685314685.$$

Und das ist schon wirklich erstaunlich. Obwohl der Test aufgrund der hohen Quoten einen sehr zuverlässigen Eindruck macht, sind die Wahrscheinlichkeiten, dass man wirklich krank ist, insb. bei sehr seltenen Krankheiten eher gering. Das liegt auch genau daran, dass die Krankheit so selten ist. Man nennt es den Base-Rate-Effekt. Für das wirkliche Leben ziehen wir daraus den Schluss, dass man noch nicht in Panik geraten sollte, falls ein Test eine Krankheit diagnostiziert. Je seltener die Krankheit auftritt, desto größer sind die Chancen, dass man die Krankheit gar nicht hat!

<u>Lösung zu Aufgabe 12</u>

Zwei Ereignisse A und B heißen stochastisch unabhängig, wenn gilt: $P(A \cap B) = P(A) \cdot P(B)$. Um die stochastische Unabhängigkeit zu prüfen, muss man also $P(A)$ und $P(B)$ ausrechnen und vergleichen, ob $P(A \cap B)$ genau so groß ist wie das Produkt der Einzelwahrscheinlichkeiten. Also benötigen wir einige Vorüberlegungen, um die drei Wahrscheinlichkeiten hinterher einfacher berechnen zu können. Bei allen Aufgabenteilen geht es um den zweifachen Würfelwurf. Also ist $\Omega = \{(i,j)|i,j \in \{1,2,3,4,5,6\}\}$ mit $P(A) = \frac{|A|}{|\Omega|}$ und $|\Omega| = 6^2 = 36$.

a) Vor obigem Hintergrund berechnen wir nun $P(A)$, $P(B)$ und $P(A \cap B)$.

$P(A) = P(\{(3,1),(3,2),(3,3),(3,4),(3,5),(3,6)\}) = \frac{6}{36} = \frac{1}{6}.$

$P(B) = P(\{(1,1),(2,1),(3,1),(4,1),(5,1),(6,1)\}) = \frac{6}{36} = \frac{1}{6}.$

$P(A \cap B) = P((3,1)) = \frac{1}{36}.$

Da $\frac{1}{36} = \frac{1}{6} \cdot \frac{1}{6}$, sind A und B stochastisch unabhängig.

b) $P(C) = P(\{(1,1),(2,2),(3,3),(4,4),(5,5),(6,6)\}) = \frac{6}{36} = \frac{1}{6}.$

$P(D) = P(\{(1,2),(1,4),(1,6),(2,1),(2,3),(2,5),(3,2),(3,4),(3,6),(4,1),$

$(4,3),(4,5),(5,2),(5,4),(5,6),(6,1),(6,3),(6,5)\}) = \frac{18}{36} = \frac{1}{2}.$

$P(C \cap D) = P(\emptyset) = 0$, denn zwei gleiche Augenzahlen können niemals eine ungerade Augensumme haben.

Da $0 \neq \frac{1}{6} \cdot \frac{1}{2}$, sind C und D nicht stochastisch unabhängig, sie sind stochastisch abhängig.

c) $P(A) = P(\{(3,1), (3,2), (3,3), (3,4), (3,5), (3,6)\}) = \frac{6}{36} = \frac{1}{6}$.

$P(C) = P(\{(1,1), (2,2), (3,3), (4,4), (5,5), (6,6)\}) = \frac{6}{36} = \frac{1}{6}$.

$P(A \cap C) = P((3,3)) = \frac{1}{36}$.

Da $\frac{1}{36} = \frac{1}{6} \cdot \frac{1}{6}$, sind A und C stochastisch unabhängig.

d) $P(C) = P(\{(1,1), (2,2), (3,3), (4,4), (5,5), (6,6)\}) = \frac{6}{36} = \frac{1}{6}$.

$P(E) = P(\{(1,1), (1,3), (1,5), (2,2,), (2,4), (2,6), (3,1), (3,3), (3,5), (4,2),$

$(4,4), (4,6), (5,1), (5,3), (5,5), (6,2), (6,4), (6,6)\}) = \frac{18}{36} = \frac{1}{2}$.

$P(C \cap E) = P(\{(1,1), (2,2), (3,3), (4,4), (5,5), (6,6)\} = \frac{6}{36} = \frac{1}{6}$

Da $\frac{1}{6} \neq \frac{1}{6} \cdot \frac{1}{2}$, sind C und E nicht stochastisch unabhängig.

e) $P(B) = P(\{(1,1), (2,1), (3,1), (4,1), (5,1), (6,1)\}) = \frac{6}{36} = \frac{1}{6}$.

$P(D) = P(\{(1,2), (1,4), (1,6), (2,1), (2,3), (2,5), (3,2), (3,4), (3,6), (4,1),$

$(4,3), (4,5), (5,2), (5,4), (5,6), (6,1), (6,3), (6,5)\}) = \frac{18}{36} = \frac{1}{2}$.

$P(B \cap D) = P(\{(2,1), (4,1), (6,1)\}) = \frac{3}{36} = \frac{1}{12}$.

Da $\frac{1}{12} = \frac{1}{6} \cdot \frac{1}{2}$, sind B und D stochastisch unabhängig.

Lösung zu Aufgabe 13

Damit man sich den Produktionsprozess besser vorstellen kann, bietet es sich an, eine Zeichnung anzufertigen, wie sie die folgende Abbildung zeigt. Hier sind bereits für jede Maschine die Intaktwahrscheinlichkeiten eingetragen.

Abbildung 6.11   Darstellung des Produktionsprozesses

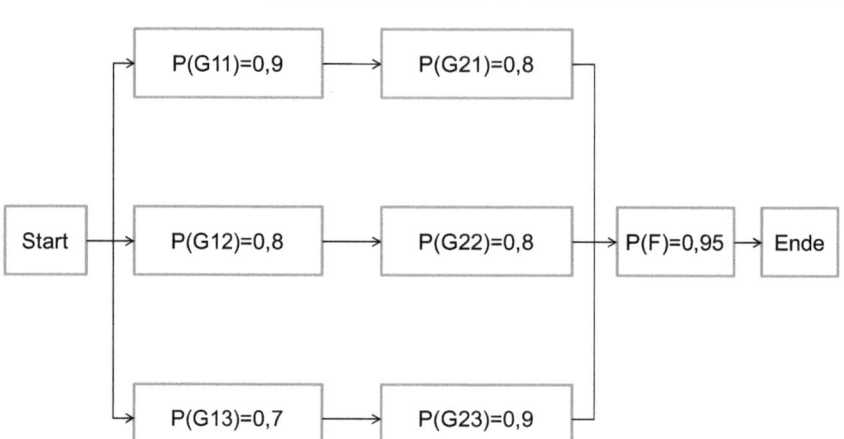

Die obige Produktion funktioniert, wenn mindestens eine der Produktionsstraßen und gleichzeitig die Feinbearbeitung funktionieren. Hierbei gilt es zu berücksichtigen, dass eine Produktionsstraße funktioniert, wenn beide Maschinen der Straße funktionieren. Insgesamt gilt:

P(Produktion funktioniert) $= P\big(\big((G11 \cap G21) \cup (G12 \cap G22) \cup (G13 \cap G23)\big) \cup F\big)$. Diese Wahnsinnswahrscheinlichkeit kann man so nicht direkt berechnen. Aber gottseidank steht in der Aufgabenstellung, dass die Ausfall-/Intaktwahrscheinlichkeiten stochastisch unabhängig sind. Und das bedeutet, dass man überall wo ein ∩-Zeichen steht, die Wahrscheinlichkeiten miteinander multiplizieren kann. Allerdings muss das ∩-Zeichen „außen" stehen, man kann es nicht durch verschiedene Klammern hindurch ersetzen. ∪-Zeichen können wir hier gar nicht brauchen. Die können wir aber mit Hilfe der Regeln von de Morgan in ∩-Zeichen verwandeln, müssen aber hierzu immer Komplemente bilden und an das „1-" denken. Na, das wird ein Spaß, aber gehen wir doch einfach Schritt für Schritt vor:

$$P(\text{Produktion funktioniert}) = P\big(\big((G11 \cap G21) \cup (G12 \cap G22) \cup (G13 \cap G23)\big) \cup F\big)$$

$$= P\big((G11 \cap G21) \cup (G12 \cap G22) \cup (G13 \cap G23)\big) \cdot P(F)$$

$$= \big(1 - P(\overline{(G11 \cap G21) \cup (G12 \cap G22) \cup (G13 \cap G23)})\big)\, 0{,}95$$

$$= \big(1 - P(\overline{(G11 \cap G21)} \cap \overline{(G12 \cap G22)} \cap \overline{(G13 \cap G23)})\big) \cdot 0{,}95$$

$$\big(1 - P(\overline{G11 \cap G21}) \cdot P(\overline{G12 \cap G22}) \cdot P(\overline{G13 \cap G23})\big) \cdot 0{,}95$$

$$= \Big(1 - \big(1 - P(G11 \cap G21)\big) \cdot \big(1 - P(G12 \cap G22)\big) \cdot \big(1 - P(G13 \cap G23)\big)\Big) \cdot 0{,}95$$

$$=\left(1 - \left(1 - P(G11) \cdot P(G21)\right) \cdot \left(1 - P(G12) \cdot P(G22)\right) \cdot \left(1 - P(G13) \cdot P(G23)\right)\right) \cdot 0{,}95$$

$$=\left(1 - (1 - 0{,}9 \cdot 0{,}8) \cdot (1 - 0{,}8 \cdot 0{,}8) \cdot (1 - 0{,}7 \cdot 0{,}9)\right) \cdot 0{,}95$$

$$= \left(1 - (1 - 0{,}72) \cdot (1 - 0{,}64) \cdot (1 - 0{,}63)\right) \cdot 0{,}95 = (1 - 0{,}28 \cdot 0{,}36 \cdot 0{,}37)$$

$$= 0{,}9145688$$

Also funktioniert die Produktion in 91,45% der Fälle. Und das obwohl die einzelnen Intaktwahrscheinlichkeiten teilweise deutlich geringer sind. Das liegt natürlich an dem Parallelbetrieb in der Grobbearbeitung. Ob sich dieses Verfahren dann auch ökonomisch lohnt, hängt davon ab, was eine neue Maschine mit höherer Intaktwahrscheinlichkeit kostet.

Lösung zu Aufgabe 14

Der erste schlaue Gedanke, den man sich machen muss, ist dass die Defektwahrscheinlichkeit in dieser Situation bei 1/6 für jedes Bauteil liegt. Das liegt daran, dass ja definitiv eins der Bauteile defekt ist, und da es ja genau eins der 6 sein muss, beträgt die Wahrscheinlichkeit für jedes Bauteil, eben 1/6. Das bedeutet aber noch lange nicht, dass jedes Bauteil mit Wahrscheinlichkeit 1/6 kaputt geht, das wäre übel.[133]

Der zweite schlaue Gedanke liegt darin zu erkennen, was eigentlich die Aufgabenstellung ist. An der Formulierung „langfristig günstiger" sollten Sie zumindest ab jetzt erkennen, dass Sie den Erwartungswert der Kosten berechnen sollen. Denn als langfristiges Entscheidungskriterium eignet sich eben am besten der Erwartungswert.

Damit Sie sich die verschiedenen Testalternativen besser vorstellen können, betrachten Sie bitte die folgende Abbildung:

---

[133] Hier haben wir es auch wieder mit dem Unterschied zwischen einer bedingten und einer totalen Wahrscheinlichkeit zu tun. Faszinierend, wo die sich überall verstecken…

Abbildung 6.12   Die beiden Testalternativen

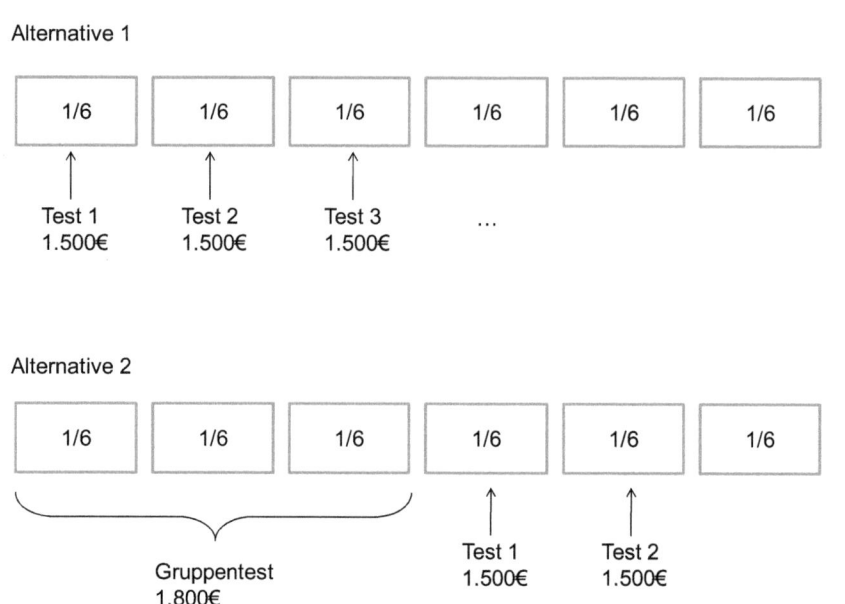

Bei Alternative 1 werden nach einem bestimmten Schema, z.B. der Reihe nach alle[134] Bauteile geprüft, bis das defekte gefunden wurde.

Bei Alternative 2 führt man zuerst einen Gruppentest z.B. der ersten 3 Bauteile durch. Danach ist klar, ob das defekte Bauteil unter den ersten 3 oder unter den letzten 3 Bauteilen zu finden ist. Die entsprechende Bauteilgruppe wird nun einzeln geprüft, bis das defekte Bauteil gefunden ist.[135]

Da es sich bei beiden zufälligen Kosten K_1 und K_2 um diskrete Zufallsvariablen handelt (es können ja nur einzelne Kostenhöhen rauskommen, nicht aber ganze Intervalle) und es wohl auch nur endlich viele Möglichkeiten gibt, stellen wir zur besseren Visualisierung eine Wahrscheinlichkeitstabelle für beide Alternative auf. Hierbei müssen wir ermitteln, welche Kostenhöhen überhaupt möglich sind und wie hoch die Wahrscheinlichkeit ist, dass die entsprechenden Kosten entstehen.

---

[134] Genauer gesagt werden maximal 5 Bauteile geprüft. Denn wenn Sie ernsthaft 5 Teile geprüft haben, und alle waren intakt, dann sollte Ihnen klar sein, dass wohl der 6. defekt ist. Wer soll's denn sonst gewesen sein?!

[135] Auch hier müssen Sie sich unbedingt klar machen, dass Sie höchstens 2 Einzeltests durchführen. Denn wenn das defekte Bauteil in der ersten Dreiergruppe zu finden ist, und Bauteil 1 und 2 waren intakt, dann sollte Ihnen klar sein, dass wohl Bauteil 3 defekt sein muss.

Beginnen wir mit Alternative 1. Hier können Kosten in Höhe von 1.500 € entstehen, nämlich genau dann, wenn Bauteil 1 defekt ist. Das ist mit Wahrscheinlichkeit 1/6 der Fall. Analog ergeben sich Kosten von 3.000 €, 4.500 € und 6.000 € mit Wahrscheinlichkeit 1/6. Nur die Kosten von 7.500 € haben sogar eine Wahrscheinlichkeit von 2/6, weil wir ja nur fünfmal testen und damit sowohl rauskriegen, ob Bauteil 5 defekt ist, als auch ob Bauteil 6 defekt ist.

Insgesamt ergibt sich also:

Kosten k_i	1.500 €	3.000 €	4.500 €	6.000 €	7.500 €
Defektes Bauteil	1	2	3	4	5 oder 6
Wahrscheinlichkeit $P(K_1 = k_i)$	1/6	1/6	1/6	1/6	2/6=1/3

Anhand der Wahrscheinlichkeitstabelle kann man leicht den Erwartungswert einer diskreten Zufallsvariablen berechnen: Es gilt: $E[X] = \sum_{i=1}^{n} x_i \cdot P(X = x_i)$. Also heißt es hier:

$E[K_1] = \sum_{i=1}^{n} k_i \cdot P(K_1 = k_i) = 1.500 \cdot \frac{1}{6} + 3.000 \cdot \frac{1}{6} + 4.500 \cdot \frac{1}{6} + 6.000 \cdot \frac{1}{6} + 7.500 \cdot \frac{2}{6} = 30.000 \cdot \frac{1}{6} = 5.000$.

Langfristig gesehen kostet die Testalternative 1 also durchschnittlich 5.000 €.

Kommen wir zu Alternative 2. Hier können Kosten in Höhe von 3.300 € entstehen, nämlich genau dann, wenn Bauteil 1 oder 4 defekt sind. Denn dann führen wir den Gruppentest für die ersten 3 Bauteile durch, erkennen, entweder eins der ersten drei oder eins der letzten drei Bauteile ist defekt, und schon der erste Einzeltest offenbart jeweils den Übeltäter. Das ist also mit Wahrscheinlichkeit 2/6=1/3 der Fall. Es können auch Kosten in Höhe von 4.800 € entstehen, nämlich immer dann, wenn man nach dem Gruppentest noch zwei Einzeltests durchführen muss. Das ist bei der obig beschriebenen Vorgehensweise dann der Fall, wenn Bauteile 2,3,5, oder 6 defekt sind. Sie denken ja daran, dass wir uns darauf geeinigt hatten, dass es ökonomisch schwachsinnig ist, noch einen dritten Einzeltest durchzuführen, wenn man erkannt hat, dass die ersten beiden Bauteile intakt sind…

Also entstehen Kosten in Höhe von 4.800 € mit Wahrscheinlichkeit 4/6=2/3.

Insgesamt ergibt sich also:

Kosten k_i	3.300 €	4.800 €
Defektes Bauteil	1 oder 4	2,3,5 oder 6
Wahrscheinlichkeit $P(K_2 = k_i)$	2/6=1/3	4/6=1/3

Auch hier berechnen wir wieder den Erwartungswert der Kosten. Es ergibt sich:

$E[K_2] = \sum_{i=1}^{n} k_i \cdot P(K_2 = k_i) = 3.300 \cdot \frac{1}{3} + 4.800 \cdot \frac{2}{3} = 12.900 \cdot \frac{1}{3} = 4.300$.

Langfristig gesehen kostet die Testalternative 2 also durchschnittlich 4.300 € .

Wir erkennen also mit Adleraugen, dass Alternative 2 langfristig gesehen günstiger ist. Wenn also die Fehler regelmäßig auftreten, sollte man das Verfahren 2 durchführen und spart hierdurch langfristig 700 € im Vergleich zu Testalternative 1.

Lösung zu Aufgabe 15

Zuerst muss Ihnen klar sein, dass beide Aufgabenteile a) und b) identisch sind! Denn bei 5 Befragten befragt man mindestens 4 Einheimische in exakt den Fällen, in denen man höchstens einen Auswärtigen befragt. Daher beschränken wir uns im Folgenden auf die Formulierung, höchstens einen Auswärtigen zu befragen. Da in der Aufgabe keine Verteilung angegeben ist, müssen wir nachdenken, um welche Verteilung es sich handeln könnte. Es muss Ihnen auffallen, dass es zwei Arten von Fußballfans gibt. Einheimische und Auswärtige, also haben wir es mit einem Urnenexperiment zu tun: Rote und schwarze Kugeln. Außerdem interessieren wir uns in der Aufgabenstellung für die Anzahl der auswärtigen Gäste, also die Anzahl der roten Kugeln. Jetzt ist klar, dass wir nur zwei Verteilungen zur Auswahl haben: Entweder brauchen wir die Binomialverteilung oder die hypergeometrische Verteilung. Welche es ist, hängt davon ab, ob wir mit Zurücklegen ziehen bzw. ob es eine konstante Trefferwahrscheinlichkeit gibt oder ob wir ohne Zurücklegen ziehen. Na, und wer hätte es gedacht. In der ersten Formulierung (i) gibt es keine Mehrfachbefragungen, wir ziehen also ohne Zurücklegen, in der zweiten Formulierung (ii) sind Mehrfachziehungen möglich, wir ziehen also mit Zurücklegen. Dementsprechend benötigen wir in Teil (i) die hypergeometrische Verteilung, in Teil (ii) die Binomialverteilung.

Für beide Verteilungen müssen wir festhalten, was die Zufallsvariable X sein soll. Das ist einfach: X entspricht der Anzahl der auswärtigen Fans in der Stichprobe.

Beginnen wir mit Teil (i). Für die hypergeometrische Verteilung brauchen wir die Parameter r, s und n. r ist die Anzahl der roten Kugeln, also bei uns die Anzahl der auswärtigen Fans. Daher gilt: $r = 15.000$. s ist die Anzahl der schwarzen Kugeln, also im vorliegenden Fall die Anzahl der einheimischen Fans. Es gilt also: $s = 35.000$. n ist der Stichprobenumfang, also die Anzahl der befragten Fans. Das ist hier $n = 5$. Damit gilt:

$$P(X = k) = \frac{\binom{r}{k}\binom{s}{n-k}}{\binom{r+s}{n}} = \frac{\binom{15.000}{k}\binom{35.000}{5-k}}{\binom{50.000}{5}}$$

Bleibt noch zu klären, was mit dem k ist. Wir wollen die Wahrscheinlichkeit berechnen, dass es höchstens einen Auswärtigen in der Stichprobe gibt. Das bedeutet „auf Statistik", wir suchen $P(X \leq 1)$. Das können wir mit der Wahrscheinlichkeitsfunktion von oben nicht direkt ausrechnen, aber mit einem kleinen Trick geht's doch: Denn $P(X \leq 1) = P(X = 0) + P(X = 1)$. Also brauchen wir einmal $k = 0$ und einmal $k = 1$.

Damit gilt:

$$P(X \leq 1) = P(X = 0) + P(X = 1) = \frac{\binom{15.000}{0}\binom{35.000}{5-0}}{\binom{50.000}{5}} + \frac{\binom{15.000}{1}\binom{35.000}{5-1}}{\binom{50.000}{5}}$$

$$= \frac{\binom{15.000}{0}\binom{35.000}{5}}{\binom{50.000}{5}} + \frac{\binom{15.000}{1}\binom{35.000}{4}}{\binom{50.000}{5}}$$

$$= \frac{1 \cdot \binom{35.000}{5}}{\binom{50.000}{5}} + \frac{15.000 \cdot \binom{35.000}{4}}{\binom{50.000}{5}}$$

$$= \frac{1 \cdot \frac{35.000!}{5!\,34.995!}}{\frac{50.000!}{5!\,49.995!}} + \frac{15.000 \cdot \frac{35.000!}{4!\,34.996!}}{\frac{50.000!}{5!\,49.995!}}$$

$$= \frac{35.000!\,5!\,49.995!}{5!\,34.995!\,50.000!} + 15.000 \cdot \frac{35.000!\,5!\,49.995!}{4!\,34.996!\,50.000!}$$

$$= \frac{35.000 \cdot 34.999 \cdot 34.998 \cdot 34.997 \cdot 34.996}{50.000 \cdot 49.999 \cdot 49.998 \cdot 49.997 \cdot 49.996} + 15.000$$

$$\cdot \frac{35.000 \cdot 34.999 \cdot 34.998 \cdot 34.997 \cdot 5}{50.000 \cdot 49.999 \cdot 49.998 \cdot 49.997 \cdot 49.996} = 0{,}16805559 + 0{,}36016029$$

$$= 0{,}528215883$$

Kommen wir zu Teil (ii). Für die Binomialverteilung brauchen wir die Parameter p und n. p ist die Trefferwahrscheinlichkeit und berechnet sich als $p = \frac{r}{r+s}$. Hier ergibt sich $p = \frac{r}{r+s} = \frac{15.000}{50.000} = 0{,}3$. n ist der Stichprobenumfang, also immer noch $n = 5$. Damit gilt:
$P(X = k) = \binom{n}{k}p^k \cdot (1-p)^{n-k} = \binom{5}{k}0{,}3^k \cdot (1-0{,}3)^{5-k}$

Noch einmal verwenden wir, dass $P(X \leq 1) = P(X = 0) + P(X = 1)$. Also brauchen wir wieder einmal $k = 0$ und einmal $k = 1$.

Damit gilt:

$$P(X \leq 1) = P(X = 0) + P(X = 1) = \binom{5}{0}0{,}3^0 \cdot (1-0{,}3)^{5-0} + \binom{5}{1}0{,}3^1 \cdot (1-0{,}3)^{5-1}$$

$$= \binom{5}{0}0{,}3^0 \cdot 0{,}7^5 + \binom{5}{1}0{,}3^1 \cdot 0{,}7^4 = 0{,}7^5 + 0{,}3 \cdot 0{,}7^4 = 0{,}52822$$

Bei der Binomialverteilung gibt es noch eine andere Möglichkeit, $P(X \leq k)$ zu berechnen. Denn $P(X \leq x)$ ist ja nichts anderes als der Wert der Verteilungsfunktion an der Stelle x, also $F_{n,p}(x)$. Und die Verteilungsfunktion der Binomialverteilung liegt Ihnen tabelliert am Ende dieses Buchs vor. Sie müssen hierzu die Tabelle auswählen, die zu der Trefferwahrscheinlichkeit gehört, die in dieser Aufgabe genannt wird. Hier also die Tabelle zu $p = 0,3$. In dieser Tabelle brauchen wir den Eintrag, der zu $n = 5$ und $x = 1$ gehört. Dort im Kreuzungspunkt finden Sie den Wert $0,528$. Geht deutlich schneller, klappt aber nur für die Verteilungsfunktion der Binomialverteilung.

Hoffentlich fällt Ihnen auf, dass beide Wahrscheinlichkeiten sehr ähnlich sind. Das ist auch nicht weiter erstaunlich. Denn überlegen Sie mal, der Unterschied zwischen den Fragestellungen besteht darin, ob aus 50.000 Leuten 5 mit oder ohne Wiederholung gezogen werden. Bei dieser großen Grundgesamtheit ist es ja logisch, dass es keinen Unterschied macht, ob mit oder ohne Zurücklegen gezogen wird.

Lösung zu Aufgabe 16

Auch in dieser Aufgabe geht es um ein Urnenexperiment. Denn hier werden zwei Arten von Unfällen betrachtet: Die, die durch überhöhte Geschwindigkeit verursacht wurden (rote Kugeln), und die, die nicht (schwarze Kugeln). Da wir uns auch für die Anzahl der roten Kugeln interessieren, also hier für X als die Anzahl der durch überhöhte Geschwindigkeit verursachten Unfälle, bleibt zu klären, ob wir mit oder ohne Zurücklegen ziehen. Diese Frage ist aus dem Aufgabentext nicht zu klären. Aber es ist eine (konstante) Trefferwahrscheinlichkeit, nämlich $p = 70\%$, gegeben. Also brauchen wir die Binomialerteilung. Auch n als Stichprobenumfang ist mit $n = 8$ gegeben.

a)   In diesem Teil der Aufgabe ist $P(X = 5)$ gesucht. Gemäß Wahrscheinlichkeitsfunktion der Binomialverteilung gilt: $P(X = k) = \binom{n}{k}p^k \cdot (1 - p)^{n-k} = \binom{8}{k}0,7^k \cdot (1 - 0,7)^{8-k}$. Daher gilt: $P(X = 5) = \binom{8}{5}0,7^5 \cdot 0,3^3 = 0,25412184$[136]

b)   Korrekt übersetzt ist hier $P(X \geq 5)$ gesucht. Hierfür gibt es verschiedene Möglichkeiten der Berechnung. Entweder Sie argumentieren, dass $P(X \geq 5) = P(X = 5) + P(X = 6) + P(X = 7) + P(X = 8)$ und rechnen alle Wahrscheinlichkeiten mit der Wahrscheinlichkeitsfunktion aus. Dann erhalten Sie $P(X \geq 5) = P(X = 5) + P(X = 6) + P(X = 7) + P(X = 8) = \binom{8}{5}0,7^5 \cdot 0,3^3 + \binom{8}{6}0,7^6 \cdot 0,3^{32} + \binom{8}{7}0,7^7 \cdot 0,3^1 + \binom{8}{8}0,7^8 \cdot 0,3^0 = 0,25412184 + 0,29647548 + 0,19765032 + 0,05764801 = 0,80589565$

Alternativ können Sie aber auch mit der tabellierten Verteilungsfunktion arbeiten, zumindest wenn Sie berücksichtigen, dass $P(X \geq 5) = 1 - P(X < 5) = 1 - P(X \leq 4) = 1 - F_{8;0,7}(4)$ ist. Unglücklicherweise haben wir keine Tabelle für $p = 0,7$. Braucht aber auch kein Mensch, wenn wir uns erinnern, dass $F_{n,p}(x) = 1 - F_{n,1-p}(n - x - 1)$. Das bedeutet hier, dass wir anstatt $F_{8;0,7}(4)$ auch $1 - F_{8;0,3}(8 - 4 - 1) = 1 - F_{8;0,3}(3)$ berechnen können. Na, und $F_{8;0,3}(3)$ liegt uns tabelliert vor.

---

[136] Das können Sie auch mit den Tabellen der Verteilungsfunktion der Binomialverteilung lösen, ist aber viel aufwändiger. Hierbei müssen Sie berücksichtigen, dass $P(X = x) = P(X \leq x) - P(X \leq x - 1) = Fn,p(x) - Fn,p(x-1)$ ist, zumindest für $x \in \mathbb{N}$. Können Sie zum Üben ja mal machen!

Wir suchen in der Tabelle für $p = 0{,}3$ den Kreuzungspunkt von 8 und 3 und erhalten den Wert 0,806. Damit gilt: $P(X \geq 5) = 1 - P(X < 5) = 1 - P(X \leq 4) = 1 - F_{8;0,7}(4) = 1 - \left(1 - F_{8;0,3}(3)\right) = F_{8;0,3}(3) = 0{,}806$.

c) Auch hier ist zuerst einmal Übersetzungsarbeit gefragt. Es wird hier „auf Statistik" $P(X \leq 5)$ gesucht. Klar könnten Sie jetzt hingehen und genau wie in Aufgabenteil b) die einzelnen Wahrscheinlichkeiten addieren, aber wir wollen ja ein bisschen schlauer vorgehen und die Arbeit, die wir uns in den anderen Aufgabenteilen gemacht haben, nutzen. Hierzu müssen wir ein wenig nachdenken: $P(X \leq 5)$ ist das Gegenteil von $P(X > 5)$. $P(X > 5)$ wiederum ist dasselbe wie $P(X \geq 5) - P(X = 5)$. Alle Bestandteile dieser Formel haben wir bereits berechnet. Also gilt: $P(X > 5) = P(X \geq 5) - P(X = 5) = 0{,}80589565 - 0{,}25412184 = 0{,}55177381$. Damit muss gelten: $P(X \leq 5) = 1 - P(X > 5) = 1 - 0{,}55177381 = 0{,}44822619$.

Alternativ können Sie auch hier die Tabellen benutzen. Gesucht ist $P(X \leq 5)$, also $F_{8;0,7}(5)$. OK, kennen wir schon: Die Tabelle haben wir nicht, also verwenden wir die Umrechnungsformel: $F_{8;0,7}(5) = 1 - F_{8;1-0,7}(8 - 5 - 1) = 1 - F_{8;0,3}(2)$. Wir lesen ab, dass $F_{8;0,3}(2) = 0{,}552$. Damit ist $F_{8;0,7}(5) = 1 - 0{,}552 = 0{,}448$.

Lösung zu Aufgabe 17

a) Damit eine Funktion eine Dichtefunktion ist, muss sie zwei Bedingungen erfüllen:

1. Sie muss immer größer oder gleich Null sein. Das ist hier dann gegeben, wenn c eine positive Zahl oder Null ist.

2. Das Integral aus der Funktion muss (von minus Unendlich bis plus Unendlich) 1 ergeben. Das hilft uns schon eher, die gesuchte Konstante c zu bestimmen.

$\int_{-\infty}^{\infty} g(x)dx$ lässt sich im vorliegenden Fall besonders einfach berechnen. Denn größtenteils heißt die Funktion 0, und über Null integrieren wir nicht, weil wir eh wissen, dass da Null rauskommt. Also genügt es, von 1 bis 5 zu integrieren, dort heißt die Funktion cx^2. Es gilt also: $\int_{-\infty}^{\infty} g(x)dx = \int_1^5 cx^2 dx = \left(\frac{c}{3}x^3\right)_1^5 = \frac{c}{3}5^3 - \frac{c}{3}1^3 = \frac{125}{3}c - \frac{1}{3}c = \frac{124}{3}c$. Wie oben bereits erwähnt muss für dieses Integral aber 1 rauskommen, also muss wohl $\frac{124}{3}c = 1$ sein. Damit ergibt sich: $c = \frac{3}{124}$. Da dieser Wert positiv ist, passt es auch zur 1. Bedingung, und wir haben die Dichte gefunden.

b) Generell gilt: $F(x) = \int_{-\infty}^{x} f(t)dt$. Die Schwierigkeit ergibt sich in der vorliegenden Aufgabe daraus, dass wir unterschiedliche Fälle betrachten müssen, wo x liegt.

Im ersten Fall ist $x < 1$. Dann lautet die Dichtefunktion 0, und wie gesagt beträgt das Integral über 0 immer 0. Also gilt: $G(x) = 0$ für $x < 1$.

Im zweiten Fall liegt x zwischen 1 und 5, also genauer $1 \leq x \leq 5$. Hier müssen wir tatsächlich integrieren. Und zwar ab $-\infty$, aber natürlich fangen wir erst bei 1 an, vorher integrieren wir ja über Null, und da kommt Null raus.

$$\int_{-\infty}^{x} g(t)dt = \int_{1}^{x5} \frac{3}{124} t^2 dt = \frac{3}{124} \left(\frac{1}{3}t^3\right)_{1}^{x} = \frac{1}{124}x^3 - \frac{1}{124}1^3 = \frac{1}{124}x^3 - \frac{1}{124}$$

Im dritten und letzten Fall sei nun $x > 5$. Hier integrieren wir auch nicht, denn wir wissen ja, dass alles, was mit g passiert, bereits geschehen ist. Also muss ja für dieses Integral 1 rauskommen.

Insgesamt ergibt sich also:

$$G(x) = \begin{cases} 0; x < 1 \\ \dfrac{x^3}{124} - \dfrac{1}{124}; 1 \leq x \leq 5 \\ 1; x > 5 \end{cases}$$

Lösung zu Aufgabe 18

a) Wenn $g(x)$ eine Dichtefunktion ist, müssen zwei Bedingungen erfüllt sein:

1. Sie muss immer größer oder gleich Null sein. Das ist hier dann gegeben, wenn c eine positive Zahl oder Null ist.

2. Das Integral aus der Funktion muss (von minus Unendlich bis plus Unendlich) 1 ergeben.

Beginnen wir mit Bedingung 1: Wir müssen uns nur den Bereich zwischen 0 und 2 ansehen, ansonsten ist die Funktion ja eh Null. Zwischen 0 und 2 müssen wir prüfen, ob $\frac{3}{2}(x - \frac{1}{2}x^2) \geq 0$ ist. Es gilt:

$$\frac{3}{2}\left(x - \frac{1}{2}x^2\right) \geq 0 \Leftrightarrow \frac{3}{2}x\left(1 - \frac{1}{2}x\right) \geq 0.$$

Da ein Produkt genau dann positiv ist, wenn beide Faktoren positiv oder beide Faktoren negativ sind, müssen wir die Faktoren einzeln überprüfen. $\frac{3}{2}x \geq 0$, genau dann wenn $x \geq 0$, und $\frac{3}{2}x < 0$, wenn $x < 0$.

$1 - \frac{1}{2}x \geq 0$, wenn $x \leq 2$ und umgekehrt. Das bedeutet, dass beide Faktoren positiv sind, wenn $x \geq 0$ und $x \leq 2$. Außerdem sind beide Faktoren negativ, wenn $x < 0$ und $x \geq 2$. Aber das ist natürlich gar nicht möglich. Also bleibt festzuhalten, dass das Produkt positiv ist, wenn x zwischen 0 und 2 liegt, und das tut es ja nach Voraussetzung! Damit ist die erste Bedingung erfüllt.

Die zweite Bedingung erfordert eine Integration. Gottseidank aber nicht von minus Unendlich bis plus Unendlich. Da die Funktion meistens 0 ist, reicht es, wenn wir von 0 bis 2 integrieren:

$\int_{0}^{2} \frac{3}{2}(x - \frac{1}{2}x^2)dx = \int_{0}^{2} \frac{3}{2}x - \frac{3}{4}x^2 dx = \left(\frac{3}{4}x^2 - \frac{1}{4}x^3\right)_{0}^{2} = 3 - 2 - (0 - 0) = 1$. Damit ist auch die zweite Bedingung erfüllt. Es handelt sich bei g um eine Dichtefunktion.

b) Um den Erwartungswert einer stetigen Zufallsvariablen X mit Dichte $f(x)$ zu berechnen, muss man folgende Formel anwenden: $E[X] = \int_{-\infty}^{\infty} x \cdot f(x) dx$.

Im vorliegenden Fall bedeutet dies:

$E[X] = \int_{-\infty}^{\infty} x \cdot g(x) dx = \int_0^2 x \cdot \frac{3}{2}\left(x - \frac{1}{2}x^2\right) dx = \int_0^2 \frac{3}{2}x^2 - \frac{3}{4}x^3 dx = \left(\frac{1}{2}x^3 - \frac{3}{16}x^4\right)_0^2 =$
$4-3-0-0=1$. Also gilt: *E[X]=1*.

Um die Varianz zu berechnen, brauchen wir zuerst $E[X^2]$. Diesen berechnet man mit Hilfe der Formel $E[X^2] = \int_{-\infty}^{\infty} x^2 \cdot f(x) dx$. Also hier: $E[X^2] = \int_{-\infty}^{\infty} x^2 \cdot g(x) dx =$
$\int_0^2 x^2 \cdot \frac{3}{2}\left(x - \frac{1}{2}x^2\right) dx = \int_0^2 \frac{3}{2}x^3 - \frac{3}{4}x^4 dx = \left(\frac{3}{8}x^4 - \frac{3}{20}x^5\right)_0^2 = 6 - 4{,}8 - (0 - 0) = 1{,}2$.

Anschließend kann man die Varianz mit der Formel $Var(X) = E[X^2] - (E[X])^2$ berechnen. Damit gilt im vorliegenden Fall: $Var(X) = E[X^2] - (E[X])^2 = 1{,}2 - 1^2 = 0{,}2$.

Lösung zu Aufgabe 19

Um die angegebenen Wahrscheinlichkeiten zu berechnen, braucht man die zugehörige Verteilungsfunktion der Rechteckverteilung $\mathcal{R}[-7,5]$. Diese lautet:

$$F^X(x) = \begin{cases} 0; & x < -7 \\ \frac{x-(-7)}{5-(-7)}; & -7 \leq x \leq 5 \\ 1; & x > 5 \end{cases} \text{ bzw. vereinfacht } F^X(x) = \begin{cases} 0; & x < -7 \\ \frac{x+7}{12}; & -7 \leq x \leq 5 \\ 1; & x > 5 \end{cases}$$

Das Einzige, das man jetzt noch beachten muss, ist dass $P(X \leq x) = F^X(x)$ gilt. Und die Verteilungsfunktion kennen wir ja, die steht ja oben. Also versuchen wir bei allen Ausdrücken, den Term so umzuformen, dass da $P(X \leq x)$ steht.

a) Hier steht schon, was wir wollen, also gilt: $P(X \leq 3) = F^X(3) = \frac{3+7}{12} = \frac{10}{12} = \frac{5}{6}$

b) Jetzt müssen wir über das Komplement gehen: $P(X > 2) = 1 - P(X \leq 2) = 1 - F^X(2) = 1 - \frac{2+7}{12} = 1 - \frac{9}{12} = \frac{1}{4}$

c) Diese Wahrscheinlichkeit können wir auseinander ziehen: $P(-4 < X \leq 1{,}8) = P(X \leq 1{,}8) - P(X \leq -4) = F^X(1{,}8) - F^X(-4) = \frac{1{,}8+7}{12} - \frac{-4+7}{12} = \frac{8{,}8}{12} - \frac{3}{12} = \frac{5{,}8}{12} = \frac{29}{60}$

d) Hier müssen wir zuerst die bedingte Wahrscheinlichkeit mit Hilfe ihrer Definition in mehrere „normale" Wahrscheinlichkeiten umformen, die wir dann mit der Verteilungsfunktion bearbeiten können: $P(X \leq 1 | X \leq 2) = \frac{P(X \leq 1, X \leq 2)}{P(X \leq 2)}$. Den Zähler schauen wir uns genauer an: X soll kleiner gleich 1 und gleichzeitig kleiner oder gleich 2? Na, da reicht es doch, wenn man fordert, dass X kleiner oder gleich 1 ist, dann ist doch eh beides erfüllt! Also gilt: $P(X \leq 1 | X \leq 2) = \frac{P(X \leq 1, X \leq 2)}{P(X \leq 2)} = \frac{P(X \leq 1)}{P(X \leq 2)} =$
$\frac{F^X(1)}{F^X(2)} = \frac{\frac{1+7}{12}}{\frac{2+7}{12}} = \frac{8}{12} \cdot \frac{12}{9} = \frac{8}{9}$

Lösung zu Aufgabe 20

In dieser Aufgabe geht es um die Exponentialverteilung exp(3). Die Verteilungsfunktion der Exponentialverteilung exp(λ) lautet:

$$F^X(x) = \begin{cases} 1 - e^{-\lambda x}; \ x > 0 \\ 0 \ ; \ \text{sonst} \end{cases} \text{ also hier } F^X(x) = \begin{cases} 1 - e^{-3x}; \ x > 0 \\ 0 \ ; \ \text{sonst} \end{cases}.$$

Als zusätzliche Schwierigkeit muss aus dem Text noch übersetzt werden, welche Wahrscheinlichkeit gesucht wird. Dazu muss zuerst festgelegt werden, was die Zufallsgröße X bedeuten soll. Das ist hier die Wartezeit der Kunden.

a) Hier ist $P(1 < X \leq 3)$ gesucht. Es gilt: $P(1 < X \leq 3) = P(X \leq 3) - P(X \leq 1) = F^X(3) - F^X(1) = 1 - e^{-3 \cdot 3} - (1 - e^{-3 \cdot 1}) = e^{-3 \cdot 1} - e^{-3 \cdot 3} = e^{-3} - e^{-9} = 0,049663658$

b) Hier ist $P(X > 2,5)$ gesucht. Es gilt: $P(X > 2,5) = 1 - P(X \leq 2,5) = 1 - ((1 - e-3 \cdot 2,5 = e - 3 \cdot 2,5 = e - 7,5 = 0,000553084$

c) Hier ist $P(X > 4,5 | X > 2)$ gesucht, denn jemand, der schon 2 Minuten gewartet hat und noch weitere 2,5 Minuten wartet, wartet insgesamt 4,5 Minuten. Also müssen wir wieder zuerst die bedingte Wahrscheinlichkeit mit Hilfe der Definition in „normale" Wahrscheinlichkeiten umformen. Es gilt: $P(X > 4,5 | X > 2) = \frac{P(X > 4,5, X > 2)}{P(X > 2)}$. Auch hier hilft Überlegen einen Schritt weiter: Wenn X größer als 4,5 und gleichzeitig größer als 2 sein soll, dann ist das exakt dasselbe, wie wenn man fordert, dass X größer als 4,5 sein soll. Also gilt: $P(X > 4,5 | X > 2) = \frac{P(X > 4,5, X > 2)}{P(X > 2)} = \frac{P(X > 4,5)}{P(X > 2)} = \frac{1 - P(X \leq 4,5)}{1 - P(X \leq 2)} = \frac{1 - F^X(4,5)}{1 - F^X(2)} = \frac{1 - (1 - e^{-3 \cdot 4,5})}{1 - (1 - e^{-3 \cdot 2})} = \frac{e^{-13,5}}{e^{-6}} = e^{-7,5} = 0,000553084$.

Lösung zu Aufgabe 21

Als dritte stetige Wahrscheinlichkeitsverteilung wird nun die Normalverteilung untersucht. Es gilt: $U \sim N (220,1)$. Wie bereits erwähnt gibt es nur für die Standardnormalverteilung eine Tabelle, daher muss man alle anderen Normalverteilungen mit Hilfe der Standardisierung in die Standardnormalverteilungen überführen. Genau gesagt gilt: Wenn $X \sim N (\mu; \sigma^2)$, dann ist $F^X(x) = P(X \leq x) = \Phi\left(\frac{x - \mu}{\sigma}\right)$. Aber zuerst müssen die Angaben in deutscher Sprache in mathematische Ausdrücke übersetzt werden:

a)

 a. Gesucht ist $P(U \leq 221)$. Gemäß obiger Formel gilt: $P(U \leq 221) = \Phi\left(\frac{221 - 220}{1}\right) = \Phi(1)$. Diesen Wert kann man nun in der Tabelle ablesen als $\Phi(1) = \Phi(1,00) = 0,841345$

 b. Hier muss zunächst berechnet werden, wie viel 0,5% von 220 Volt sind. Das sind genau 1,1 Volt. Also ist die Wahrscheinlichkeit gesucht, dass die Spannung um höchstens 1,1 Volt von den 220 Volt nach unten abweicht. Anders ausgedrückt muss die Spannung mindestens 218,9 Volt betragen. Also ist $P(U \geq$

218,9) gesucht. $P(U \geq 218,9) = 1 - P(U < 218,9)$. Da die Normalverteilung eine stetige Verteilung ist, gilt: $P(U < 218,9) = P(U \leq 218,9)$. Also gilt: $P(U \geq 218,9) = 1 - P(U < 218,9) = 1 - P(U \leq 218,9) = 1 - \Phi\left(\frac{218,9-220}{1}\right) = 1 - \Phi(-1,1)$. Blöderweise beginnt die Tabelle der Standardnormalverteilung erst bei Werten für u ab 0. Aber wir kennen ja eine Berechnungsformel für $\phi(-u)$, nämlich $\phi(-u) = 1 - \phi(u)$. Also gilt: $P(U \geq 218,9) = 1 - \Phi(-1,1) = 1 - (1 - \Phi(1,1)) = \Phi(1,1) = 0,864334$

c. Hier muss zunächst berechnet werden, wie viel 0,1% von 220 Volt sind. Das sind genau 0,22 Volt. Also ist die Wahrscheinlichkeit gesucht, dass die Spannung um weniger als 0,22 Volt von den 220 Volt abweicht. Anders ausgedrückt muss die Spannung zwischen 220,78 Volt und 220,22 Volt betragen. Also ist $P(219,78 < U < 220,22)$ gesucht. $P(219,78 < U < 220,22) = P(U < 220,22) - P(U \leq 219,78)$. Da die Normalverteilung eine stetige Verteilung ist, gilt: $P(U < 220,22) = P(U \leq 219,22)$. Also gilt: $P(219,78 < U < 220,22) = P(U \leq 220,22) - P(U \leq 219,78) = \Phi\left(\frac{220,22-220}{1}\right) - \Phi\left(\frac{219,78-220}{1}\right) = \Phi(0,22) - \Phi(-0,22) = \Phi(0,22) - (1 - \Phi(0,22)) = 2\Phi(0,22) - 1 = 2 \cdot 0,5870644 - 1 = 0,174128$.

b) Hier ist die Situation nun genau umgekehrt. Wir kennen die Wahrscheinlichkeit bereits, aber die Höchstspannung ist unbekannt. Mathematisch bedeutet das: $P(U \leq x) = 0,9$. Damit müssen wir diese Gleichung nun so umformen, dass wir x erhalten können. Als erstes nutzen wir die Standardisierungsformel aus und wissen: $P(U \leq x) = 0,9 \Leftrightarrow \Phi\left(\frac{x-220}{1}\right) = 0,9 \Leftrightarrow \Phi(x - 220) = 0,9$. Das bedeutet, dass $x - 220$ gerade das 0,9-Quantil der Standardnormalverteilung sein muss, also gilt: $x - 220 = u_{0,9} = 1,282$. Damit ergibt sich: $x = 221,282$.

Lösung zu Aufgabe 22

a) Um den Erwartungswert von X zu berechnen, brauchen wir lediglich die Rechenregeln, da wir den Erwartungswert von R_1 bereits kennen. Es gilt: $E[X] = E[x(1 + R_1)] = E[x + xR_1] = x + xE[R_1] = x + x \cdot 0,1 = 1,1x$

Auch für die Varianz müssen wir nur die Rechenregeln anwenden. $Var(X) = Var([x(1 + R_1)] = Var(x + xR_1) = x^2 \cdot Var(R_1) = 0,25x^2$

b) Auch hier müssen wir die Rechenregeln für Erwartungswert und Varianz anwenden: Es gilt: $E[Y] = E\left[\frac{x}{5}(1 + R_1) + \frac{x}{5}(1 + R_2) + \frac{x}{5}(1 + R_3) + \frac{x}{5}(1 + R_4) + \frac{x}{5}(1 + R5)\right] = Ex + x5 R1 + x5 R2 + x5 R3 + x5 R4 + x5 R5 = x + x5 ER1 + x5 ER2 + x5 ER3 + x5 ER4 + x5 E[R_5] = x + \frac{x}{5} \cdot 0,1 + \frac{x}{5} \cdot 0,1 + \frac{x}{5} \cdot 0,1 + \frac{x}{5} \cdot 0,1 + \frac{x}{5} \cdot 0,1 = 1,1x$

Für die Varianz gilt analog:

$$Var(Y) = Var(\frac{x}{5}(1 + R_1) + \frac{x}{5}(1 + R_2) + \frac{x}{5}(1 + R_3) + \frac{x}{5}(1 + R_4) + \frac{x}{5}(1 + R_5)) = Var(x + \frac{x}{5}R_1 + \frac{x}{5}R_2 + \frac{x}{5}R_3 + \frac{x}{5}R_4 + \frac{x}{5}R_5).$$

Da im Aufgabentext genannt wurde, dass die Renditen unabhängig sind (und nur dann!!), können wir die Varianzen einzeln berechnen und dann addieren. Wie üblich gilt, dass man Vorfaktoren quadratisch rausziehen muss und dass konstante Summanden wegfallen. Also gilt:

$$Var(Y) = Var(\frac{x}{5}(1 + R_1) + \frac{x}{5}(1 + R_2) + \frac{x}{5}(1 + R_3) + \frac{x}{5}(1 + R_4) + \frac{x}{5}(1 + R_5)) =$$

$$Var(x + \frac{x}{5}R_1 + \frac{x}{5}R_2 + \frac{x}{5}R_3 + \frac{x}{5}R_4 + \frac{x}{5}R_5) = \frac{x^2}{25}Var(R_1) + \frac{x^2}{25}Var(R_2) + \frac{x^2}{25}Var(R_3) +$$

$$\frac{x^2}{25}Var(R_4) + \frac{x^2}{25}Var(R_5) = \frac{x^2}{25} \cdot 0{,}25 + \frac{x^2}{25} \cdot 0{,}25 + \frac{x^2}{25} \cdot 0{,}25 + \frac{x^2}{25} \cdot 0{,}25 + \frac{x^2}{25} \cdot 0{,}25 =$$

$$0{,}05x^2$$

c) Diese Aufgabe zeigt auf wie ich finde sehr schöne Weise die Begründung für die alte Börsenregel „Don't put all eggs in one basket." Denn wenn ich die Situation aus Teil a) und b) noch einmal kurz zusammenfassen darf, dann beschreibt Fall a) die Situation, alles Geld in eine Aktie zu investieren, während man in Teil b) je ein Fünftel des Betrags in fünf unabhängige Wertpapiere investiert. Und das Ergebnis ist eindeutig: Die durchschnittliche Rendite ist in beiden Fällen gleich, nämlich 10%, aber das Risiko (gemessen in der Standardabweichung der Renditen[137]) reduziert sich auf ein Fünftel des Risikos bei Komplettinvestition. Und logischerweise ziehe ich eine Investitionsstrategie vor, die bei einem deutlich geringeren Risiko durchschnittlich zur gleichen Rendite führt. Schließlich schlafe ich gerne ruhig, wenn es um mein Vermögen geht.

d)

a. Die Ungleichung von Tschebytscheff besagt für eine beliebige Zufallsvariable, dass die Wahrscheinlichkeit, dass sich eine Zufallsvariable um mindestens den Wert a von ihrem Erwartungswert entfernt, höchstens die Varianz der Zufallsvariablen geteilt durch a² beträgt. Genau diese Wahrscheinlichkeit ist in der Aufgabe gefragt. Zumindest wenn man für a 50% vom Erwartungswert einsetzt, also $a = 0{,}5 \cdot E[X] = 0{,}5 \cdot 1{,}1x = 0{,}5 \cdot 1{,}1 \cdot 1000 = 550$. Denn $E[X] = 1100$, wenn $x = 1000$ ist. Außerdem ist $Var(X) = 0{,}25x^2 = 250.000$. Also gilt:

$$P(|X - 1100| \geq 550) \leq \frac{Var(X)}{550^2} = \frac{250.000}{302.500} = 0{,}826446281.$$

b. Eigentlich ist die Situation unverändert: $a = 550$, $E[Y] = 1100$, lediglich die Varianz von Y muss neu berechnet werden: $Var(Y) = 0{,}05x^2 = 50.000$. Also gilt nun: $P(|Y - 1100| \geq 550) \leq \frac{Var(Y)}{550^2} = \frac{50.000}{302.500} = 0{,}165289256.$

---

[137] Die Standardabweichung der Rendite eines Wertpapier nennt man an den Kapitalmärkten übrigens Volatilität bzw. kurz die Vola.

Zusammenfassend lässt sich festhalten, dass auch die Ungleichung von Tschebytscheff deutliche Argumente für die zweite Strategie liefert, denn hier ergibt sich, dass das Risiko für „große" Schwankungen auch gefünftelt wird.

Lösung zu Aufgabe 23

An den Signalwörtern „approximativ" bzw. „näherungsweise" erkennt man, dass hier der Zentrale Grenzwertsatz (ZGWS) angewendet werden muss. Nochmal zur Erinnerung: Dieser besagt: Wenn $(X_n)_{n \in \mathbb{N}}$ eine Folge von unabhängigen, identisch verteilten Zufallsvariablen mit identischen Erwartungswerten $E[X_i] = \mu$ und identischen Varianzen $Var(X_i) = \sigma^2$ ist, dann gilt:

$$P(\textstyle\sum_{i=1}^n X_i \leq x) \approx \Phi\left(\frac{x - n \cdot \mu}{\sigma \cdot \sqrt{n}}\right).$$

Das können wir hier gut gebrauchen, wenn wir X_i auffassen als den Wert der Münzrolle i. Denn dann bedeutet der Wert von 1000 Münzrollen nichts anderes als $\sum_{i=1}^{1000} X_i$, und genau darum dreht es sich beim ZGWS. Nun, für den ZGWS brauchen wir noch $E[X_i] = \mu$ und $Var(X_i) = \sigma^2$. Diese Werte müssen wir anhand der gegebenen Münzrollenwerte berechnen. Die Zufallsvariable X_i besitzt gemäß Aufgabenstellung die folgende Wahrscheinlichkeitsfunktion:

x_i	48	49	50	51
$P(X_i = x_i)$	0,1	0,2	0,6	0,1

Nun lässt sich der Erwartungswert leicht berechnen: $E[X_i] = 48 \cdot 0,1 + 49 \cdot 0,2 + 50 \cdot 0,6 + 51 \cdot 0,1 = 49,7$[138]. Um die Varianz zu berechnen, brauchen wir zusätzlich das 2. Moment: $E[X_i^2] = 48^2 \cdot 0,1 + 49^2 \cdot 0,2 + 50^2 \cdot 0,6 + 51^2 \cdot 0,1 = 2470,7$. Damit ergibt sich die Varianz zu $Var(X_i) = E[X_i^2] - (E[X_i])^2 = 2470,7 - 49,7^2 = 0,61$.

a) In diesem Aufgabenteil ist $P(\sum_{i=1}^{1000} X_i \geq 49.650)$ gesucht. Um den ZGWS anwenden zu können, müssen wir diesen Ausdruck erst noch umformen: $P(\sum_{i=1}^{1000} X_i \geq 49.650) = 1 - P(\sum_{i=1}^{1000} X_i < 49.650) = 1 - P(\sum_{i=1}^{1000} X_i \leq 49.649)$. Diesen Ausdruck kann man mit dem ZGWS berechnen: $P(\sum_{i=1}^{1000} X_i \geq 49.650) = 1 - P(\sum_{i=1}^{1000} X_i < 49.650) = 1 - P(\sum_{i=1}^{1000} X_i \leq 49.649) \approx 1 - \Phi\left(\frac{49.649 - 1000 \cdot 49,7}{\sqrt{0,61} \cdot \sqrt{1000}}\right) = 1 - \Phi(-2,06)$. Mehr als zwei Nachkommastellen anzugeben, macht bei der Standardnormalverteilung übrigens keinen Sinn, weil Sie sowieso nur zwei Nachkommastellen in der Tabelle nachgucken können. Aber $\Phi(-2,06)$ können wir eh nicht nachgucken, da die Tabelle erst bei 0 anfängt. Da wir aber wissen, dass $\Phi(-2,06) = 1 - \Phi(2,06)$, können wir weiter rechnen: $P(\sum_{i=1}^{1000} X_i \geq 49.650) \approx 1 - \Phi(-2,06) = 1 - (1 - \Phi(2,06)) = \Phi(2,06) = 0,980301$.

---

[138] Dieser Erwartungswert bedeutet übrigens, dass die Bank langfristig einen Verlust macht. Wer weiß, vielleicht liegt hier die Ursache für die Bankenkrise begraben?!

Nun soll $P(49.670 < \sum_{i=1}^{1000} X_i < 49.730)$ berechnet werden. Auch diese Wahrscheinlichkeit müssen wir erst so umformen, dass der ZGWS anwendbar ist. Es gilt: $P(49.670 < \sum_{i=1}^{1000} X_i < 49.730) = P(\sum_{i=1}^{1000} X_i < 49.730) - P(\sum_{i=1}^{1000} X_i \le 49.670) = P(\sum_{i=1}^{1000} X_i \le 49.729) - P(\sum_{i=1}^{1000} X_i \le 49.670)$. Jetzt können wir den ZGWS (zweimal) anwenden: $P(49.670 < \sum_{i=1}^{1000} X_i < 49.730) = P(\sum_{i=1}^{1000} X_i \le 49.729) - P(\sum_{i=1}^{1000} X_i \le 49.670) = \Phi\left(\frac{49.729 - 1000 \cdot 49,7}{\sqrt{0,61} \cdot \sqrt{1000}}\right) - \Phi\left(\frac{49.670 - 1000 \cdot 49,7}{\sqrt{0,61} \cdot \sqrt{1000}}\right) = \Phi(1,17) - \Phi(-1,21)$. Da der zweite Wert wieder negativ ist, müssen wir wieder anwenden, dass $\Phi(-u) = 1 - \Phi(u)$. Also gilt: $P(49.670 < \sum_{i=1}^{1000} X_i < 49.730) = \Phi(1,17) - \Phi(-1,21) = \Phi(1,17) - (1 - \Phi(1,21)) = \Phi(1,17) + \Phi(1,21) - 1 = 0,8789995 + 0,8868606 - 1 = 0,765861$

b) In dieser Aufgabe ist $P(\sum_{i=1}^{1000} X_i > 50.000)$ gesucht. Wir formen wieder um: $P(\sum_{i=1}^{1000} X_i > 50.000) = 1 - P(\sum_{i=1}^{1000} X_i \le 50.000)$ und können den ZGWS anwenden: $P(\sum_{i=1}^{1000} X_i > 50.000) = 1 - P(\sum_{i=1}^{1000} X_i \le 50.000) = 1 - \Phi\left(\frac{50.000 - 1000 \cdot 49,7}{\sqrt{0,61} \cdot \sqrt{1000}}\right) = 1 - \Phi(12,15) \approx 1 - 1 = 0$.

Lösung zu Aufgabe 24

a) Eine Schätzfunktion heißt erwartungstreu, wenn der Erwartungswert der Schätzfunktion der unbekannte Parameter ist, den die Funktion schätzen soll. Also müssen mit Hilfe der Rechenregeln die Erwartungswerte der Schätzfunktionen A bis E berechnet werden. Hierbei gilt es zu berücksichtigen, dass $E[X_i] = \mu$ und $Var(X_i) = \sigma$.

a. $E[A] = E\left[X_1 + \frac{3}{5}X_2 - \frac{1}{5}X_3 - \frac{1}{5}X_4 - \frac{1}{5}X_5\right] = E[X_1] + E\left[\frac{3}{5}X_2\right] - E\left[\frac{1}{5}X_3\right] - E\left[\frac{1}{5}X_4\right] - E\left[\frac{1}{5}X_5\right] = E[X_1] + \frac{3}{5}E[X_2] - \frac{1}{5}E[X_3] - \frac{1}{5}E[X_4] - \frac{1}{5}E[X_5] = \mu + \frac{3}{5}\mu - \frac{1}{5}\mu - \frac{1}{5}\mu - \frac{1}{5}\mu = \mu$. A ist also erwartungstreu für μ.

b. $E[B] = E\left[\frac{1}{5}X_1 + \frac{1}{5}X_2 + \frac{2}{5}X_3 + \frac{3}{7}X_4 + \frac{1}{8}X_5\right] = E\left[\frac{1}{5}X_1\right] + E\left[\frac{1}{5}X_2\right] + E\left[\frac{2}{5}X_3\right] + E\left[\frac{3}{7}X_4\right] + E\left[\frac{1}{8}X_5\right] = \frac{1}{5}E[X_1] + \frac{1}{5}E[X_2] + \frac{2}{5}E[X_3] + \frac{3}{7}E[X_4] + \frac{1}{8}E[X_5] = \frac{1}{5}\mu + \frac{1}{5}\mu + \frac{2}{5}\mu + \frac{3}{7}\mu + \frac{1}{8}\mu = \frac{379}{280}\mu \ne \mu$. Also ist B nicht erwartungstreu für μ.

c. $E[C] = E\left[\frac{1}{2}(X_1 + X_2)\right] = E\left[\frac{1}{2}X_1 + \frac{1}{2}X_2\right] = E\left[\frac{1}{2}X_1\right] + E\left[\frac{1}{2}X_2\right] = \frac{1}{2}E[X_1] + \frac{1}{2}E[X_2] = \frac{1}{2}\mu + \frac{1}{2}\mu = \mu$. Dementsprechend ist C erwartungstreu für μ.

d. $E[D] = E\left[1 + \frac{1}{5}(X_1 + X_2 + X_3 + X_4 + X_5)\right] = E\left[1 + \frac{1}{5}X_1 + \frac{1}{5}X_2 + \frac{1}{5}X_3 + \frac{1}{5}X_4 + \frac{1}{5}X_5\right] = E[1] + E\left[\frac{1}{5}X_1\right] + E\left[\frac{1}{5}X_2\right] + E\left[\frac{1}{5}X_3\right] + E\left[\frac{1}{5}X_4\right] + E\left[\frac{1}{5}X_5\right] = 1 + \frac{1}{5}E[X_1] + \frac{1}{5}E[X_2] + \frac{1}{5}E[X_3] + \frac{1}{5}E[X_4] + \frac{1}{5}E[X_5] = 1 + \frac{1}{5}\mu + \frac{1}{5}\mu + \frac{1}{5}\mu + \frac{1}{5}\mu + \frac{1}{5}\mu = 1 + \mu \ne \mu$. Aus diesem Grund ist D nicht erwartungstreu für μ.

e. $E[E] = E\left[\frac{1}{5}(X_1 + X_2 + X_3 + X_4 + X_5)\right] = E\left[\frac{1}{5}X_1 + \frac{1}{5}X_2 + \frac{1}{5}X_3 + \frac{1}{5}X_4 + \frac{1}{5}X_5\right] = E[\frac{1}{5}X_1] + E[\frac{1}{5}X_2] + E[\frac{1}{5}X_3] + E[\frac{1}{5}X_4] + E[\frac{1}{5}X_5] = \frac{1}{5}E[X_1] + \frac{1}{5}E[X_2] + \frac{1}{5}E[X_3] + \frac{1}{5}E[X_4] + \frac{1}{5}E[X_5] = \frac{1}{5}\mu + \frac{1}{5}\mu + \frac{1}{5}\mu + \frac{1}{5}\mu + \frac{1}{5}\mu = \mu$. E ist daher erwartungstreu für μ.

b) Die Varianz einer erwartungstreuen Schätzfunktion gibt die Zuverlässigkeit der Schätzfunktion an. Eine kleine Varianz bedeutet eine hohe Zuverlässigkeit der Schätzung. Zur Berechnung der Varianz werden wiederum nur die Rechneregeln, diesmal für Varianzen benötigt. Es gilt: $Var\,(A) = Var(X_1 + \frac{3}{5}X_2 - \frac{1}{5}X_3 - \frac{1}{5}X_4 - \frac{1}{5}X_5)$. Da die Zufallsvariablen gemäß Aufgabenstellung unabhängig sind (und nur dann oder bei Unkorreliertheit!![139]), gilt: $Var\,(A) = Var\left(X_1 + \frac{3}{5}X_2 - \frac{1}{5}X_3 - \frac{1}{5}X_4 - \frac{1}{5}X_5\right) = Var(X_1) + Var\left(\frac{3}{5}X_2\right) + Var\left(-\frac{1}{5}X_3\right) + Var\left(-\frac{1}{5}X_4\right) + Var\left(-\frac{1}{5}X_5\right) = Var(X_1) + \left(\frac{3}{5}\right)^2 Var(X_2) + \left(-\frac{1}{5}\right)^2 Var(X_3) + \left(-\frac{1}{5}\right)^2 Var(X_4) + \left(-\frac{1}{5}\right)^2 Var(X_5) = Var(X_1) + \frac{9}{25}Var(X_2) + \frac{1}{25}Var(X_3) + \frac{1}{25}Var(X_4) + \frac{1}{25}Var(X_5) = \sigma^2 + \frac{9}{25}\sigma^2 + \frac{1}{25}\sigma^2 + \frac{1}{25}\sigma^2 + \frac{1}{25}\sigma^2 = \frac{37}{25}\sigma^2$.

Analog gilt: $Var\,(C) = Var(\frac{1}{2}(X_1 + X_2)) = Var(\frac{1}{2}X_1 + \frac{1}{2}X_2)$. Wiederum wegen der angesprochenen Unabhängigkeit gilt: $Var\,(C) = Var\left(\frac{1}{2}(X_1 + X_2)\right) = Var\left(\frac{1}{2}X_1 + \frac{1}{2}X_2\right) = Var\left(\frac{1}{2}X_1\right) + Var\left(\frac{1}{2}X_2\right) = Var\left(\frac{1}{2}X_1\right) + Var\left(\frac{1}{2}X_2\right) = \left(\frac{1}{2}\right)^2 Var(X_1) + \left(\frac{1}{2}\right)^2 Var(X_2) = \frac{1}{4}Var(X_1) + \frac{1}{4}Var(X_2) = \frac{1}{4}\sigma^2 + \frac{1}{4}\sigma^2 = \frac{1}{2}\sigma^2$.

Als letztes muss E untersucht werden. Es gilt hier: $Var\,(E) = Var\left(\frac{1}{5}(X_1 + X_2 + X_3 + X_4 + X_5)\right) = Var\left(\frac{1}{5}X_1 + \frac{1}{5}X_2 + \frac{1}{5}X_3 + \frac{1}{5}X_4 + \frac{1}{5}X_5\right)$. Ein letztes Mal weise ich darauf hin, dass die nächste Umformung nur möglich ist, wenn die Zufallsvariablen unkorreliert oder (so wie hier) unabhängig sind: $Var\,(E) = Var\left(\frac{1}{5}(X_1 + X_2 + X_3 + X_4 + X_5)\right) = Var\left(\frac{1}{5}X_1 + \frac{1}{5}X_2 + \frac{1}{5}X_3 + \frac{1}{5}X_4 + \frac{1}{5}X_5\right) = Var\left(\frac{1}{5}X_1\right) + Var\left(\frac{1}{5}X_2\right) + Var\left(\frac{1}{5}X_3\right) + Var\left(\frac{1}{5}X_4\right) + Var\left(\frac{1}{5}X_5\right) = \left(\frac{1}{5}\right)^2 Var(X_1) + \left(\frac{1}{5}\right)^2 Var(X_2) + \left(\frac{1}{5}\right)^2 Var(X_3) + \left(\frac{1}{5}\right)^2 Var(X_4) + \left(\frac{1}{5}\right)^2 Var(X_5) = \frac{1}{25}Var(X_1) + \frac{1}{25}Var(X_2) + \frac{1}{25}Var(X_3) + \frac{1}{25}Var(X_4) + \frac{1}{25}Var(X_5) = \frac{1}{25}\sigma^2 + \frac{1}{25}\sigma^2 + \frac{1}{25}\sigma^2 + \frac{1}{25}\sigma^2 + \frac{1}{25}\sigma^2 = \frac{1}{5}\sigma^2$.

Insgesamt erhält man, dass E die kleinste Varianz besitzt, was ja auch dazu passt, dass das arithmetische Mittel der beste Schätzer für den unbekannten Erwartungswert einer Zufallsvariablen ist, eben weil die Schätzfunktion erwartungstreu ist und unter alles linearen Schätzfunktionen die geringste Varianz aufweist. Und logischerweise sollte man alle Informationen benutzen, die man hat, also verwundert es nicht, dass E noch besser als C ist.

---

[139] Ansonsten müssten noch die Kovarianzen zwischen den einzelnen Zufallsvariablen berücksichtigt werden, aber so sind die ja Gottseidank alle Null!

Lösung zu Aufgabe 25

a) Wie bereits angesprochen werden seltene Ereignisse üblicherweise mit Hilfe der Poisson-Verteilung modelliert, da diese bei entsprechend guter Wahl des Parameters λ sehr gute Näherungen an die beobachteten Häufigkeiten aufweist.

b) Der angesprochene Parameter ist λ. Zur Durchführung der ML-Methode muss zuerst die Likelihood-Funktion $L(\lambda)$ aufgestellt werden. Da im vorliegenden Fall die Verteilung eine diskrete Verteilung ist, muss die Wahrscheinlichkeitsfunktion bekannt sein. Diese lautet hier $P(X = x) = \frac{\lambda^x}{x!} e^{-\lambda}$. Damit lautet die Likelihood-Funktion $L(\lambda) = \prod_{k=1}^{n} P(X = x_k) = \prod_{k=1}^{n} \frac{\lambda^{x_k}}{x_k!} e^{-\lambda}$. Da kein Mensch diese Funktion ableiten möchte, bilden wir die Log-Likelihood-Funktion $l(\lambda) = ln\,(L(\lambda))$. Diese lautet: $l(\lambda) = ln\big(L(\lambda)\big) = ln\left(\prod_{k=1}^{n} \frac{\lambda^{x_k}}{x_k!} e^{-\lambda}\right) = \sum_{k=1}^{n} ln\,(\frac{\lambda^{x_k}}{x_k!} e^{-\lambda})$. Auch diese Funktion lässt sich nicht so einfach ableiten, also kramen wir all unser Wissen über Logarithmen zusammen und sehen zu, dass die Funktion vereinfacht wird. Es gilt: $\sum_{k=1}^{n} ln\,(\frac{\lambda^{x_k}}{x_k!} e^{-\lambda}) = \sum_{k=1}^{n} ln\,(\lambda^{x_k}) - ln(x_k!) + ln\big(e^{-\lambda}\big) = \sum_{k=1}^{n} x_k \cdot ln\,(\lambda) - ln(x_k!) - \lambda\,ln(e) = \sum_{k=1}^{n} x_k \cdot ln\,(\lambda) - ln(x_k!) - \lambda \cdot 1$. Damit haben wir aus den Logarithmusgesetzen alles benutzt, was hier hilft. Nun versuchen wir weiteres Vereinfachungspotenzial auszuschöpfen, indem wir die Summenregeln ausnutzen: $\sum_{k=1}^{n} x_k \cdot ln\,(\lambda) - ln(x_k!) - \lambda \cdot 1 = \sum_{k=1}^{n} x_k \cdot ln\,(\lambda) - \sum_{k=1}^{n} ln(x_k!) - \sum_{k=1}^{n} \lambda = ln\,(\lambda) \sum_{k=1}^{n} x_k - \sum_{k=1}^{n} ln(x_k!) - n\lambda$. Mehr geht jetzt nicht. Es bleibt also: $l(\lambda) = ln\,(\lambda) \sum_{k=1}^{n} x_k - \sum_{k=1}^{n} ln(x_k!) - n\lambda$. Diese Funktion müssen wir nun ableiten, und zwar (man kann nicht oft genug daran erinnern) nach λ. Alle anderen Buchstaben, die in der Funktion auftauchen (und es sind eine ganze Menge), sind nur dämliche Konstanten. Wenn Sie unsicher werden, setzen Sie in Gedanken einfach eine Zahl ein, manchmal hilft das. Dann gilt: $l'(\lambda) = \sum_{k=1}^{n} x_k \cdot \frac{1}{\lambda} - n$. Das ist schon alles. Der Monsterterm in der Mitte ist nämlich gerade so eine Konstante, und da sie mit $+$ verbunden ist, fällt sie gottseidank beim Ableiten einfach weg. Prima! Nun suchen wir das globale Maximum, da bietet sich eine Monotoniebetrachtung der Funktion an: l ist monoton steigend, wenn $l'(\lambda) \geq 0$. $l'(\lambda) \geq 0 \Leftrightarrow \sum_{k=1}^{n} x_k \cdot \frac{1}{\lambda} - n \geq 0 \Leftrightarrow \sum_{k=1}^{n} x_k \cdot \frac{1}{\lambda} \geq n \Leftrightarrow \sum_{k=1}^{n} x_k \cdot \geq n\lambda \Leftrightarrow \sum_{k=1}^{n} x_k \cdot \frac{1}{n} \geq \lambda \Leftrightarrow \lambda \leq \frac{1}{n} \sum_{k=1}^{n} x_k = \overline{x_k}$. Falls $\lambda \geq \frac{1}{n} \sum_{k=1}^{n} x_k = \overline{x_k}$, ist l monoton fallend. Damit muss aber bei $\lambda = \frac{1}{n} \sum_{k=1}^{n} x_k = \overline{x_k}$ gerade ein globales Maximum vorliegen. Dementsprechend haben wir unsere Schätzfunktion gefunden. Sie lautet: $\hat{\lambda} = \frac{1}{n} \sum_{k=1}^{n} x_k = \overline{x_k}$. Also besagt die ML-Schätzung, dass wir das arithmetische Mittel der verkauften Autos berechnen müssen: $\hat{\lambda} = \frac{2 \cdot 0 + 5 \cdot 1 + 6 \cdot 2 + 5 \cdot 3 + 3 \cdot 4 + 2 \cdot 5 + 1 \cdot 6}{24} = \frac{60}{24} = 2,5$.

c) Um die relativen Häufigkeiten zu berechnen, müssen die jeweiligen absoluten Häufigkeiten durch den Stichprobenumfang, also durch 24 geteilt werden. Es ergibt sich die folgende Tabelle:

i	0	1	2	3	4	5	6	≥7
h_i	0,083	0,2083	0,25	0,2083	0,125	0,083	0,0427	0

d) Um die Wahrscheinlichkeiten zu berechnen, müssen die Verkaufsanzahlen in die Wahrscheinlichkeitsfunktion eingesetzt werden. Selbstverständlich wird hierbei der geschätzte Parameter, also $\hat{\lambda} = 2{,}5$ ebenfalls verwendet. Also lautet die Wahrscheinlichkeitsfunktion: $P(X = x) = \frac{2{,}5^x}{x!} e^{-2{,}5}$. Für die unterschiedlichen Werte von x ergibt sich die folgende Tabelle:

x	0	1	2	3	4	5	6	≥7
$P(X = x)$	0,082	0,2052	0,2565	0,2138	0,1336	0,0668	0,0278	0,0143

e) Ein Vergleich der Einträge in den beiden Tabellen zeigt, dass die Zahlen sehr ähnlich sind. Die Schätzung ist dementsprechend offensichtlich sehr gut.

Lösung zu Aufgabe 26

Aus dem Aufgabentext muss Ihnen klar sein, dass ein 90%-Konfidenzintervall für μ gesucht ist. Bleibt zu klären, welche Verteilung angenommen wird. Eindeutig steht in der Aufgabenstellung, dass es sich um die Normalverteilung handelt. Daher müssen Sie schauen, ob die Varianz bekannt oder unbekannt ist. Sie ist bekannt, denn der zweite Parameter der Normalverteilung $N(\mu, \sigma^2)$ ist gerade die Varianz. Diese lautet also $\sigma^2 = 2$. Damit muss die Formel Wichtig 38 verwendet werden $\left[\bar{x} - u_{1-\frac{\alpha}{2}} \cdot \frac{\sigma}{\sqrt{n}}; \bar{x} + u_{1-\frac{\alpha}{2}} \cdot \frac{\sigma}{\sqrt{n}}\right]$:.

Und wie bei einem Puzzle suchen wir alle Bestandteile heraus: $\bar{x} = 4{,}5$ (ist ja angegeben). $\sigma = \sqrt{2}$, weil ja $\sigma^2 = 2$. $n = 100$, ist ebenfalls angegeben. Da wir ein 0,9-Konfidenzintervall suchen (und vor der Konfidenzintervall steht ja immer $1 - \alpha$), muss $\alpha = 1 - 0{,}9 = 0{,}1$ sein. Also suchen wir als letzten Bestandteil der Formel $u_{1-\frac{\alpha}{2}} = u_{1-\frac{0{,}1}{2}} = u_{1-0{,}05} = u_{0{,}95}$. Mal abgesehen davon, dass es immer wieder eine (Schaden-)Freude ist, Menschen dabei zuzusehen, wie sie leiden, wenn sie diese Formel benutzen, bleibt noch, den Wert abzulesen. Alle u-Werte bedeuten, dass es sich um die Quantile der Standardnormalverteilung handelt, die Sie im Anhang tabelliert vorfinden. In der zweiten Tabelle gibt es einen exakten Eintrag für $u_{0{,}95} = 1{,}645$. Wenn 95% dort nicht aufgelistet wäre, hätten wir auch in der obigen Tabelle in der Mitte nach 0,95 suchen können und hätten am zugehörigen Rand zumindest näherungsweise $u_{0{,}95} = 1{,}65$ erhalten. Jetzt können wir das Intervall zusammenbasteln:

$$\left[\bar{x} - u_{1-\frac{\alpha}{2}} \cdot \frac{\sigma}{\sqrt{n}}; \bar{x} + u_{1-\frac{\alpha}{2}} \cdot \frac{\sigma}{\sqrt{n}}\right] = \left[4{,}5 - 1{,}645 \cdot \frac{\sqrt{2}}{\sqrt{100}}; 4{,}5 + 1{,}645 \cdot \frac{\sqrt{2}}{\sqrt{100}}\right]$$
$$= [4{,}266654762; 4{,}733345238].$$

Lösung zu Aufgabe 27

a) Hier ist nun ein 95%-Konfidenzintervall für μ gesucht. Auch hier steht in der Aufgabenstellung, dass es sich bei der Verteilung um die Normalverteilung handelt. Allerdings ist hier die Varianz unbekannt. Daher muss die Formel Wichtig 40 verwendet werden: $\left[\bar{x} - t_{n-1}\left(1 - \frac{\alpha}{2}\right) \cdot \frac{\hat{\sigma}_n}{\sqrt{n}}; \bar{x} + t_{n-1}\left(1 - \frac{\alpha}{2}\right) \cdot \frac{\hat{\sigma}_n}{\sqrt{n}}\right]$.

Und wieder einmal puzzlen wir: $\bar{x} = \frac{55+45+50+54+56+58+52+49+61+60}{10} = 54$ (ist ja angegeben). Um $\hat{\sigma}_n$ zu berechnen, brauchen wir entweder den Taschenrechner, oder wir benutzen die Rechenformel $\hat{\sigma}_n^2 = \frac{n}{n-1}\left(\overline{x^2} - (\bar{x})^2\right)$. Hierbei ist $\overline{x^2} = 2939{,}2$, und daher gilt $\hat{\sigma}_n^2 = \frac{n}{n-1}\left(\overline{x^2} - (\bar{x})^2\right) = \frac{10}{9}(2939{,}2 - 54^2) = 25{,}77778$. Dementsprechend gilt: $\hat{\sigma}_n = \sqrt{25{,}7778} = 5{,}077$. $n = 10$, ist ja angegeben. Da wir ein 0,95-Konfidenzintervall suchen (und das Konfidenzniveau ist ja immer $1 - \alpha$), muss $\alpha = 1 - 0{,}95 = 0{,}05$ sein. Also suchen wir als letzten Bestandteil der Formel $t_{n-1}(1 - \frac{\alpha}{2}) = t_9(0{,}975)$. Es bleibt noch, den Wert abzulesen. Alle t-Werte bedeuten, dass es sich um die Quantile der t-Verteilung handelt, die Sie im Anhang tabelliert vorfinden. Hierzu müssen Sie in der ersten Zeile für f den Wert 9 suchen und dann in der ersten Spalte für p den Wert 97,5%. Im Schnittpunkt finden Sie den gesuchten Wert $t_9(0{,}975) = 2{,}262$. Jetzt können wir das Intervall zusammenbasteln:

$\left[\bar{x} - t_{n-1}\left(1 - \frac{\alpha}{2}\right) \cdot \frac{\hat{\sigma}_n}{\sqrt{n}}; \bar{x} + t_{n-1}\left(1 - \frac{\alpha}{2}\right) \cdot \frac{\hat{\sigma}_n}{\sqrt{n}}\right] = \left[54 - 2{,}262 \cdot \frac{5{,}0778}{\sqrt{10}}; 54 + 2{,}262 \cdot \frac{5{,}0778}{\sqrt{10}}\right] = [50{,}36825508 ; 57{,}63174492]$. Das bedeutet übrigens, dass mit 95%-iger Wahrscheinlichkeit die durchschnittliche Produktionsdauer zwischen 50,37 und 57,63 Minuten liegt.

b) Nun brauchen wir ein zweiseitiges 95%-Konfidenzintervall für σ. Hierzu müssen wir die Formel Wichtig 43 $\left[\sqrt{\frac{(n-1)\cdot\hat{\sigma}_n^2}{\chi_{n-1}^2\left(1-\frac{\alpha}{2}\right)}}; \sqrt{\frac{(n-1)\cdot\hat{\sigma}_n^2}{\chi_{n-1}^2\left(\frac{\alpha}{2}\right)}}\right]$ benutzen. Die Voraussetzung, dass es sich um eine Normalverteilung handeln muss, ist ja erfüllt. Die meisten Bestandteile der Formel haben wir bereits in Teil a) berechnet, lediglich $\chi_{n-1}^2\left(1 - \frac{\alpha}{2}\right) = \chi_9^2(0{,}975)$ bzw. $\chi_{n-1}^2\left(\frac{\alpha}{2}\right) = \chi_9^2(0{,}025)$ fehlen noch. Diese χ^2-Werte bedeuten, dass es sich um die Quantile der χ^2-Verteilung handelt, die Sie im Anhang tabelliert vorfinden. Hierzu müssen Sie in der ersten Zeile für f den Wert 9 suchen und dann in der ersten Spalte für p den Wert 97,5% bzw. 2,5%. Im Schnittpunkt finden Sie die gesuchten Werte $\chi_9^2(0{,}975) = 19{,}023$ bzw. $\chi_9^2(0{,}025) = 2{,}7$. Jetzt können wir das Intervall zusammenbasteln: $\left[\sqrt{\frac{(n-1)\cdot\hat{\sigma}_n^2}{\chi_{n-1}^2\left(1-\frac{\alpha}{2}\right)}}; \sqrt{\frac{(n-1)\cdot\hat{\sigma}_n^2}{\chi_{n-1}^2\left(\frac{\alpha}{2}\right)}}\right] = \left[\sqrt{\frac{9\cdot25{,}778}{19{,}023}}; \sqrt{\frac{9\cdot25{,}778}{2{,}7}}\right] = $ $[3{,}4925; 9{,}2696]$. Das bedeutet, dass die Schwankungen in den Produktionszeiten durchschnittlich zwischen 3,5 und 9,3 Minuten um den Mittelwert von 54 Minuten schwanken.

Lösung zu Aufgabe 28

In dieser Aufgabe ist ein Konfidenzintervall für μ gesucht, allerdings ist diesmal die Wahrscheinlichkeitsverteilung nicht bekannt. Daher muss die Formel Wichtig 41 angewendet werden: $\left[\bar{x} - u_{1-\frac{\alpha}{2}} \cdot \frac{\hat{\sigma}_n}{\sqrt{n}}; \ \bar{x} + u_{1-\frac{\alpha}{2}} \cdot \frac{\hat{\sigma}_n}{\sqrt{n}}\right]$. Einige Bestandteile der Formel sind bereits in der Aufgabenstellung gegeben: $\bar{x} = 4{,}5$, n=1000. Die beiden anderen Elemente müssen wir berechnen: $\hat{\sigma}_n^2 = \frac{n}{n-1}\left(\overline{x^2} - \bar{x}^2\right) = \frac{n}{n-1} s_n^2 = \frac{1000}{999} 3{,}2^2 = 10{,}25$, somit ist $\hat{\sigma}_n = 3{,}202$. Das Konfidenzniveau $1 - \alpha$ beträgt 0,95, also beträgt $\alpha = 0{,}05$. Daher gilt: $u_{1-\frac{\alpha}{2}} = u_{0{,}975} = 1{,}96$. Nun lässt sich das Konfidenzintervall berechnen: $\left[\bar{x} - u_{1-\frac{\alpha}{2}} \cdot \frac{\hat{\sigma}_n}{\sqrt{n}}; \ \bar{x} + u_{1-\frac{\alpha}{2}} \cdot \frac{\hat{\sigma}_n}{\sqrt{n}}\right] = \left[4{,}5 - 1{,}96 \cdot \frac{3{,}202}{\sqrt{1000}}; \ 4{,}5 + 1{,}96 \cdot \frac{3{,}202}{\sqrt{1000}}\right] = [4{,}3015; 4{,}6985]$. Mit einer 95%-igen Wahrscheinlichkeit liegt die Anzahl der Skitage also zwischen 4,3 und 4,7 Tagen.

Lösung zu Aufgabe 29

a) Aus der Formulierung der Problemstellung kann man den Rückschluss ziehen, dass wir die Position des Abnehmers vertreten, schließlich ist nur von ihm die Rede. Der Abnehmer will sicherlich untermauern, dass in den Ravioli-Dosen zu wenig drin ist, damit er einen Preisnachlass fordern kann, d.h. er vermutet: $\mu < 750$. Diese Vermutung muss wie besprochen in die Alternative kommen. Daher wird er Nullhypothese und Alternative folgendermaßen formulieren.

$H_0\text{: } \mu \geq 750$ $\qquad\qquad$ $A\text{: } \mu < 750$

Wir haben es also mit einem Test bzgl. des Erwartungswerts zu tun. Nun gilt es, den richtigen Test (Gauß-Test, t-Test, approximativer Gauß-Test) herauszufinden. Da in der Aufgabenstellung explizit formuliert ist, dass der zu erwartende Doseninhalt eine $N(\mu, 16)$-verteilte Zufallsgröße ist, haben wir es mit Normalverteilung und bekannter Varianz zu tun. Dementsprechend ist der Gauß-Test der Test der Wahl, und zwar in der zweiten einseitigen Formulierung. Die meisten Bestandteile der zugehörigen Testvorschrift kennen wir bereits: $\mu_0 = 750$, $\alpha = 0{,}05$, $\sigma = \sqrt{16} = 4$, $n = 25$. Daher lautet die Testvorschrift:

Lehne H_0 ab, falls $\bar{x} < 750 - u_{0{,}95} \cdot \frac{4}{5}$

b) Nun führen wir den obigen Gauß-Test durch. $\bar{x} = 748{,}84$, $u_{0{,}95} = 1{,}645$. Es gilt also zu prüfen, ob $748{,}84 < 750 - 1{,}645 \cdot \frac{4}{5}$. Denn dann kann die Nullhypothese zum Niveau 5% abgelehnt werden. Da $748{,}84 > 748{,}684$, kann H_0 zum Niveau 5% nicht abgelehnt werden. Der Abnehmer kann also keinen Preisnachlass fordern.

c) Beginnen wir mit dem zweiten Teil der Aufgabenstellung: Der Abnehmer verzichtet auf den Rabatt natürlich nicht, weil er ein guter Mensch ist, sondern weil der Gauß-Test die Hypothese (wie im obigen Aufgabenteil) ein Ablehnen der Nullhypothese nicht zuließ. Wenn aber (aus welchen Gründen auch immer) bekannt ist, dass der wirklich wahre zu erwartende Doseninhalt, also μ, lediglich 748 beträgt, dann ist die Nullhypothese, die ja besagt, dass $\mu \geq 750$ gilt, eindeutig falsch. Nochmal in Kurzform: Die Nullhypothese wurde nicht abgelehnt, obwohl sie falsch ist. Das ist die ganz klare Definition für den Fahler 2. Art. Die zugehörige Wahrscheinlichkeit ist also die Fehlerwahrscheinlichkeit 2. Art bzw. β. Diese Fehlerwahrscheinlichkeit können wir mit Hilfe der Formel $\beta = 1 - \Phi((\mu_0 - \mu) \cdot \frac{\sqrt{n}}{\sigma} - u_{1-\alpha})$ berechnen.

Es gilt: $\beta = 1 - \Phi((\mu_0 - \mu) \cdot \frac{\sqrt{n}}{\sigma} - u_{1-\alpha}) = 1 - \Phi\left((750 - 748) \cdot \frac{\sqrt{25}}{4} - 1,645\right) = 1 - \Phi(0,855) = 1 - 0,80510548 = 0,19489452$.

Die gesuchte Fehlerwahrscheinlichkeit 2. Art beträgt also ca. 19,5%.

d) Nun ist β auf 10% beschränkt. Um den zugehörigen Stichprobenumfang zu berechnen, haben wir auch wieder eine Formel (Wichtig 46). Sie besagt: $n \geq \left(\frac{u_{1-\alpha}+u_{1-\beta}}{\mu_0-\mu} \cdot \sigma\right)^2$. Wir haben alle Bestandteile bereits für die vorherigen Aufgabenteile berechnet. Lediglich u_β fehlt noch. $u_{1-\beta} = u_{0,9} = 1,282$.

Damit ergibt sich: $n \geq \left(\frac{u_{1-\beta}+u_{1-\alpha}}{\mu_0-\mu} \cdot \sigma\right)^2 = \left(\frac{1,282+1,645}{750-748} \cdot 4\right)^2 = 34,269316$. Da man keine 34,269316 Dosen überprüfen kann, müssen mindestens 35 Dosen geprüft werden.

e) Nun wechseln wir die Perspektive und versuchen die Position des Herstellers zu unterstützen. Er will natürlich unterstützen, dass in den Dosen mindestens der Inhalt drin ist, den er angegeben hat, eher mehr, also lautet seine Vermutung: $\mu > 750$.[140] Diese Vermutung ist somit seine Alternative. Insgesamt lautet die Testformulierung also: H_0: $\mu \leq 750$ A: $\mu > 750$ mit der Testvorschrift:

Lehne H_0 ab, falls $\bar{x} > 750 + u_{0,95} \cdot \frac{4}{5}$.

Nun, die Werte kennen wir bereits: $\bar{x} = 748,84$, $u_{0,95} = 1,645$. Wir müssen also prüfen, ob $748,84 > 750 + 1,645 \cdot \frac{4}{5} = 751,316$. Da das sicherlich nicht erfüllt ist, kann der Produzent seine Vermutung ebenfalls nicht statistisch untermauern. Das kann bei Hypothesentests durchaus passieren: Beide Seiten können ihre Vermutung nicht belegen. Tolle Sache, aber das liegt in der Natur der Sache, schließlich versuchen wir gerade, anhand von 25 Ravioli-Dosen Rückschlüsse auf die Allgemeinheit zu ziehen. Und wenn das Signifikanzniveau gering sein soll, dann hält sich der Test eben vornehm zurück und empfiehlt sicherheitshalber nicht abzulehnen. Das Gegenteil, dass also beide Parteien ihre Position statistisch untermauern können, kann übrigens nicht passieren.

---

[140] In der Alternative gibt es keine Gleichheitszeichen, deswegen müssen wir echt größer vermuten.

Lösung zu Aufgabe 30

Auch in dieser Aufgabe geht es um einen Erwartungswerttest. Wenn μ die zu erwartende Produktionsdauer bezeichnet, dann vertritt das Unternehmen die Behauptung, dass $\mu < 12$. Gemäß den Hinweisen in der Aufgabenstellung können wir von einer Normalverteilung ausgehen, allerdings ist die Varianz unbekannt. Dementsprechend müssen wir einen t-Test durchführen: H_0: $\mu \geq \mu_0$ A: $\mu < \mu_0$ mit der Testvorschrift: Lehne H_0 ab, falls $\bar{x} < \mu_0 - t_{n-1}(1-\alpha) \cdot \frac{\hat{\sigma}_n}{\sqrt{n}}$. Es ist angegeben, dass $\bar{x} = 11{,}5$, $\alpha = 0{,}01$ und $n = 25$. $\mu_0 = 12$, da das der vermutete Höchstwert ist. $\hat{\sigma}_n$ muss berechnet werden mit Hilfe der Formel $\hat{\sigma}_n^2 = \frac{n}{n-1}\left(\overline{x^2} - \bar{x}^2\right) = \frac{n}{n-1} \cdot s_n^2$. Es ergibt sich $\hat{\sigma}_n^2 = \frac{n}{n-1} \cdot s_n^2 = \frac{25}{24} \cdot 3^2 = 9{,}375$. Daher gilt: $\hat{\sigma}_n = \sqrt{\hat{\sigma}_n^2} = \sqrt{9{,}375} = 3{,}062$. Der gesuchte t-Wert kann in der t-Verteilungstabelle nachgeschlagen werden. Es wird $t_{n-1}(1-\alpha) = t_{24}(0{,}99) = 2{,}492$ gesucht.

Nun haben wir alles beisammen und können prüfen, ob $\bar{x} < \mu_0 - t_{n-1}(1-\alpha) \cdot \frac{\hat{\sigma}_n}{\sqrt{n}}$. Das ist der Fall, wenn $11{,}5 < 12 - 2{,}492 \cdot \frac{3{,}062}{\sqrt{25}}$, also wenn $11{,}5 < 10{,}47369789$.

Da aber $11{,}5 > 10{,}47396789$, kann H_0 zum Niveau 1% nicht abgelehnt werden. Das Unternehmen sollte seine Vermutung in dem Börsenprospekt also revidieren.

Lösung zu Aufgabe 31

a) Wenn das Risikomaß mit Hilfe der Standardabweichung gemessen wird, dann lauten Nullhypothese und Alternative H_0: $\sigma = 0{,}6$ A: $\sigma \neq 0{,}6$, denn es soll geprüft werden, ob die Standardabweichung exakt $0{,}6$ ist. Es ist also eine zweiseitige Fragestellung formuliert, die aber, weil es sie nur in dieser Formulierung gibt, entgegen unserer Daumenregel „Was wir zeigen wollen, gehört in die Alternative" läuft. Das ist bei zweiseitigen Tests nun mal so, die gibt es nur in der Formulierung „gleich" gegen „ungleich".[141] Einen direkten Test für die Standardabweichung gibt es allerdings nicht.[142] Es ist aber relativ leicht, einen Ausweg zu finden: Wir formulieren nämlich die Vermutung dahingehend um, dass sie sich nicht mehr auf die Standardabweichung, sondern auf die Varianz bezieht, die ja bekanntlich das Quadrat der Standardabweichung ist. Also lauten Nullhypothese und Alternative:

H_0: $\sigma^2 = 0{,}36$ A: $\sigma^2 \neq 0{,}36$. Da wiederum die Normalverteilung als Verteilung gegeben ist, können wir einen χ^2-Test für die Varianz durchführen. Die durchzuführende Testvorschrift lautet: Lehne H_0 ab, falls $\frac{(n-1)\hat{\sigma}_n^2}{\sigma_0^2} < \chi_{n-1}^2\left(\frac{\alpha}{2}\right)$ oder $\frac{(n-1)\hat{\sigma}_n^2}{\sigma_0^2} > \chi_{n-1}^2\left(1 - \frac{\alpha}{2}\right)$. Wir müssen also zuerst die erste Bedingung überprüfen. Falls diese erfüllt ist, können wir die Nullhypothese zum angegebenen Niveau ablehnen. Falls nicht, müssen wir noch die zweite Bedingung überprüfen. Nur wenn auch sie nicht erfüllt ist, können wir die Nullhypothese nicht ablehnen.

---

[141] Was soll's. Muss man wenigstens nicht nachdenken.

[142] Jedenfalls nicht in diesem Buch.

Dann machen wir uns mal ans Ausrechnen der Bestandteile: $\sigma_0^2 = 0{,}36$, $n = 6$ und $\alpha = 0{,}05$. Fehlen noch $\chi_{n-1}^2(\frac{\alpha}{2})$, $\chi_{n-1}^2(1 - \frac{\alpha}{2})$ und $\hat{\sigma}_n^2$. $\chi_{n-1}^2\left(\frac{\alpha}{2}\right) = \chi_4^2\left(\frac{0{,}05}{2}\right) = \chi_4^2(0{,}025) = 0{,}484$. $\chi_{n-1}^2\left(1 - \frac{\alpha}{2}\right) = \chi_4^2\left(1 - \frac{0{,}05}{2}\right) = \chi_4^2(0{,}975) = 11{,}14$. $\hat{\sigma}_n^2$ macht sicherlich die meiste Arbeit. Es sei denn, Sie benutzen die vollständigen Funktionalitäten Ihrer Taschenrechner. Wenn nicht, kommen hier die Zwischenergebnisse: $\bar{x} = 11{,}4$, $\overline{x^2} = 130{,}712$, also gilt: $\hat{\sigma}_n^2 = \frac{5}{4}(130{,}712 - 11{,}4^2) = 0{,}94$. So, fertig. Es kann losgehen: Die erste Bedingung, also $\frac{(n-1)\hat{\sigma}_n^2}{\sigma_0^2} < \chi_{n-1}^2(\frac{\alpha}{2})$, kann überprüft werden, also ob $\frac{4 \cdot 0{,}94}{0{,}36} < 0{,}484$. Da $10{,}\overline{4} > 0{,}484$, kann die Nullhypothese erstmal nicht abgelehnt werden. Es muss die zweite Bedingung überprüft werden, nämlich ob $\frac{(n-1)\hat{\sigma}_n^2}{\sigma_0^2} > \chi_{n-1}^2(1 - \frac{\alpha}{2})$ bzw. hier ob $\frac{4 \cdot 0{,}94}{0{,}36} > 11{,}14$. Da $10{,}\overline{4} < 11{,}14$, ist auch die zweite Bedingung nicht erfüllt. H$_0$ kann zum Niveau 5% nicht abgelehnt werden.

b) In dieser Aufgabe werden nun zwei Stichproben miteinander verglichen, und zwar hinsichtlich ihrer Varianzen, bzw. ihrer Standardabweichungen. Denn genau darum geht es ja, wenn das Risiko verglichen wird. Da die Vermutung, die untermauert werden soll und daher in die Alternative gehört, lautet, dass Aktie 1 risikoreicher als Aktie 2 ist, lauten Hypothese und Alternative wie folgt:

H$_0$: $\sigma_1^2 \leq \sigma_2^2$ A: $\sigma_1^2 > \sigma_2^2$. Diese Fragestellung erfordert den Einsatz des F-Tests. Die zugehörige Testvorschrift lautet daher: Lehne H$_0$ ab, falls $\frac{\hat{\sigma}_1^2}{\hat{\sigma}_2^2} > F_{n_1-1;\, n_2-1}(1 - \alpha)$. Auch hier müssen wir wieder alle Einzelteile zusammensuchen, bevor wir den Test durchführen können. $\hat{\sigma}_1^2$ ist nach wie vor 0,94. Für $\hat{\sigma}_2^2$ müssen wir (falls Sie nicht den Taschenrechner benutzen) zwei Zwischenergebnisse berechnen:

$\bar{y} = 15{,}5$, $\overline{y^2} = 241{,}007$, also gilt: $\hat{\sigma}_2^2 = \frac{6}{5}(241{,}007 - 15{,}5^2) = 0{,}908$. $n_1 = 5$, $n_2 = 6$ und $\alpha = 0{,}01$. Fehlt noch der Eintrag aus der Tabelle der F-Verteilung. $F_{n_1-1;\, n_2-1}(1 - \alpha) = F_{4;\, 5}(0{,}99)$. Hier sei noch einmal gewarnt, die beiden F-Verteilungstabellen nicht zu verwechseln. Unser Argument lautet 0,99, also brauchen wir die zweite Tabelle. Genau so dürfen wir auch die Reihenfolge der Indizes nicht vertauschen. In der ersten Spalte suchen wir den Eintrag 4, in der ersten Zeile den Eintrag 5, als Kreuzungswert erhalten wir $F_{4;\, 5}(0{,}99) = 11{,}39$.

Da $\frac{0{,}94}{0{,}908} = 1{,}035 < 11{,}39$, kann H$_0$ zum Niveau 1% nicht abgelehnt werden. Die Behauptung, dass Aktie A riskanter ist, wird also nicht gestützt.

Lösung zu Aufgabe 32

Das Unternehmen ist der Ansicht, dass sich die Verkaufszahlen gemäß der angegebenen Wahrscheinlichkeiten verteilen, sie unterstellen also die angegebene Wahrscheinlichkeitsverteilung. Nullhypothese und Alternative lauten dementsprechend:

H_0: $p_1 = 0{,}3$; $p_2 = 0{,}35$; $p_3 = 0{,}15$; $p_4 = 0{,}1$; $p_5 = 0{,}1$ und A: mindestens ein $p_j \neq \bar{p}_j$, wobei $\bar{p}_j$ die angegebenen Werte sind.

Solche Vermutungen, die die Art einer Verteilung betreffen, kann man mit Hilfe des χ^2-Anpassungstests überprüfen.

Die zugehörige Testvorschrift lautet: Lehne H_0 ab, falls

$V > \chi^2_{m-1}(1 - \alpha)$, wobei $V = \sum_{j=1}^{m} \frac{(n_j - n\bar{p}_j)^2}{n\bar{p}_j}$ bzw. $V = \frac{1}{n}\sum_{j=1}^{m} \frac{n_j^2}{\bar{p}_j} - n$ (ist einfacher zum Rechnen)

Zur Berechnung der Teststatistik V bietet sich eine Tabelle als Hilfsmittel an. Hierbei gilt es zu berücksichtigen, dass $n = 500$:

$\bar{p}_j$	$n \cdot \bar{p}_j$	n_j
0,3	500 •0,3=150	120
0,35	500 •0,35=175	135
0,15	500 •0,15=75	120
0,1	500 •0,1=50	65
0,1	500 •0,1=50	60

Bevor Sie loslegen, aus dieser Tabelle V zu berechnen, müssen Sie unbedingt prüfen, ob die Bedingung, dass $n \cdot \bar{p}_j > 5$ sein muss, erfüllt ist. Ein Blick auf die zweite Spalte zeigt, dass die Bedingung erfüllt ist, wir können also loslegen. Es gilt: $V = \frac{1}{n}\sum_{j=1}^{m} \frac{n_j^2}{\bar{p}_j} - n =$ $\frac{1}{500}\left(\frac{120^2}{0{,}3} + \frac{135^2}{0{,}35} + \frac{120^2}{0{,}15} + \frac{65^2}{0{,}1} + \frac{60^2}{0{,}1}\right) - 500 = \frac{1}{500}(48.000 + 52.071{,}42857 + 96.000 +$ $42.250 + 36.000) - 500 = \frac{274.321{,}42857}{500} - 500 = 48{,}64285714$. Nun fehlt noch der Wert der χ^2-Verteilung. Es gibt $m = 5$ unterschiedliche Messwerte, $\alpha = 0{,}01$, also gilt: $\chi^2_{m-1}(1 - \alpha) = \chi^2_4(0{,}99) = 13{,}277$.

Da $V = 48{,}64285714 > \chi^2_4(0{,}99) = 13{,}277$, kann H_0 zum Niveau 0,01 abgelehnt werden. Die Verteilung sollte also revidiert werden. Blöd, jetzt kann man einmal H_0 ablehnen, und dann passiert das bei einem Test, bei dem in der Nullhypothese das drin stehen muss, was man untermauern möchte.

Lösung zu Aufgabe 33

Nullhypothese und Alternative des Unternehmens lauten gemäß Aufgabenstellung:

H_0: Es liegt eine $exp(0{,}25)$-Verteilung vor.

A: Es liegt keine $exp(0{,}25)$-Verteilung vor.

Auch hier handelt es sich also um Vermutungen bzgl. der Verteilung einer Zufallsvariablen. Der Unterschied zur vorherigen Aufgabe besteht (lediglich) darin, dass die vermutete Verteilung nun stetig ist und nicht diskret wie gerade. Also müssen wir einen χ^2-Anpassungstest für stetige Verteilungen durchführen. Die zugehörige Testvorschrift lautet: Lehne H_0 ab, falls $V > \chi^2_{m-1}(1 - \alpha)$.

Auch hier hilft eine Tabelle zur Unterstützung. Diesmal nehmen wir auch die Klassen mit auf, denn die Wahrscheinlichkeiten müssen ja hier je Klasse ermittelt werden.

Um diese Wahrscheinlichkeiten zu berechnen, brauchen wir die Verteilungsfunktion der $exp(0,25)$-Verteilung. Sie lautet: $F^X(x) = \begin{cases} 1 - e^{-0,25x}; \ x > 0 \\ 0 \ ; \text{ sonst} \end{cases}$.

Damit können wir $\overline{p_1}$ ermitteln: $\overline{p_1} = F^X(1) - F^X(0) = 1 - e^{-0,25 \cdot 1} - (1 - e^{-0,25 \cdot 0}) = e^0 - e^{-0,25} = 1 - e^{-0,25} = 0,221199216$. Die anderen $\overline{p_i}$ ergeben sich analog:

$\overline{p_2} = F^X(3) - F^X(1) = 1 - e^{-0,25 \cdot 3} - (1 - e^{-0,25 \cdot 1}) = e^{-0,25} - e^{-0,75} = 0,30643423$

$\overline{p_3} = F^X(5) - F^X(3) = 1 - e^{-0,25 \cdot 5} - (1 - e^{-0,25 \cdot 3}) = e^{-0,75} - e^{-1,25} = 0,185861755$

$\overline{p_4} = 1 - F^X(5) = 1 - (1 - e^{-0,25 \cdot 5}) = e^{-1,25} = 0,286504796$. Wenn man nun noch bedenkt, dass $n = 30$ ist, ergibt sich die folgende Tabelle:

A_j	$\overline{p_j}$	$n \cdot \overline{p_j}$	n_j
[0;1]	0,221199216	6,63597648	0
]1;3]	0,30643423	9,190269	9
]3;5]	0,185861755	5,57585265	13
]5,∞[	0,286504796	8,59514388	8

Da $n \cdot \overline{p_j} \geq 5$ für alle Klassen gilt, müssen keine Klassen zusammen gefasst werden, und wir können V berechnen: $V = \frac{1}{n}\sum_{j=1}^m \frac{n_j^2}{\overline{p_j}} - n = \frac{1}{30}\left(\frac{0^2}{0,221199216} + \frac{9^2}{0,30643423} + \frac{13^2}{0,185861755} + \frac{8^2}{0,286504796}\right) - 30 = \frac{1}{30}(264,3307832 + 909,2779738 + 223,3819499) - 30 = 16,5663569$. Bleibt noch die Berechnung des Werts der χ^2-Verteilung. Es gibt $m = 4$ Klassen, $\alpha = 0,05$, also gilt: $\chi^2_{m-1}(1 - \alpha) = \chi^2_3(0,95) = 7,815$.

Da $V = 16,5663569 > \chi^2_3(0,95) = 7,815$, kann H_0 zum Niveau 5% abgelehnt werden. Die Lebensdauern scheinen also nicht $exp(0,25)$-verteilt zu sein.

Lösung zu Aufgabe 34

Hier ist λ unbekannt, es muss also zuerst geschätzt werden. Da der Erwartungswert der Exponentialverteilung gerade $\frac{1}{\lambda}$ ist, erinnern wir uns, dass der erwartungstreue Schätzer $\bar{x}$ die beste Schätzfunktion für den Erwartungswert ist. $\bar{x} = 54$ (gemäß Aufgabenstellung. Also ist 54 die beste Schätzung für $\frac{1}{\lambda}$. Somit ist die beste Schätzung für λ nichts anderes als $\hat{\lambda} = \frac{1}{\bar{x}} = \frac{1}{54}$. Da wir $k = 1$ (in Worten: einen) Parameter geschätzt haben, müssen wir daran denken, dass beim Ablesen des χ^2-Werts noch ein Freiheitsgrad für den geschätzten Parameter abgezogen wird. Denn – es wird Sie nicht überraschen – wir führen schon wieder einen χ^2-Anpassungstest für stetige Verteilungen durch. Diesmal lauten Nullhypothese und Alternative:

H_0: Es liegt eine Exponentialverteilung vor.

A: Es liegt keine Exponentialverteilung vor.

Die hierzu gehörige Testvorschrift lautet: Lehne H_0 ab, falls $V > \chi^2_{m-k-1}(1 - \alpha)$.

Auch hier hilft eine Tabelle zur Unterstützung. Wieder nehmen wir auch die Klassen mit auf, denn die Wahrscheinlichkeiten müssen hier ebenfalls je Klasse ermittelt werden.

Um diese Wahrscheinlichkeiten zu berechnen, brauchen wir die Verteilungsfunktion der $exp(\frac{1}{54})$-Verteilung. Sie lautet: $F^X(x) = \begin{cases} 1 - e^{-\frac{x}{54}}; & x > 0 \\ 0; & \text{sonst} \end{cases}$.

Damit können wir $\overline{p_1}$ ermitteln: $\overline{p_1} = F^X(15) - F^X(0) = 1 - e^{-\frac{15}{54}} - \left(1 - e^{-\frac{0}{54}}\right) = e^0 - e^{-\frac{15}{54}} = 1 - e^{-\frac{15}{54}} = 0{,}2425$. Die anderen p_i ergeben sich analog:

$$\overline{p_2} = F^X(30) - F^X(15) = 1 - e^{-\frac{30}{54}} - \left(1 - e^{-\frac{15}{54}}\right) = e^{-\frac{15}{54}} - e^{-\frac{30}{54}} = 0{,}1837$$

$$\overline{p_3} = F^X(45) - F^X(30) = 1 - e^{-\frac{45}{54}} - \left(1 - e^{-\frac{30}{54}}\right) = e^{-\frac{30}{54}} - e^{-\frac{45}{54}} = 0{,}1392$$

$$\overline{p_4} = F^X(60) - F^X(45) = 1 - e^{-\frac{60}{54}} - \left(1 - e^{-\frac{45}{54}}\right) = e^{-\frac{45}{54}} - e^{-\frac{60}{54}} = 0{,}1054$$

$$\overline{p_5} = F^X(90) - F^X(60) = 1 - e^{-\frac{90}{54}} - \left(1 - e^{-\frac{60}{54}}\right) = e^{-\frac{60}{54}} - e^{-\frac{90}{54}} = 0{,}1403$$

$$\overline{p_6} = F^X(120) - F^X(90) = 1 - e^{-\frac{120}{54}} - \left(1 - e^{-\frac{90}{54}}\right) = e^{-\frac{90}{54}} - e^{-\frac{120}{54}} = 0{,}0805$$

$$\overline{p_7} = F^X(180) - F^X(120) = 1 - e^{-\frac{180}{54}} - \left(1 - e^{-\frac{120}{54}}\right) = e^{-\frac{120}{54}} - e^{-\frac{180}{54}} = 0{,}0727$$

$\overline{p_8} = 1 - F^X(180) = 1 - \left(1 - e^{-\frac{180}{54}}\right) = e^{-\frac{180}{54}} = 0{,}0357$ Wenn man nun noch bedenkt, dass $n = 50$ ist, ergibt sich die folgende Tabelle:

A_j	$\bar{p}_j$	$n \cdot \bar{p}_j$	n_j
[0;15]	0,2425	12,125	2
]15;30]	0,1837	9,185	7
]30;45]	0,1392	6,96	7
]45;60]	0,1054	5,27	10
]60;90]	0,1403	7,015	12
]90;120]	0,0805	4,025	6
]120;180]	0,0727	3,635	4
]180;∞[	0,0357	1,785	2

Da die letzten drei Klassen die Bedingung $n \cdot \bar{p}_j \geq 5$ verletzen, werden sie zu einer Klasse zusammengefasst. Achtung, jetzt ist $m = 6$, wir haben ja nur noch sechs Klassen:

A_j	$\bar{p}_j$	$n \cdot \bar{p}_j$	n_j
[0;15]	0,2425	12,125	2
(15;30]	0,1837	9,185	7
(30;45]	0,1392	6,96	7
(45;60]	0,1054	5,27	10
(60;90]	0,1403	7,015	12
(90;1)	0,1889	9,445	12

Da nun $n \cdot \bar{p}_j \geq 5$ für alle Klassen gilt, müssen keine weiteren Klassen zusammen gefasst werden, und wir können V berechnen: $V = \frac{1}{n}\sum_{j=1}^{m}\frac{n_j^2}{\bar{p}_j} - n = \frac{1}{50}\left(\frac{2^2}{0,2425} + \frac{7^2}{0,1837} + \frac{7^2}{0,1392} + \frac{10^2}{0,1054} + \frac{12^2}{0,1403} + \frac{12^2}{0,1889}\right) - 50 = \frac{1}{50}(16,4925 + 266,7222 + 352,1248 + 948,7196 + 1026,2449 + 762,4066) - 50 = 17,4542$. Bleibt noch die Berechnung des Werts der χ^2–Verteilung. Es gibt wie gesagt nun noch $m = 6$ Klassen, $k = 1$ Parameter wurde geschätzt und $\alpha = 0,05$, also gilt: $\chi^2_{m-k-1}(1 - \alpha) = \chi^2_4(0,95) = 9,488$.

Da $V = 17,4542 > \chi^2_4(0,95) = 9,488$, kann H_0 zum Niveau 5% abgelehnt werden. Die Abfertigungszeiten scheinen also nicht exponentialverteilt zu sein.

7 Anhang

Abbildung 7.1 Binomialverteilung p=0,05

n\x	0	1	2	3	4	5	6	7	8	9	10	11	12	13	14	15	16	17	18	19	20	21	22	23	24	25	26	27	28	29	30
1	0,95	1																													
2	0,903	0,998	1																												
3	0,857	0,993	1	1																											
4	0,815	0,986	1	1	1																										
5	0,774	0,977	0,999	1	1	1																									
6	0,735	0,967	0,998	1	1	1	1																								
7	0,698	0,956	0,996	1	1	1	1	1																							
8	0,663	0,943	0,994	1	1	1	1	1	1																						
9	0,63	0,929	0,992	0,999	1	1	1	1	1	1																					
10	0,599	0,914	0,988	0,999	1	1	1	1	1	1	1																				
11	0,569	0,898	0,985	0,998	1	1	1	1	1	1	1	1																			
12	0,54	0,882	0,98	0,998	1	1	1	1	1	1	1	1	1																		
13	0,513	0,865	0,975	0,997	1	1	1	1	1	1	1	1	1	1																	
14	0,488	0,847	0,97	0,996	1	1	1	1	1	1	1	1	1	1	1																
15	0,463	0,829	0,964	0,995	0,999	1	1	1	1	1	1	1	1	1	1	1															
16	0,44	0,811	0,957	0,993	0,999	1	1	1	1	1	1	1	1	1	1	1	1														
17	0,418	0,792	0,95	0,991	0,999	1	1	1	1	1	1	1	1	1	1	1	1	1													
18	0,397	0,774	0,942	0,989	0,998	1	1	1	1	1	1	1	1	1	1	1	1	1	1												
19	0,377	0,755	0,933	0,987	0,998	1	1	1	1	1	1	1	1	1	1	1	1	1	1	1											
20	0,358	0,736	0,925	0,984	0,997	1	1	1	1	1	1	1	1	1	1	1	1	1	1	1	1										
21	0,341	0,717	0,915	0,981	0,997	1	1	1	1	1	1	1	1	1	1	1	1	1	1	1	1	1									
22	0,324	0,698	0,905	0,978	0,996	0,999	1	1	1	1	1	1	1	1	1	1	1	1	1	1	1	1	1								
23	0,307	0,679	0,895	0,974	0,995	0,999	1	1	1	1	1	1	1	1	1	1	1	1	1	1	1	1	1	1							
24	0,292	0,661	0,884	0,97	0,994	0,999	1	1	1	1	1	1	1	1	1	1	1	1	1	1	1	1	1	1	1						
25	0,277	0,642	0,873	0,966	0,993	0,999	1	1	1	1	1	1	1	1	1	1	1	1	1	1	1	1	1	1	1	1					
26	0,264	0,624	0,861	0,961	0,991	0,998	1	1	1	1	1	1	1	1	1	1	1	1	1	1	1	1	1	1	1	1	1				
27	0,25	0,606	0,85	0,956	0,99	0,998	1	1	1	1	1	1	1	1	1	1	1	1	1	1	1	1	1	1	1	1	1	1			
28	0,238	0,588	0,837	0,951	0,988	0,998	1	1	1	1	1	1	1	1	1	1	1	1	1	1	1	1	1	1	1	1	1	1	1		
29	0,226	0,571	0,825	0,945	0,986	0,997	1	1	1	1	1	1	1	1	1	1	1	1	1	1	1	1	1	1	1	1	1	1	1	1	
30	0,215	0,554	0,812	0,939	0,984	0,997	0,999	1	1	1	1	1	1	1	1	1	1	1	1	1	1	1	1	1	1	1	1	1	1	1	1

$$F_{n,p}(x) = 1 - F_{n,1-p}(n-x-1)$$

Abbildung 7.2   Binomialverteilung p=0,1

Binomialverteilung p=0,1

n\x	0	1	2	3	4	5	6	7	8	9	10	11	12	13	14	15	16	17	18	19	20	21	22	23	24	25	26	27	28	29	30
1	0,9	1																													
2	0,81	0,99	1																												
3	0,729	0,972	0,999	1																											
4	0,656	0,948	0,996	1	1																										
5	0,59	0,919	0,991	1	1	1																									
6	0,531	0,886	0,984	0,999	1	1	1																								
7	0,478	0,85	0,974	0,997	1	1	1	1																							
8	0,43	0,813	0,962	0,995	1	1	1	1	1																						
9	0,387	0,775	0,947	0,992	0,999	1	1	1	1	1																					
10	0,349	0,736	0,93	0,987	0,998	1	1	1	1	1	1																				
11	0,314	0,697	0,91	0,981	0,997	1	1	1	1	1	1	1																			
12	0,282	0,659	0,889	0,974	0,996	0,999	1	1	1	1	1	1	1																		
13	0,254	0,621	0,866	0,966	0,994	0,999	1	1	1	1	1	1	1	1																	
14	0,229	0,585	0,842	0,956	0,991	0,999	1	1	1	1	1	1	1	1	1																
15	0,206	0,549	0,816	0,944	0,987	0,998	1	1	1	1	1	1	1	1	1	1															
16	0,185	0,515	0,789	0,932	0,983	0,997	0,999	1	1	1	1	1	1	1	1	1	1														
17	0,167	0,482	0,762	0,917	0,978	0,995	0,999	1	1	1	1	1	1	1	1	1	1	1													
18	0,15	0,45	0,734	0,902	0,972	0,994	0,999	1	1	1	1	1	1	1	1	1	1	1	1												
19	0,135	0,42	0,705	0,885	0,965	0,991	0,998	1	1	1	1	1	1	1	1	1	1	1	1	1											
20	0,122	0,392	0,677	0,867	0,957	0,989	0,998	1	1	1	1	1	1	1	1	1	1	1	1	1	1										
21	0,109	0,365	0,648	0,848	0,948	0,986	0,997	0,999	1	1	1	1	1	1	1	1	1	1	1	1	1	1									
22	0,098	0,339	0,62	0,828	0,938	0,982	0,996	0,999	1	1	1	1	1	1	1	1	1	1	1	1	1	1	1								
23	0,089	0,315	0,592	0,807	0,927	0,977	0,994	0,999	1	1	1	1	1	1	1	1	1	1	1	1	1	1	1	1							
24	0,08	0,292	0,564	0,786	0,915	0,972	0,993	0,998	1	1	1	1	1	1	1	1	1	1	1	1	1	1	1	1	1						
25	0,072	0,271	0,537	0,764	0,902	0,967	0,991	0,998	1	1	1	1	1	1	1	1	1	1	1	1	1	1	1	1	1	1					
26	0,065	0,251	0,511	0,741	0,888	0,96	0,988	0,997	0,999	1	1	1	1	1	1	1	1	1	1	1	1	1	1	1	1	1	1				
27	0,058	0,233	0,485	0,718	0,873	0,953	0,985	0,996	0,999	1	1	1	1	1	1	1	1	1	1	1	1	1	1	1	1	1	1	1			
28	0,052	0,215	0,459	0,695	0,858	0,945	0,982	0,995	0,999	1	1	1	1	1	1	1	1	1	1	1	1	1	1	1	1	1	1	1	1		
29	0,047	0,199	0,435	0,671	0,842	0,936	0,978	0,994	0,998	1	1	1	1	1	1	1	1	1	1	1	1	1	1	1	1	1	1	1	1	1	
30	0,042	0,184	0,411	0,647	0,825	0,927	0,974	0,992	0,998	1	1	1	1	1	1	1	1	1	1	1	1	1	1	1	1	1	1	1	1	1	1

$$F_{n,p}(x) = 1 - F_{n,1-p}(n-x-1)$$

Abbildung 7.3   Binomialverteilung p=0,15

Binomialverteilung p=0,15

n\x	0	1	2	3	4	5	6	7	8	9	10	11	12	13	14	15	16	17	18	19	20	21	22	23	24	25	26	27	28	29	30
1	0,85	1																													
2	0,723	0,978	1																												
3	0,614	0,939	0,997	1																											
4	0,522	0,89	0,988	0,999	1																										
5	0,444	0,835	0,973	0,998	1																										
6	0,377	0,776	0,953	0,994	1																										
7	0,321	0,717	0,926	0,988	0,999	1																									
8	0,272	0,657	0,895	0,979	0,997	1																									
9	0,232	0,599	0,859	0,966	0,994	0,999	1																								
10	0,197	0,544	0,82	0,95	0,99	0,999	1																								
11	0,167	0,492	0,779	0,931	0,984	0,997	1																								
12	0,142	0,443	0,736	0,908	0,976	0,995	0,999	1																							
13	0,121	0,398	0,692	0,882	0,966	0,992	0,999	1																							
14	0,103	0,357	0,648	0,853	0,953	0,988	0,998	1																							
15	0,087	0,319	0,604	0,823	0,938	0,983	0,996	0,999	1																						
16	0,074	0,284	0,561	0,79	0,921	0,976	0,994	0,999	1																						
17	0,063	0,252	0,52	0,756	0,901	0,968	0,992	0,998	1																						
18	0,054	0,224	0,48	0,72	0,879	0,958	0,988	0,997	0,999	1																					
19	0,046	0,198	0,441	0,684	0,856	0,946	0,984	0,996	0,999	1																					
20	0,039	0,176	0,405	0,648	0,83	0,933	0,978	0,994	0,999	1																					
21	0,033	0,155	0,37	0,611	0,803	0,917	0,971	0,992	0,998	1																					
22	0,028	0,137	0,338	0,575	0,774	0,9	0,963	0,989	0,997	0,999	1																				
23	0,024	0,12	0,308	0,54	0,744	0,881	0,954	0,985	0,996	0,999	1																				
24	0,02	0,106	0,28	0,505	0,713	0,861	0,943	0,98	0,994	0,999	1																				
25	0,017	0,093	0,254	0,471	0,682	0,838	0,93	0,975	0,992	0,998	1																				
26	0,015	0,082	0,23	0,439	0,65	0,815	0,917	0,968	0,989	0,997	0,999	1																			
27	0,012	0,072	0,207	0,407	0,619	0,79	0,901	0,96	0,986	0,996	0,999	1																			
28	0,011	0,063	0,187	0,377	0,587	0,765	0,885	0,951	0,982	0,994	0,998	1																			
29	0,009	0,055	0,168	0,349	0,555	0,738	0,867	0,941	0,978	0,993	0,998	0,999	1																		
30	0,008	0,048	0,151	0,322	0,524	0,711	0,847	0,93	0,972	0,99	0,997	0,999	1																		

$$F_{n,p}(x) = 1 - F_{n,1-p}(n-x-1)$$

Abbildung 7.4 Binomialverteilung p=0,2

Binomialverteilung p=0,2

n \ x	0	1	2	3	4	5	6	7	8	9	10	11	12	13	14	15	16	17	18	19	20	21	22	23	24	25	26	27	28	29	30
1	0,8	1																													
2	0,64	0,96	1																												
3	0,512	0,896	0,992	1																											
4	0,41	0,819	0,973	0,998	1																										
5	0,328	0,737	0,942	0,993	1	1																									
6	0,262	0,655	0,901	0,983	0,998	1	1																								
7	0,21	0,577	0,852	0,967	0,995	1	1	1																							
8	0,168	0,503	0,797	0,944	0,99	0,999	1	1	1																						
9	0,134	0,436	0,738	0,914	0,98	0,997	1	1	1	1																					
10	0,107	0,376	0,678	0,879	0,967	0,994	0,999	1	1	1	1																				
11	0,086	0,322	0,617	0,839	0,95	0,988	0,998	1	1	1	1	1																			
12	0,069	0,275	0,558	0,795	0,927	0,981	0,996	0,999	1	1	1	1	1																		
13	0,055	0,234	0,502	0,747	0,901	0,97	0,993	0,999	1	1	1	1	1	1																	
14	0,044	0,198	0,448	0,698	0,87	0,956	0,988	0,998	1	1	1	1	1	1	1																
15	0,035	0,167	0,398	0,648	0,836	0,939	0,982	0,996	0,999	1	1	1	1	1	1	1															
16	0,028	0,141	0,352	0,598	0,798	0,918	0,973	0,993	0,999	1	1	1	1	1	1	1	1														
17	0,023	0,118	0,31	0,549	0,758	0,894	0,962	0,989	0,997	1	1	1	1	1	1	1	1	1													
18	0,018	0,099	0,271	0,501	0,716	0,867	0,949	0,984	0,996	0,999	1	1	1	1	1	1	1	1	1												
19	0,014	0,083	0,237	0,455	0,673	0,837	0,932	0,977	0,993	0,998	1	1	1	1	1	1	1	1	1	1											
20	0,012	0,069	0,206	0,411	0,63	0,804	0,913	0,968	0,99	0,997	0,999	1	1	1	1	1	1	1	1	1	1										
21	0,009	0,058	0,179	0,37	0,586	0,769	0,891	0,957	0,986	0,996	0,999	1	1	1	1	1	1	1	1	1	1	1									
22	0,007	0,048	0,154	0,332	0,543	0,733	0,867	0,944	0,98	0,994	0,998	1	1	1	1	1	1	1	1	1	1	1	1								
23	0,006	0,04	0,133	0,297	0,501	0,695	0,84	0,928	0,973	0,991	0,997	0,999	1	1	1	1	1	1	1	1	1	1	1	1							
24	0,005	0,033	0,115	0,264	0,46	0,656	0,811	0,911	0,964	0,987	0,996	0,999	1	1	1	1	1	1	1	1	1	1	1	1	1						
25	0,004	0,027	0,098	0,234	0,421	0,617	0,78	0,891	0,953	0,983	0,994	0,998	1	1	1	1	1	1	1	1	1	1	1	1	1	1					
26	0,003	0,023	0,084	0,207	0,383	0,577	0,747	0,869	0,941	0,977	0,992	0,998	0,999	1	1	1	1	1	1	1	1	1	1	1	1	1	1				
27	0,002	0,019	0,072	0,182	0,348	0,539	0,713	0,844	0,926	0,97	0,989	0,997	0,999	1	1	1	1	1	1	1	1	1	1	1	1	1	1	1			
28	0,002	0,015	0,061	0,16	0,315	0,501	0,678	0,818	0,91	0,961	0,985	0,995	0,999	1	1	1	1	1	1	1	1	1	1	1	1	1	1	1	1		
29	0,002	0,013	0,052	0,14	0,284	0,463	0,643	0,79	0,892	0,951	0,98	0,993	0,998	0,999	1	1	1	1	1	1	1	1	1	1	1	1	1	1	1	1	
30	0,001	0,011	0,044	0,123	0,255	0,428	0,607	0,761	0,871	0,939	0,974	0,991	0,997	0,999	1	1	1	1	1	1	1	1	1	1	1	1	1	1	1	1	1

$F_{n,p}(x) = 1-F_{n,1-p}(n-x-1)$

Abbildung 7.5   Binomialverteilung p=0,25

Binomialverteilung p=0,25

n \ x	0	1	2	3	4	5	6	7	8	9	10	11	12	13	14	15	16	17	18	19	20	21	22	23	24	25	26	27	28	29	30
1	0,75	1																													
2	0,563	0,938	1																												
3	0,422	0,844	0,984	1																											
4	0,316	0,738	0,949	0,996	1																										
5	0,237	0,633	0,896	0,984	0,999	1																									
6	0,178	0,534	0,831	0,962	0,995	1	1																								
7	0,133	0,445	0,756	0,929	0,987	0,999	1	1																							
8	0,1	0,367	0,679	0,886	0,973	0,996	1	1	1																						
9	0,075	0,3	0,601	0,834	0,951	0,99	0,999	1	1	1																					
10	0,056	0,244	0,526	0,776	0,922	0,98	0,996	1	1	1	1																				
11	0,042	0,197	0,455	0,713	0,885	0,966	0,992	0,999	1	1	1	1																			
12	0,032	0,158	0,391	0,649	0,842	0,946	0,986	0,997	1	1	1	1	1																		
13	0,024	0,127	0,333	0,584	0,794	0,92	0,976	0,994	0,999	1	1	1	1	1																	
14	0,018	0,101	0,281	0,521	0,742	0,888	0,962	0,99	0,998	1	1	1	1	1	1																
15	0,013	0,08	0,236	0,461	0,686	0,852	0,943	0,983	0,996	0,999	1	1	1	1	1	1															
16	0,01	0,063	0,197	0,405	0,63	0,81	0,92	0,973	0,993	0,998	1	1	1	1	1	1	1														
17	0,008	0,05	0,164	0,353	0,574	0,765	0,893	0,96	0,988	0,997	0,999	1	1	1	1	1	1	1													
18	0,006	0,039	0,135	0,306	0,519	0,717	0,861	0,943	0,981	0,995	0,999	1	1	1	1	1	1	1	1												
19	0,004	0,031	0,111	0,263	0,465	0,668	0,825	0,923	0,971	0,991	0,998	1	1	1	1	1	1	1	1	1											
20	0,003	0,024	0,091	0,225	0,415	0,617	0,786	0,898	0,959	0,986	0,996	0,999	1	1	1	1	1	1	1	1	1										
21	0,002	0,019	0,075	0,192	0,367	0,567	0,744	0,87	0,944	0,979	0,994	0,998	1	1	1	1	1	1	1	1	1	1									
22	0,002	0,015	0,061	0,162	0,323	0,517	0,699	0,838	0,925	0,97	0,99	0,997	0,999	1	1	1	1	1	1	1	1	1	1								
23	0,001	0,012	0,049	0,137	0,283	0,468	0,654	0,804	0,904	0,959	0,985	0,995	0,999	1	1	1	1	1	1	1	1	1	1	1							
24	0,001	0,009	0,04	0,115	0,247	0,422	0,607	0,766	0,879	0,945	0,979	0,993	0,998	1	1	1	1	1	1	1	1	1	1	1	1						
25	8E-04	0,007	0,032	0,096	0,214	0,378	0,561	0,727	0,851	0,929	0,97	0,989	0,997	1	1	1	1	1	1	1	1	1	1	1	1	1					
26	6E-04	0,005	0,026	0,08	0,184	0,337	0,515	0,685	0,82	0,909	0,96	0,985	0,995	0,998	1	1	1	1	1	1	1	1	1	1	1	1	1				
27	4E-04	0,004	0,021	0,067	0,158	0,299	0,471	0,643	0,786	0,887	0,947	0,978	0,992	0,998	0,999	1	1	1	1	1	1	1	1	1	1	1	1	1			
28	3E-04	0,003	0,017	0,055	0,135	0,264	0,428	0,6	0,75	0,862	0,932	0,971	0,989	0,996	0,999	1	1	1	1	1	1	1	1	1	1	1	1	1	1		
29	2E-04	0,003	0,013	0,046	0,115	0,232	0,387	0,557	0,713	0,834	0,914	0,961	0,984	0,994	0,998	1	1	1	1	1	1	1	1	1	1	1	1	1	1	1	
30	2E-04	0,002	0,011	0,037	0,098	0,203	0,348	0,514	0,674	0,803	0,894	0,949	0,978	0,992	0,997	0,999	1	1	1	1	1	1	1	1	1	1	1	1	1	1	1

$F_{n,p}(x) = 1 - F_{n,1-p}(n-x-1)$

Abbildung 7.6   Binomialverteilung p=0,3

Binomialverteilung p=0,3

n\x	0	1	2	3	4	5	6	7	8	9	10	11	12	13	14	15	16	17	18	19	20	21	22	23	24	25	26	27	28	29	30
1	0,7	1																													
2	0,49	0,91	1																												
3	0,343	0,784	0,973	1																											
4	0,24	0,652	0,916	0,992	1																										
5	0,168	0,528	0,837	0,969	0,998	1																									
6	0,118	0,42	0,744	0,93	0,989	0,999	1																								
7	0,082	0,329	0,647	0,874	0,971	0,996	1	1																							
8	0,058	0,255	0,552	0,806	0,942	0,989	0,999	1	1																						
9	0,04	0,196	0,463	0,73	0,901	0,975	0,996	1	1	1																					
10	0,028	0,149	0,383	0,65	0,85	0,953	0,989	0,998	1	1	1																				
11	0,02	0,113	0,313	0,57	0,79	0,922	0,978	0,996	0,999	1	1	1																			
12	0,014	0,085	0,253	0,493	0,724	0,882	0,961	0,991	0,998	1	1	1	1																		
13	0,01	0,064	0,202	0,421	0,654	0,835	0,938	0,982	0,996	0,999	1	1	1	1																	
14	0,007	0,047	0,161	0,355	0,584	0,781	0,907	0,969	0,992	0,998	1	1	1	1	1																
15	0,005	0,035	0,127	0,297	0,515	0,722	0,869	0,95	0,985	0,996	0,999	1	1	1	1	1															
16	0,003	0,026	0,099	0,246	0,45	0,66	0,825	0,926	0,974	0,993	0,998	1	1	1	1	1	1														
17	0,002	0,019	0,077	0,202	0,389	0,597	0,775	0,895	0,96	0,987	0,997	0,999	1	1	1	1	1	1													
18	0,002	0,014	0,06	0,165	0,333	0,534	0,722	0,859	0,94	0,979	0,994	0,999	1	1	1	1	1	1	1												
19	0,001	0,01	0,046	0,133	0,282	0,474	0,666	0,818	0,916	0,967	0,989	0,997	0,999	1	1	1	1	1	1	1											
20	8E-04	0,008	0,035	0,107	0,238	0,416	0,608	0,772	0,887	0,952	0,983	0,995	0,999	1	1	1	1	1	1	1	1										
21	6E-04	0,006	0,027	0,086	0,198	0,363	0,551	0,723	0,852	0,932	0,974	0,991	0,998	0,999	1	1	1	1	1	1	1	1									
22	4E-04	0,004	0,021	0,068	0,165	0,313	0,494	0,671	0,814	0,908	0,961	0,986	0,996	0,999	1	1	1	1	1	1	1	1	1								
23	3E-04	0,003	0,016	0,054	0,136	0,269	0,44	0,618	0,771	0,88	0,945	0,979	0,993	0,998	1	1	1	1	1	1	1	1	1	1							
24	2E-04	0,002	0,012	0,042	0,111	0,229	0,389	0,565	0,725	0,847	0,926	0,969	0,988	0,996	0,998	1	1	1	1	1	1	1	1	1	1						
25	1E-04	0,002	0,009	0,033	0,09	0,193	0,341	0,512	0,677	0,811	0,902	0,956	0,983	0,994	0,998	1	1	1	1	1	1	1	1	1	1	1					
26	9E-05	0,001	0,007	0,026	0,073	0,163	0,297	0,46	0,627	0,77	0,875	0,94	0,974	0,991	0,997	0,999	1	1	1	1	1	1	1	1	1	1	1				
27	7E-05	8E-04	0,005	0,02	0,059	0,136	0,256	0,411	0,577	0,728	0,843	0,92	0,964	0,986	0,995	0,998	1	1	1	1	1	1	1	1	1	1	1	1			
28	5E-05	6E-04	0,004	0,016	0,047	0,113	0,22	0,365	0,528	0,682	0,809	0,897	0,951	0,979	0,992	0,997	0,999	1	1	1	1	1	1	1	1	1	1	1	1		
29	3E-05	4E-04	0,003	0,012	0,038	0,093	0,188	0,321	0,479	0,636	0,771	0,871	0,935	0,971	0,988	0,996	0,998	1	1	1	1	1	1	1	1	1	1	1	1	1	
30	2E-05	3E-04	0,002	0,009	0,03	0,077	0,16	0,281	0,432	0,589	0,73	0,841	0,916	0,96	0,983	0,994	0,998	0,999	1	1	1	1	1	1	1	1	1	1	1	1	1

$$F_{n,p}(x) = 1 - F_{n,1-p}(n-x-1)$$

Abbildung 7.7 Binomialverteilung p=0,35

Binomialverteilung p=0,35

n \ x	0	1	2	3	4	5	6	7	8	9	10	11	12	13	14	15	16	17	18	19	20	21	22	23	24	25	26	27	28	29	30
1	0,65	1																													
2	0,423	0,878	1																												
3	0,275	0,718	0,957	1																											
4	0,179	0,563	0,874	0,985	1																										
5	0,116	0,428	0,765	0,946	0,995	1																									
6	0,075	0,319	0,647	0,883	0,978	0,998	1																								
7	0,049	0,234	0,532	0,8	0,944	0,991	0,999	1																							
8	0,032	0,169	0,428	0,706	0,894	0,975	0,996	1	1																						
9	0,021	0,121	0,337	0,609	0,828	0,946	0,989	0,999	1	1																					
10	0,013	0,086	0,262	0,514	0,751	0,905	0,974	0,995	0,999	1	1																				
11	0,009	0,061	0,2	0,426	0,668	0,851	0,95	0,988	0,998	1	1	1																			
12	0,006	0,042	0,151	0,347	0,583	0,787	0,915	0,974	0,994	0,999	1	1	1																		
13	0,004	0,03	0,113	0,278	0,501	0,716	0,871	0,954	0,987	0,997	1	1	1	1																	
14	0,002	0,021	0,084	0,22	0,423	0,641	0,816	0,925	0,976	0,994	0,999	1	1	1	1																
15	0,002	0,014	0,062	0,173	0,352	0,564	0,755	0,887	0,958	0,988	0,997	1	1	1	1	1															
16	0,001	0,01	0,045	0,134	0,289	0,49	0,688	0,841	0,933	0,977	0,994	0,999	1	1	1	1	1														
17	7E-04	0,007	0,033	0,103	0,235	0,42	0,619	0,787	0,901	0,962	0,988	0,997	0,999	1	1	1	1	1													
18	4E-04	0,005	0,024	0,078	0,189	0,355	0,549	0,728	0,861	0,94	0,979	0,994	0,999	1	1	1	1	1	1												
19	3E-04	0,003	0,017	0,059	0,15	0,297	0,481	0,666	0,815	0,913	0,965	0,989	0,997	0,999	1	1	1	1	1	1											
20	2E-04	0,002	0,012	0,044	0,118	0,245	0,417	0,601	0,762	0,878	0,947	0,98	0,994	0,998	1	1	1	1	1	1	1										
21	1E-04	0,001	0,009	0,033	0,092	0,201	0,357	0,536	0,706	0,838	0,923	0,969	0,989	0,997	0,999	1	1	1	1	1	1	1									
22	8E-05	1E-03	0,006	0,025	0,072	0,163	0,302	0,474	0,647	0,792	0,893	0,953	0,982	0,994	0,998	1	1	1	1	1	1	1	1								
23	5E-05	7E-04	0,004	0,018	0,055	0,131	0,253	0,414	0,586	0,741	0,858	0,932	0,972	0,99	0,997	0,999	1	1	1	1	1	1	1	1							
24	3E-05	5E-04	0,003	0,013	0,042	0,104	0,211	0,358	0,526	0,687	0,817	0,906	0,958	0,984	0,995	0,998	1	1	1	1	1	1	1	1	1						
25	2E-05	3E-04	0,002	0,01	0,032	0,083	0,173	0,306	0,467	0,63	0,771	0,875	0,94	0,975	0,991	0,997	0,999	1	1	1	1	1	1	1	1	1					
26	1E-05	2E-04	0,001	0,007	0,024	0,065	0,142	0,26	0,411	0,573	0,722	0,838	0,917	0,962	0,985	0,995	0,998	1	1	1	1	1	1	1	1	1	1				
27	9E-06	1E-04	0,001	0,005	0,018	0,051	0,115	0,218	0,358	0,516	0,67	0,798	0,889	0,946	0,977	0,991	0,997	0,999	1	1	1	1	1	1	1	1	1	1			
28	6E-06	9E-05	7E-04	0,004	0,014	0,039	0,092	0,182	0,309	0,461	0,616	0,753	0,857	0,926	0,966	0,986	0,995	0,998	1	1	1	1	1	1	1	1	1	1	1		
29	4E-06	6E-05	5E-04	0,003	0,01	0,03	0,074	0,151	0,265	0,408	0,562	0,705	0,821	0,902	0,952	0,979	0,992	0,997	0,999	1	1	1	1	1	1	1	1	1	1	1	
30	2E-06	4E-05	3E-04	0,002	0,008	0,023	0,059	0,124	0,225	0,358	0,508	0,655	0,78	0,874	0,935	0,97	0,988	0,995	0,999	1	1	1	1	1	1	1	1	1	1	1	1

$F_{n,p}(x) = 1 - F_{n,1-p}(n-x-1)$

Abbildung 7.8   Binomialverteilung p=0,4

Binomialverteilung p=0,4

n\x	0	1	2	3	4	5	6	7	8	9	10	11	12	13	14	15	16	17	18	19	20	21	22	23	24	25	26	27	28	29	30
1	0,6	1																													
2	0,36	0,84	1																												
3	0,216	0,648	0,936	1																											
4	0,13	0,475	0,821	0,974	1																										
5	0,078	0,337	0,683	0,913	0,99	1																									
6	0,047	0,233	0,544	0,821	0,959	0,996	1																								
7	0,028	0,159	0,42	0,71	0,904	0,981	0,998	1																							
8	0,017	0,106	0,315	0,594	0,826	0,95	0,991	0,999	1																						
9	0,01	0,071	0,232	0,483	0,733	0,901	0,975	0,996	1																						
10	0,006	0,046	0,167	0,382	0,633	0,834	0,945	0,988	0,998	1																					
11	0,004	0,03	0,119	0,296	0,533	0,753	0,901	0,971	0,994	0,999	1																				
12	0,002	0,02	0,083	0,225	0,438	0,665	0,842	0,943	0,985	0,997	1	1																			
13	0,001	0,013	0,058	0,169	0,353	0,574	0,771	0,902	0,968	0,992	0,999	1	1																		
14	8E-04	0,008	0,04	0,124	0,279	0,486	0,692	0,85	0,942	0,982	0,996	0,999	1	1																	
15	5E-04	0,005	0,027	0,091	0,217	0,403	0,61	0,787	0,905	0,966	0,991	0,998	1	1	1																
16	3E-04	0,003	0,018	0,065	0,167	0,329	0,527	0,716	0,858	0,942	0,981	0,995	0,999	1	1	1															
17	2E-04	0,002	0,012	0,046	0,126	0,264	0,448	0,641	0,801	0,908	0,965	0,989	0,997	1	1	1	1														
18	1E-04	0,001	0,008	0,033	0,094	0,209	0,374	0,563	0,737	0,865	0,942	0,98	0,994	0,999	1	1	1	1													
19	6E-05	8E-04	0,005	0,023	0,07	0,163	0,308	0,488	0,667	0,814	0,912	0,965	0,988	0,997	0,999	1	1	1	1												
20	4E-05	5E-04	0,004	0,016	0,051	0,126	0,25	0,416	0,596	0,755	0,872	0,943	0,979	0,994	0,998	1	1	1	1	1											
21	3E-05	3E-04	0,002	0,011	0,037	0,096	0,2	0,35	0,524	0,691	0,826	0,915	0,965	0,988	0,996	0,999	1	1	1	1	1										
22	2E-05	2E-04	0,002	0,008	0,027	0,072	0,158	0,29	0,454	0,624	0,772	0,879	0,945	0,979	0,993	0,998	1	1	1	1	1	1									
23	1E-05	1E-04	0,001	0,005	0,019	0,054	0,124	0,237	0,388	0,556	0,713	0,836	0,919	0,965	0,987	0,996	0,999	1	1	1	1	1	1								
24	8E-06	8E-05	7E-04	0,004	0,013	0,04	0,096	0,192	0,328	0,489	0,65	0,787	0,886	0,947	0,978	0,992	0,998	0,999	1	1	1	1	1	1							
25	5E-06	5E-05	4E-04	0,002	0,009	0,029	0,074	0,154	0,274	0,425	0,586	0,732	0,846	0,922	0,966	0,987	0,996	0,999	1	1	1	1	1	1	1						
26	3E-06	3E-05	3E-04	0,002	0,007	0,021	0,056	0,122	0,226	0,364	0,521	0,674	0,801	0,892	0,948	0,978	0,992	0,998	0,999	1	1	1	1	1	1	1					
27	2E-06	2E-05	2E-04	0,001	0,005	0,015	0,042	0,095	0,184	0,309	0,458	0,613	0,75	0,855	0,926	0,966	0,987	0,995	0,999	0,999	1	1	1	1	1	1	1				
28	1E-06	2E-05	1E-04	0,001	0,003	0,011	0,031	0,074	0,148	0,259	0,399	0,551	0,695	0,813	0,898	0,95	0,978	0,992	0,997	0,999	1	1	1	1	1	1	1	1			
29	8E-07	1E-05	1E-04	7E-04	0,002	0,008	0,023	0,057	0,119	0,215	0,343	0,49	0,637	0,766	0,864	0,929	0,967	0,987	0,995	0,998	1	1	1	1	1	1	1	1	1		
30	5E-07	7E-06	5E-05	3E-04	0,002	0,006	0,017	0,044	0,094	0,176	0,291	0,431	0,578	0,715	0,825	0,903	0,952	0,979	0,992	0,997	0,999	1	1	1	1	1	1	1	1	1	1

$$F_{n,p}(x) = 1 - F_{n,1-p}(n-x-1)$$

Abbildung 7.9   Binomialverteilung p=0,45

Binomialverteilung p=0,45

n\x	0	1	2	3	4	5	6	7	8	9	10	11	12	13	14	15	16	17	18	19	20	21	22	23	24	25	26	27	28	29	30
1	0,55	1																													
2	0,303	0,798	1																												
3	0,166	0,575	0,909	1																											
4	0,092	0,391	0,759	0,959	1																										
5	0,05	0,256	0,593	0,869	0,982	1																									
6	0,028	0,164	0,442	0,745	0,931	0,992	1																								
7	0,015	0,102	0,316	0,608	0,847	0,964	0,996	1																							
8	0,008	0,063	0,22	0,477	0,74	0,912	0,982	0,998	1																						
9	0,005	0,039	0,15	0,361	0,621	0,834	0,95	0,991	0,999	1																					
10	0,003	0,023	0,1	0,266	0,504	0,738	0,898	0,973	0,995	1	1																				
11	0,001	0,014	0,065	0,191	0,397	0,633	0,826	0,939	0,985	0,998	1	1																			
12	8E-04	0,008	0,042	0,134	0,304	0,527	0,739	0,888	0,964	0,992	0,999	1	1																		
13	4E-04	0,005	0,027	0,093	0,228	0,427	0,644	0,821	0,93	0,98	0,996	0,999	1	1																	
14	2E-04	0,003	0,017	0,063	0,167	0,337	0,546	0,741	0,881	0,957	0,989	0,998	1	1	1																
15	1E-04	0,002	0,011	0,042	0,12	0,261	0,452	0,654	0,818	0,923	0,975	0,994	0,999	1	1	1															
16	7E-05	1E-03	0,007	0,028	0,085	0,198	0,366	0,563	0,744	0,876	0,951	0,985	0,997	0,999	1	1	1														
17	4E-05	7E-04	0,004	0,018	0,06	0,147	0,29	0,474	0,663	0,817	0,917	0,97	0,991	0,998	1	1	1	1													
18	2E-05	3E-04	0,003	0,012	0,041	0,108	0,226	0,391	0,578	0,747	0,872	0,946	0,982	0,995	0,999	1	1	1	1												
19	1E-05	2E-04	0,002	0,008	0,028	0,078	0,173	0,317	0,494	0,671	0,816	0,913	0,966	0,989	0,997	0,999	1	1	1	1											
20	6E-06	1E-04	0,001	0,005	0,019	0,055	0,13	0,252	0,414	0,591	0,751	0,869	0,942	0,979	0,994	0,998	1	1	1	1	1										
21	4E-06	6E-05	8E-04	0,003	0,013	0,039	0,096	0,197	0,341	0,512	0,679	0,816	0,909	0,962	0,987	0,996	0,999	1	1	1	1	1									
22	2E-06	4E-05	3E-04	0,002	0,008	0,027	0,071	0,152	0,276	0,435	0,604	0,754	0,867	0,938	0,976	0,992	0,998	1	1	1	1	1	1								
23	1E-06	2E-05	2E-04	0,001	0,005	0,019	0,051	0,115	0,22	0,364	0,528	0,687	0,816	0,906	0,959	0,985	0,995	0,999	1	1	1	1	1	1							
24	6E-07	1E-05	1E-04	8E-04	0,004	0,013	0,036	0,086	0,173	0,299	0,454	0,615	0,758	0,866	0,935	0,973	0,99	0,997	0,999	1	1	1	1	1	1						
25	3E-07	7E-06	7E-05	5E-04	0,002	0,009	0,026	0,064	0,134	0,242	0,384	0,543	0,694	0,817	0,904	0,956	0,983	0,994	0,998	1	1	1	1	1	1	1					
26	2E-07	4E-06	4E-05	3E-04	0,001	0,006	0,018	0,047	0,102	0,194	0,32	0,471	0,626	0,762	0,865	0,933	0,971	0,989	0,996	0,999	1	1	1	1	1	1	1				
27	1E-07	2E-06	3E-05	2E-04	9E-04	0,004	0,013	0,034	0,077	0,153	0,263	0,403	0,556	0,7	0,819	0,902	0,954	0,981	0,993	0,998	1	1	1	1	1	1	1	1			
28	5E-08	1E-06	1E-05	1E-04	6E-04	0,003	0,009	0,024	0,058	0,119	0,213	0,34	0,487	0,636	0,765	0,865	0,93	0,969	0,988	0,996	0,999	1	1	1	1	1	1	1	1		
29	3E-08	7E-07	9E-06	9E-05	4E-04	0,002	0,006	0,017	0,043	0,091	0,171	0,283	0,421	0,569	0,707	0,82	0,901	0,951	0,979	0,992	0,997	0,999	1	1	1	1	1	1	1	1	
30	2E-08	4E-07	5E-06	5E-05	2E-04	0,001	0,004	0,012	0,031	0,069	0,135	0,233	0,359	0,502	0,645	0,769	0,864	0,929	0,967	0,986	0,995	0,998	1	1	1	1	1	1	1	1	1

$F_{n,p}(x) = 1-F_{n,1-p}(n-x-1)$

Abbildung 7.10   Binomialverteilung p=0,5

Binomialverteilung p=0,5

n\x	0	1	2	3	4	5	6	7	8	9	10	11	12	13	14	15	16	17	18	19	20	21	22	23	24	25	26	27	28	29	30
1	0,5	1																													
2	0,25	0,75	1																												
3	0,125	0,5	0,875	1																											
4	0,063	0,313	0,688	0,938	1																										
5	0,031	0,188	0,5	0,813	0,969	1																									
6	0,016	0,109	0,344	0,656	0,891	0,984	1																								
7	0,008	0,063	0,227	0,5	0,773	0,938	0,992	1																							
8	0,004	0,035	0,145	0,363	0,637	0,855	0,965	0,996	1																						
9	0,002	0,02	0,09	0,254	0,5	0,746	0,91	0,98	0,998	1																					
10	0,001	0,011	0,055	0,172	0,377	0,623	0,828	0,945	0,989	0,999	1																				
11	5E-04	0,006	0,033	0,113	0,274	0,5	0,726	0,887	0,967	0,994	1	1																			
12	2E-04	0,003	0,019	0,073	0,194	0,387	0,613	0,806	0,927	0,981	0,997	1	1																		
13	1E-04	0,002	0,011	0,046	0,133	0,291	0,5	0,709	0,867	0,954	0,989	0,998	1	1																	
14	6E-05	9E-04	0,006	0,029	0,09	0,212	0,395	0,605	0,788	0,91	0,971	0,994	0,999	1	1																
15	3E-05	5E-04	0,004	0,018	0,059	0,151	0,304	0,5	0,696	0,849	0,941	0,982	0,996	1	1	1															
16	2E-05	3E-04	0,002	0,011	0,038	0,105	0,227	0,402	0,598	0,773	0,895	0,962	0,989	0,998	1	1	1														
17	8E-06	1E-04	0,001	0,006	0,025	0,072	0,166	0,315	0,5	0,685	0,834	0,928	0,975	0,994	0,999	1	1	1													
18	4E-06	7E-05	7E-04	0,004	0,015	0,048	0,119	0,24	0,407	0,593	0,76	0,881	0,952	0,985	0,996	0,999	1	1	1												
19	2E-06	4E-05	4E-04	0,002	0,01	0,032	0,084	0,18	0,324	0,5	0,676	0,82	0,916	0,968	0,99	0,998	1	1	1	1											
20	1E-06	2E-05	2E-04	0,001	0,006	0,021	0,058	0,132	0,252	0,412	0,588	0,748	0,868	0,942	0,979	0,994	0,999	1	1	1	1										
21	5E-07	1E-05	1E-04	7E-04	0,004	0,013	0,039	0,095	0,192	0,332	0,5	0,668	0,808	0,905	0,961	0,987	0,996	0,999	1	1	1	1									
22	2E-07	5E-06	6E-05	4E-04	0,002	0,008	0,026	0,067	0,143	0,262	0,416	0,584	0,738	0,857	0,933	0,974	0,992	0,998	1	1	1	1	1								
23	1E-07	3E-06	3E-05	2E-04	0,001	0,005	0,017	0,047	0,105	0,202	0,339	0,5	0,661	0,798	0,895	0,953	0,983	0,995	0,999	1	1	1	1	1							
24	6E-08	1E-06	2E-05	1E-04	8E-04	0,003	0,011	0,032	0,076	0,154	0,271	0,419	0,581	0,729	0,846	0,924	0,968	0,989	0,997	0,999	1	1	1	1	1						
25	3E-08	8E-07	1E-05	8E-05	5E-04	0,002	0,007	0,022	0,054	0,115	0,212	0,345	0,5	0,655	0,788	0,885	0,946	0,978	0,993	0,998	1	1	1	1	1	1					
26	1E-08	4E-07	5E-06	4E-05	3E-04	0,001	0,005	0,014	0,038	0,084	0,163	0,279	0,423	0,577	0,721	0,837	0,916	0,962	0,986	0,995	0,999	1	1	1	1	1	1				
27	7E-09	2E-07	3E-06	2E-05	1E-04	8E-04	0,003	0,01	0,026	0,061	0,124	0,221	0,351	0,5	0,649	0,779	0,876	0,939	0,974	0,99	0,997	0,999	1	1	1	1	1	1			
28	4E-09	1E-07	2E-06	1E-05	8E-05	5E-04	0,002	0,006	0,018	0,044	0,092	0,172	0,286	0,425	0,575	0,714	0,828	0,908	0,956	0,982	0,994	0,998	0,999	1	1	1	1	1	1		
29	2E-09	6E-08	8E-07	8E-06	5E-05	3E-04	0,001	0,004	0,012	0,031	0,068	0,132	0,229	0,356	0,5	0,644	0,771	0,868	0,932	0,969	0,988	0,996	0,999	1	1	1	1	1	1	1	
30	9E-10	3E-08	4E-07	4E-06	3E-05	2E-04	7E-04	0,003	0,008	0,021	0,049	0,1	0,181	0,292	0,428	0,572	0,708	0,819	0,9	0,951	0,979	0,992	0,997	0,999	1	1	1	1	1	1	1

$$F_{n,p}(x) = 1 - F_{n,1-p}(n-x-1)$$

Abbildung 7.11 Standardnormalverteilung

Standardnormalverteilung		$\Phi(u)$								
	0	0,01	0,02	0,03	0,04	0,05	0,06	0,07	0,08	0,09
0	0,5	0,50398936	0,50797831	0,51196647	0,51595344	0,51993881	0,52392218	0,52790317	0,53188137	0,53585639
0,1	0,539827837	0,54379531	0,54775843	0,55171679	0,55567	0,55961769	0,56355946	0,56749493	0,57142372	0,57534543
0,2	0,579259709	0,58316616	0,58706442	0,59095412	0,59483487	0,59870633	0,60256811	0,60641987	0,61026125	0,61409188
0,3	0,617911422	0,62171952	0,62551583	0,62930002	0,63307174	0,63683065	0,64057643	0,64430875	0,64802729	0,65173173
0,4	0,655421742	0,65909703	0,66275727	0,66640218	0,67003145	0,67364478	0,67724189	0,68082249	0,6843863	0,68793305
0,5	0,691462461	0,69497427	0,69846821	0,70194403	0,70540148	0,70884031	0,71226028	0,71566115	0,71904269	0,72240468
0,6	0,725746882	0,7290691	0,73237111	0,73565271	0,7389137	0,74215389	0,74537309	0,7485711	0,75174777	0,75490291
0,7	0,758036348	0,76114793	0,7642375	0,76730491	0,77035	0,77337265	0,77637271	0,77935005	0,78230456	0,78523612
0,8	0,788144601	0,79102991	0,79389195	0,79673061	0,79954581	0,80233746	0,80510548	0,8078498	0,81057035	0,81326706
0,9	0,815939875	0,81858875	0,82121362	0,82381446	0,82639122	0,82894387	0,83147239	0,83397675	0,83645694	0,83891294
1	0,841344746	0,84375235	0,84613577	0,848495	0,85083005	0,85314094	0,8554277	0,85769035	0,85992891	0,86214343
1,1	0,864333939	0,86650049	0,86864312	0,87076189	0,87285685	0,87492806	0,8769756	0,87899952	0,88099989	0,8829768
1,2	0,88493033	0,88686055	0,88876756	0,89065145	0,8925123	0,89435023	0,89616532	0,89795768	0,89972743	0,90147467
1,3	0,903199515	0,90490208	0,90658249	0,90824086	0,90987733	0,91149201	0,91308504	0,91465655	0,91620668	0,91773556
1,4	0,919243341	0,92073016	0,92219616	0,92364149	0,9250663	0,92647074	0,92785496	0,92921912	0,93056338	0,93188788
1,5	0,933192799	0,93447829	0,93574451	0,93699164	0,93821982	0,93942924	0,94062006	0,94179244	0,94294657	0,9440826
1,6	0,945200708	0,94630107	0,94738386	0,94844925	0,94949742	0,95052853	0,95154277	0,95254032	0,95352134	0,95448602
1,7	0,955434537	0,95636706	0,95728378	0,95818486	0,95907049	0,95994084	0,9607961	0,96163643	0,96246202	0,96327304
1,8	0,964069681	0,96485211	0,9656205	0,96637503	0,96711588	0,96784323	0,96855724	0,96925809	0,96994596	0,97062102
1,9	0,97128344	0,97193339	0,97257105	0,97319658	0,97381016	0,97441194	0,9750021	0,97558081	0,97614824	0,97670453
2	0,977249868	0,97778441	0,97830831	0,97882173	0,97932484	0,97981778	0,98030073	0,98077383	0,98123723	0,9816911
2,1	0,982135579	0,98257082	0,98299698	0,98341419	0,98382262	0,98422239	0,98461367	0,98499658	0,98537127	0,98573788
2,2	0,986096552	0,98644742	0,98679062	0,98712628	0,98745454	0,98777553	0,98808937	0,98839621	0,98869616	0,98898934
2,3	0,98927589	0,98955592	0,98982956	0,99009692	0,99035813	0,99061329	0,99086253	0,99110596	0,99134368	0,99157581
2,4	0,991802464	0,99202031	0,99223975	0,99245059	0,99265637	0,99285719	0,99305315	0,99324435	0,99343088	0,99361285
2,5	0,993790335	0,99396344	0,99413226	0,99429687	0,99445738	0,99461385	0,99476639	0,99491507	0,99505998	0,9952012
2,6	0,995338812	0,99547289	0,99560351	0,99573076	0,9958547	0,99597541	0,99609297	0,99620744	0,99631889	0,9964274
2,7	0,99653326	0,9966358	0,9967359	0,99683328	0,99692804	0,99702024	0,99710993	0,99719719	0,99728206	0,99736461
2,8	0,99744487	0,99752293	0,99759882	0,9976726	0,99774432	0,99781404	0,99788179	0,99794764	0,99801162	0,99807379
2,9	0,998134187	0,99819286	0,99824984	0,99830519	0,99835894	0,99841113	0,9984618	0,998511	0,99855876	0,99860511
3	0,998650102	0,99869376	0,99873613	0,99877723	0,99881711	0,99885579	0,99889332	0,99892971	0,998965	0,99899922
3,1	0,999032397	0,99906456	0,99909574	0,99912597	0,99915526	0,99918365	0,99921115	0,99923781	0,99926362	0,99928864
3,2	0,999312862	0,99933633	0,99935905	0,99938105	0,99940235	0,99942297	0,99944294	0,99946226	0,99948096	0,99949906
3,3	0,999516576	0,99953352	0,99954991	0,99956577	0,99958111	0,99959594	0,99961029	0,99962416	0,99963757	0,99965054
3,4	0,999663071	0,99967519	0,99968689	0,99969821	0,99970914	0,99971971	0,99972991	0,99973977	0,99974929	0,99975849
3,5	0,999767371	0,99977595	0,99978423	0,99979222	0,99979994	0,99980738	0,99981457	0,99982151	0,9998282	0,99983466
3,6	0,999840891	0,9998469	0,99985267	0,99985825	0,99986368	0,99986888	0,99987389	0,99987872	0,99988338	0,99988787
3,7	0,9998922	0,99989637	0,99990039	0,99990426	0,99990799	0,99991158	0,99991504	0,99991838	0,99992159	0,99992468
3,8	0,999927652	0,99993052	0,99993327	0,99993593	0,99993848	0,99994094	0,99994331	0,99994558	0,99994777	0,99994988
3,9	0,999951904	0,99995385	0,99995573	0,99995753	0,99995926	0,99996092	0,99996253	0,99996406	0,99996554	0,99996696
4	0,999968329	0,99996964	0,9999709	0,99997211	0,99997327	0,99997439	0,99997546	0,99997649	0,99997748	0,99997843
4,1	0,999979342	0,99998022	0,99998106	0,99998186	0,99998263	0,99998338	0,99998409	0,99998477	0,99998542	0,99998605
4,2	0,999986654	0,99998723	0,99998778	0,99998832	0,99998882	0,99998931	0,99998978	0,99999023	0,99999066	0,99999107
4,3	0,99999146	0,99999184	0,9999922	0,99999254	0,99999288	0,99999319	0,9999935	0,99999379	0,99999407	0,99999433
4,4	0,999994587	0,99999483	0,99999506	0,99999529	0,9999955	0,99999571	0,9999959	0,99999609	0,99999627	0,99999644

Quantile	für Konfidenzintervalle und Tests									
p	50,0%	60,0%	70,0%	80,0%	90,0%	95,0%	97,5%	99,0%	99,5%	99,9%
u_p	0	0,2533471	0,52440051	0,84162123	1,28155157	1,64485363	1,95996398	2,32634787	2,5758293	3,09023231

$\Phi(-u) = 1-\Phi(u)$ $\Phi(u) \approx 1$ für $u > 4,5$ $\Phi(u) \approx 0$ für $u < -4,5$ $u_p = -u_{1-p}$

Abbildung 7.12 t-Verteilung

t-Verteilung $t_f(p)$

p	1	2	3	4	5	6	7	8	9	10
60,0%	0,3249197	0,28867513	0,27667066	0,27072229	0,26718087	0,26483453	0,26316686	0,2619211	0,26095534	0,26018483
70,0%	0,72654253	0,6172134	0,58438973	0,56864906	0,55942964	0,55338092	0,54910966	0,54593376	0,54348024	0,54152804
75,0%	1	0,81649658	0,76489233	0,74069708	0,72668684	0,7175582	0,71114178	0,70638661	0,70272215	0,69981206
80,0%	1,37638192	1,06066017	0,97847231	0,94096458	0,91954378	0,90570329	0,89602964	0,88888952	0,88340386	0,87905783
90,0%	3,07768354	1,88561808	1,63774435	1,53320627	1,47588404	1,43975575	1,41492393	1,39681531	1,38302874	1,37218364
95,0%	6,31375151	2,91998558	2,35336343	2,13184678	2,01504837	1,94318027	1,8945786	1,85954803	1,83311292	1,8124611
97,5%	12,7062047	4,30265273	3,1824463	2,77644511	2,57058183	2,44691185	2,36462425	2,30600413	2,26215716	2,22813884
99,0%	31,8205159	6,96455673	4,54070286	3,74694739	3,36493	3,1426684	2,99795157	2,89645945	2,82143792	2,76376946
99,5%	63,6567412	9,9248432	5,84090931	4,60409487	4,03214298	3,70742802	3,4994833	3,35538733	3,24983554	3,16927267
99,9%	318,308839	22,3271248	10,2145319	7,17318222	5,89342953	5,20762624	4,78528963	4,50079093	4,29680566	4,14370049

p	11	12	13	14	15	16	17	18	19	20
60,0%	0,25955586	0,25903275	0,25859086	0,25821265	0,2578853	0,25759919	0,25734701	0,25712304	0,25692282	0,25674275
70,0%	0,53993788	0,53861767	0,53750409	0,53655218	0,53572913	0,53501045	0,53437748	0,53381575	0,53331388	0,53286279
75,0%	0,69744533	0,69548287	0,6938293	0,69241707	0,69119695	0,69013225	0,68919508	0,68836381	0,68762146	0,6869545
80,0%	0,87552998	0,87260929	0,87015153	0,86805478	0,86624497	0,864667	0,86327902	0,86204867	0,86095055	0,85996444
90,0%	1,36343032	1,35621733	1,35017129	1,34503037	1,34060561	1,33675717	1,33337939	1,33039094	1,32772821	1,32534071
95,0%	1,79588481	1,78228755	1,77093338	1,76131012	1,75305033	1,74588367	1,73960672	1,73406359	1,72913279	1,72471822
97,5%	2,20098526	2,17881283	2,16036865	2,14478668	2,13144954	2,11990529	2,10981556	2,10092204	2,09302405	2,08596344
99,0%	2,71807918	2,68099799	2,65030884	2,62449406	2,60248029	2,58348718	2,56693397	2,55237962	2,53948319	2,527977
99,5%	3,10580651	3,05453959	3,01227583	2,97684273	2,94671288	2,92078162	2,89823052	2,87844047	2,8609346	2,84533971
99,9%	4,02470104	3,92963326	3,85198239	3,78739024	3,73283442	3,68615479	3,64576738	3,61048488	3,57940015	3,55180834

p	21	22	23	24	25	26	27	28	29	30
60,0%	0,25657995	0,25643203	0,25629706	0,2561734	0,25605968	0,25595477	0,25585766	0,25576752	0,25568363	0,25560536
70,0%	0,53245515	0,53208496	0,5317473	0,53143806	0,53115379	0,53089159	0,53064899	0,53042386	0,5302144	0,530019
75,0%	0,68635199	0,68580503	0,68530628	0,68484963	0,68442996	0,68404297	0,68368584	0,68335284	0,68304386	0,68275569
80,0%	0,85907404	0,85826605	0,85752955	0,85685546	0,85623616	0,85566523	0,85513723	0,85464749	0,85419199	0,85376726
90,0%	1,32318787	1,32123674	1,31946024	1,31783593	1,31634507	1,31497186	1,31370291	1,31252678	1,31143365	1,31041503
95,0%	1,72074287	1,71714434	1,71387152	1,71088207	1,70814075	1,7056179	1,70328842	1,70113091	1,699127	1,69726085
97,5%	2,07961384	2,07387306	2,0686576	2,06389855	2,05953854	2,05552942	2,05183049	2,04840711	2,04522961	2,04227245
99,0%	2,51764801	2,50832455	2,49986674	2,49215947	2,48510717	2,47862982	2,4726599	2,46714009	2,46202135	2,45726153
99,5%	2,83135955	2,81875606	2,80733568	2,7969395	2,78743581	2,77871452	2,77068295	2,76326244	2,7563859	2,74999565
99,9%	3,52715367	3,50499203	3,48496437	3,46677729	3,45018872	3,43499718	3,42103362	3,40815518	3,39624029	3,38518487

p	31	32	33	34	35	36	37	38	39	40
60,0%	0,25553217	0,25546357	0,25539914	0,25533852	0,25528138	0,25522743	0,2551764	0,25512807	0,25508223	0,25503869
70,0%	0,52983632	0,52966513	0,5295044	0,52935319	0,52921069	0,52907615	0,52894893	0,52882845	0,52871419	0,52860568
75,0%	0,68248631	0,68223392	0,68199698	0,6817741	0,68156408	0,68136582	0,68117838	0,68100088	0,68083256	0,68067272
80,0%	0,8533703	0,85299845	0,85264942	0,85232117	0,85201189	0,85171998	0,85144403	0,85118276	0,85093502	0,8506998
90,0%	1,30946355	1,30857279	1,30773712	1,30695159	1,3062118	1,30551389	1,30485438	1,30423057	1,30363859	1,30307705
95,0%	1,69551874	1,6938887	1,69236026	1,6909242	1,68957244	1,68829769	1,6870936	1,68595446	1,68487512	1,68385101
97,5%	2,03951344	2,03693333	2,03451529	2,0322445	2,03010792	2,02809399	2,02619245	2,02439415	2,0226909	2,02107537
99,0%	2,45282418	2,44867762	2,44479418	2,44114961	2,43772253	2,43449404	2,4314474	2,42856763	2,42584141	2,42325677
99,5%	2,74404192	2,73848148	2,73327664	2,72839436	2,72380559	2,71948463	2,71540872	2,7115576	2,70791318	2,70445926
99,9%	3,37489928	3,36530593	3,35633728	3,34793431	3,3400452	3,33262426	3,32563104	3,31902965	3,31278808	3,30687771

p	41	42	43	44	45	46	47	48	49	50
60,0%	0,25499728	0,25495784	0,25492025	0,25488438	0,2548501	0,25481732	0,25478594	0,25475587	0,25472703	0,25469934
70,0%	0,52850249	0,52840425	0,5283106	0,52822123	0,52813585	0,52805421	0,52797606	0,52790118	0,52782937	0,52776045
75,0%	0,68052074	0,68037604	0,68023813	0,68010654	0,67998083	0,67986063	0,67974557	0,67963535	0,67952965	0,6794282
80,0%	0,85047616	0,85026328	0,85006039	0,84986681	0,8496819	0,84950511	0,84933591	0,84917382	0,8490184	0,84886924
90,0%	1,30254336	1,30203549	1,30155161	1,30109006	1,30064933	1,30022805	1,29982495	1,29943888	1,29906878	1,29871369
95,0%	1,682878	1,68195236	1,6810707	1,68022998	1,67942739	1,67866041	1,67792672	1,6772242	1,67655089	1,67590503
97,5%	2,01954095	2,01808168	2,01669217	2,01536755	2,01410336	2,01289557	2,01174048	2,01063417	2,0095752	2,00855907
99,0%	2,42080299	2,41847035	2,41625052	2,41413436	2,41211587	2,41018966	2,40834504	2,40658126	2,40489173	2,40327191
99,5%	2,7011813	2,69806618	2,69510207	2,69227826	2,68958501	2,68701348	2,68455561	2,68220402	2,67995196	2,67779326
99,9%	3,30127289	3,29595053	3,29088982	3,28607194	3,28147985	3,27709803	3,27291238	3,26891001	3,26507917	3,26140905

Abbildung 7.13 χ^2-Verteilung

χ^2-Verteilung $\chi^2_f(p)$

p \ f	1	2	3	4	5	6	7	8	9	10
0,5%	3,927E-05	0,01002508	0,07172177	0,20698909	0,4117419	0,67572678	0,98925569	1,34441309	1,73493291	2,15585648
1,0%	0,00015709	0,02010067	0,1148318	0,29710948	0,55429808	0,87209033	1,23904231	1,64649738	2,08790074	2,55821217
2,5%	0,00098207	0,05063562	0,21579528	0,48441856	0,83121162	1,23734425	1,68986919	2,17973075	2,70038952	3,24697279
5,0%	0,00393214	0,10258659	0,35184632	0,71072302	1,14547623	1,6353829	2,16734992	2,7326368	3,32511286	3,94029914
10,0%	0,01579077	0,21072103	0,58437437	1,06362322	1,61030799	2,20413068	2,83310693	3,48953913	4,16815904	4,86518207
20,0%	0,06418475	0,4462871	1,00517402	1,64877663	2,34253432	3,07008841	3,82232196	4,59357364	5,38005334	6,17907932
25,0%	0,10153104	0,57536415	1,21253292	1,92255756	2,67460285	3,45459887	4,25485221	5,07064054	5,89882595	6,73720081
40,0%	0,2749959	1,02165126	1,86916841	2,7528427	3,65549965	4,57015383	5,49323499	6,42264565	7,35703456	8,29547195
50,0%	0,45439643	1,38629438	2,36597389	3,356694	4,35146022	5,34812084	6,34581137	7,34412163	8,34283278	9,34181805
60,0%	0,7083263	1,83258148	2,94616619	4,04462649	5,13186737	6,21075719	7,28320751	8,35052547	9,41364013	10,4732362
75,0%	1,32330472	2,77258872	4,1083445	5,38526906	6,62567989	7,84080412	9,03714745	10,218855	11,3887515	12,5488614
80,0%	1,64237506	3,21887582	4,6416275	5,98861669	7,28927618	8,55805972	9,80324985	11,0300914	12,2421455	13,4419576
90,0%	2,70554397	4,60517019	6,25138846	7,77944034	9,23635694	10,6446407	12,0170366	13,3615661	14,6836566	15,9871792
95,0%	3,84145915	5,99146455	7,81472776	9,48772904	11,0704978	12,5915872	14,0671404	15,5073131	16,9189776	18,3070381
97,5%	5,02388847	7,37775891	9,34840357	11,1432868	12,832502	14,4493753	16,0127643	17,5345461	19,0227678	20,4831774
99,0%	6,63489671	9,21034037	11,3448667	13,2767041	15,0862725	16,8118938	18,4753069	20,090235	21,6659943	23,2092512
99,5%	7,87943869	10,5966347	12,8381564	14,860259	16,7496024	18,5475842	20,2777399	21,954955	23,5893508	25,1881796
99,9%	10,8275662	13,8155106	16,2662362	18,466827	20,5150057	22,4577445	24,3218863	26,1244816	27,8771649	29,5882984

p \ f	11	12	13	14	15	16	17	18	19	20
0,5%	2,6032219	3,07382365	3,56503458	4,07467497	4,6009156	5,14220545	5,69721712	6,26480472	6,84397146	7,43384428
1,0%	3,05348413	3,57056898	4,10691549	4,66042507	5,2293489	5,81221251	6,40775979	7,01491092	7,63272969	8,26039841
2,5%	3,81574828	4,40378852	5,00875054	5,62872617	6,26213782	6,9076644	7,56418647	8,23074623	8,90651655	9,59077751
5,0%	4,57481311	5,2260295	5,89186437	6,57063146	7,26094396	7,96164563	8,67176033	9,39045513	10,1170131	10,8508115
10,0%	5,57778484	6,30379608	7,04150464	7,78953374	8,5467563	9,31223647	10,0851864	10,8649362	11,6509102	12,4426093
20,0%	6,98867354	7,80732777	8,63386088	9,46732809	10,3089592	11,1521166	12,002265	12,8569532	13,7153899	14,5784172
25,0%	7,5841429	8,43841882	9,29906567	10,1653139	11,1365378	11,91222	12,7919266	13,6752906	14,5619969	15,4517738
40,0%	9,23728553	10,1819717	11,1291401	12,0784828	13,0297498	13,9827367	14,937272	15,8932121	16,8504336	17,8088298
50,0%	10,3409982	11,3403228	12,3397561	13,3392747	14,3388598	15,3384995	16,3381827	17,337903	18,3376532	19,3374298
60,0%	11,5298338	12,583838	13,635571	14,6852943	15,733223	16,7795367	17,8243873	18,8679041	19,9101989	20,9513684
75,0%	13,7006927	14,8454037	15,9839062	17,1169336	18,2450856	19,3688602	20,4886762	21,6048898	22,7178067	23,827692
80,0%	14,6314205	15,8119862	16,984797	18,1510767	19,3106571	20,4650793	21,6145605	22,7595458	23,9004172	25,0375056
90,0%	17,2750085	18,5493478	19,8119293	21,0641442	22,3071296	23,5418289	24,7690353	25,9894231	27,2035711	28,4119806
95,0%	19,6751376	21,0260698	22,3620325	23,6847913	24,9957901	26,2962276	27,5871116	28,8692994	30,1435272	31,4104329
97,5%	21,9200493	23,3366642	24,7356049	26,118948	27,4883929	28,8453507	30,1910091	31,5263784	32,8523269	34,1696069
99,0%	24,7249703	26,2169673	27,6882496	29,1412377	30,5779142	31,9999269	33,4086636	34,8053057	36,1908691	37,5662348
99,5%	26,7568489	28,2995188	29,8194712	31,3193496	32,8013206	34,2671865	35,7184657	37,1564515	38,5822565	39,9968463
99,9%	31,2641336	32,9094904	34,528179	36,1232737	37,6972982	39,2523548	40,7902167	42,3123963	43,820196	45,3147466

p \ f	21	22	23	24	25	26	27	28	29	30
0,5%	8,03365346	8,64271646	9,2604248	9,88623353	10,5196522	11,1602375	11,8075874	12,461336	13,121149	13,78672
1,0%	8,89719797	9,54249238	10,1957156	10,8563615	11,5239754	12,198147	12,8785045	13,5647099	14,2564546	14,9534566
2,5%	10,2828978	10,9823208	11,688552	12,4011503	13,1197201	13,8439051	14,5733829	15,3078606	16,0470718	16,7907724
5,0%	11,5913053	12,3380147	13,0905144	13,8484251	14,6114077	15,3791567	16,1513961	16,9278751	17,7083663	18,4926648
10,0%	13,2395981	14,0414934	14,8479559	15,6586842	16,4734082	17,2918854	18,1138961	18,9392426	19,7677439	20,5992348
20,0%	15,4446085	16,31404	17,1865062	18,0618045	18,9397547	19,8201944	20,7029766	21,5879696	22,4750524	23,3641152
25,0%	16,3443842	17,2396196	18,1372971	19,037253	19,9393412	20,8434315	21,7494055	22,6571559	23,5665865	24,4776231
40,0%	18,7683096	19,7287913	20,6902047	21,6524864	22,6155793	23,5794343	24,5440056	25,5092511	26,4751351	27,4416231
50,0%	20,3372286	21,3370453	22,3368793	23,3367268	24,3365874	25,3364593	26,3363399	27,3362301	28,3361282	29,3360322
60,0%	21,9914975	23,0306609	24,0689248	25,1063482	26,142984	27,1788796	28,214078	29,2486182	30,282536	31,3158633
75,0%	24,934777	26,039265	27,141336	28,24115	29,3388503	30,4345874	31,5284116	32,6204941	33,7109086	34,7997389
80,0%	26,1710999	27,301454	28,4287925	29,5533152	30,6752009	31,7946101	32,9116877	34,0265652	35,1393618	36,2501868
90,0%	29,6150894	30,8132823	32,0068997	33,1962443	34,381587	35,5631712	36,7412168	37,9159226	39,0874968	40,2560248
95,0%	32,6705734	33,9244385	35,1724616	36,4150285	37,6524841	38,8851386	40,1132721	41,3371381	42,5569678	43,7729718
97,5%	35,4788756	36,7807121	38,0756273	39,3640771	40,6464692	41,9231702	43,194511	44,4607918	45,7222288	46,9792422
99,0%	38,9321727	40,2893604	41,6383981	42,9798201	44,3141049	45,6416827	46,9629421	48,2782358	49,5878845	50,8921814
99,5%	41,4010648	42,795655	44,1812752	45,5585119	46,9278902	48,2898823	49,6449153	50,9933763	52,3356178	53,6719619
99,9%	46,797038	48,2679423	49,7282325	51,1785978	52,6196558	54,0519624	55,4760202	56,8922854	58,3011735	59,7030643

p \ f	31	32	33	34	35	36	37	38	39	40
0,5%	14,4577675	15,1340322	15,8152745	16,5012726	17,1918205	17,8867267	18,5858125	19,2889116	19,995868	20,7065355
1,0%	15,6554565	16,3622157	17,0735137	17,789147	18,5089264	19,232676	19,9602323	20,6914421	21,4261632	22,1642614
2,5%	17,5387388	18,290765	19,0466616	19,8062531	20,5693769	21,3358819	22,1056273	22,8784625	23,6543248	24,4330395
5,0%	19,2805689	20,0719136	20,8665342	21,664281	22,4650156	23,2686092	24,0749428	24,8839047	25,6953908	26,5093037
10,0%	21,4335647	22,2705948	23,1101972	23,9522535	24,7966551	25,6433003	26,4920908	27,3429503	28,1957855	29,0505233
20,0%	24,2550567	25,1477856	26,0422162	26,9382696	27,8358741	28,7349618	29,6354702	30,5373401	31,4405183	32,3449533
25,0%	25,3901402	26,304107	27,2194417	28,1360805	29,0539641	29,9730396	30,8932559	31,8145663	32,736926	33,6602956
40,0%	28,4086831	29,3762881	30,3444113	31,3130287	32,2821167	33,2516567	34,2216286	35,1920133	36,1627962	37,1339608
50,0%	30,3359435	31,3358605	32,3357816	33,3357084	34,3356396	35,3355749	36,3355122	37,3354542	38,3353994	39,3353459
60,0%	32,34863	33,3808634	34,4125886	35,443829	36,4746058	37,5049393	38,534863	39,5643492	40,593459	41,6221928
75,0%	35,8870758	36,9729821	38,0575289	39,1407788	40,2227899	41,3036156	42,3833057	43,461907	44,5394628	45,6160137
80,0%	37,3591399	38,4663128	39,57179	40,6756494	41,7779632	42,8787985	43,9782174	45,076278	46,1730347	47,2685377
90,0%	41,4217359	42,5847451	43,7451796	44,9031576	46,0587885	47,212174	48,3634085	49,5125798	50,6597705	51,8050572
95,0%	44,9853432	46,1942594	47,3998838	48,6023674	49,8018496	50,9984602	52,1923198	53,3835407	54,5722278	55,7584593
97,5%	48,2318896	49,4804377	50,72508	51,9659952	53,2033485	54,4372936	55,6679732	56,8955205	58,1200596	59,341707
99,0%	52,1913949	53,4857719	54,7755398	56,0609088	57,3420734	58,6192145	59,8925	61,1620868	62,428121	63,6907397
99,5%	55,0027039	56,328115	57,6484453	58,9639259	60,2747709	61,5811792	62,8833355	64,1814124	65,475571	66,7659619
99,9%	61,098306	62,487219	63,8700985	65,2472175	66,6188289	67,9851676	69,3464525	70,7028874	72,054663	73,4019575

Abbildung 7.14 F-Verteilung

F-Verteilung $F_{mn}(p)$

p = 95%

m \ n	1	2	3	4	5	6	7	8	9	10	15	20	30	40	50	100
1	161,447639	18,5128205	10,1279645	7,70864742	6,60789097	5,98737758	5,59144785	5,31765506	5,11735501	4,9646027	4,54307712	4,35124348	4,17087676	4,08474565	4,03430955	3,93614278
2	199,5	19	9,5520945	6,94427191	5,78613504	5,14325285	4,73741413	4,45897011	4,2564973	4,10282102	3,68232034	3,49282848	3,3158295	3,23172699	3,18260985	3,08729589
3	215,707345	19,1642921	9,27662815	6,59138212	5,40945132	4,75706266	4,3468314	4,06618056	3,86254836	3,70826482	3,28738211	3,09839122	2,92227719	2,83874541	2,79000842	2,69554426
4	224,583241	19,2467943	9,11718225	6,38823291	5,19216777	4,53367695	4,12031173	3,83785335	3,63308851	3,47804969	3,05556828	2,8660814	2,68962757	2,60597495	2,55717915	2,46261493
5	230,161878	19,2964097	9,01345517	6,2560565	5,05032906	4,38737419	3,97153015	3,68749867	3,48165865	3,3258453	2,90129454	2,71086984	2,53354555	2,44946642	2,40040912	2,30531824
6	233,986	19,329534	8,94064512	6,16313228	4,95028807	4,28386571	3,86594685	3,58058032	3,37375365	3,21717455	2,790465	2,5989771	2,4205319	2,3358524	2,2864359	2,19060094
7	236,7684	19,3532175	8,88674296	6,09421093	4,8758717	4,20665849	3,7870354	3,50046386	3,29274584	3,13546481	2,70662678	2,51401106	2,33434397	2,24902433	2,19920209	2,10251329
8	238,882695	19,3709929	8,84523846	6,0410448	4,81831954	4,1468416	3,72572632	3,4381012	3,22958261	3,07165839	2,64079688	2,44706375	2,26616327	2,18017045	2,12992276	2,03232759
9	240,543255	19,3848257	8,81229956	5,9987903	4,77246561	4,09901554	3,6766747	3,3881023	3,1788931	3,02038295	2,58762644	2,39281411	2,21069698	2,12402926	2,0735116	1,9748292
10	241,881747	19,3959967	8,78552471	5,96437055	4,73506307	4,06096279	3,63652312	3,34716312	3,13728011	2,97823702	2,54371855	2,34787757	2,16457992	2,07724805	2,02614296	1,92669249
15	245,949926	19,4291351	8,70287014	5,85780536	4,61875912	3,93805799	3,51074018	3,2184 0551	3,00610197	2,84501653	2,40347707	2,20327429	2,01486309	1,92446282	1,87138398	1,76753006
20	248,013082	19,4457685	8,66011898	5,80254189	4,5581315	3,87418858	3,44452483	3,15032377	2,93645539	2,7740164	2,32753501	2,12415521	1,93165347	1,83885935	1,7842482	1,67643425
30	250,095148	19,4624114	8,61667587	5,74587698	4,49571226	3,80816427	3,3758075	3,07940647	2,86365234	2,69955123	2,24678916	2,0390859	1,84087169	1,74443196	1,68715693	1,57330235
40	251,143153	19,4707364	8,59441125	5,71699841	4,46379332	3,77428628	3,34042965	3,04277782	2,82593265	2,66085521	2,20427568	1,9938191	1,79179012	1,69279721	1,63368179	1,51512527
50	251,774158	19,4757326	8,58009627	5,69940915	4,44440562	3,75366766	3,31885564	3,0203978	2,80284252	2,637124	2,17798544	1,96562794	1,76087918	1,66000315	1,59949547	1,47723131
100	253,041071	19,4857275	8,55390171	5,66406407	4,40508082	3,71174536	3,27484466	2,97467449	2,75555668	2,58841218	2,12342645	1,9065442	1,69503716	1,5892242	1,52491119	1,3917195 5

p = 99%

m \ n	1	2	3	4	5	6	7	8	9	10	15	20	30	40	50	100
1	4052,18069	98,5025126	34,1162216	21,1976896	16,258177	13,7450225	12,2463833	11,2586241	10,561431	10,0442893	8,68311681	8,09595805	7,56247608	7,3140999	7,17057675	6,89530099
2	4999,5	99	30,8165204	18	13,2739336	10,9247665	9,54657802	8,64911064	8,02151731	7,55943216	6,35887348	5,84893192	5,39034596	5,17850824	5,06061087	4,82390981
3	5403,35201	99,1662014	29,4566951	16,6943692	12,0599537	9,77953824	8,45128505	7,59099195	6,99191722	6,55231256	5,41696486	4,93819338	4,50973956	4,31256922	4,19934345	3,98369532
4	5624,58333	99,2493719	28,7098984	15,9770249	11,3919281	9,14830103	7,84664506	7,00607662	6,42200546	5,99433866	4,89320969	4,43069016	4,01787684	3,82829355	3,71994519	3,51268406
5	5763,64955	99,2992965	28,2370808	15,5218575	10,9670207	8,74589526	7,46043549	6,63182516	6,05694071	5,63632619	4,55661398	4,10268463	3,69901881	3,51383983	3,4076795	3,20587177
6	5858,98611	99,3325889	27,9106574	15,2068649	10,6722548	8,46612534	7,19140479	6,37068073	5,80177031	5,38581104	4,31827305	3,87142682	3,47347661	3,29101239	3,18643421	2,9876845
7	5928,35573	99,3563737	27,6716961	14,9757577	10,4555109	8,25995527	6,99283278	6,17762426	5,61286548	5,20012125	4,14154631	3,69874015	3,30449869	3,12375706	3,02016829	2,82329532
8	5981,07033	99,3742148	27,489177	14,7988888	10,289311	8,10166137	6,84007011	6,02887011	5,46712252	5,05669313	4,00445319	3,56441205	3,17262396	2,99298067	2,89000772	2,69426273
9	6022,47324	99,3880927	27,3452063	14,6591336	10,1577615	7,97612137	6,71875248	5,91061885	5,35112886	4,94242065	3,89478811	3,45667563	3,06651591	2,88756044	2,78495568	2,5899406
10	6055,84671	99,399196	27,2287341	14,5459008	10,0510172	7,87411853	6,62006267	5,81429396	5,2656419 9	4,8491468	3,80493975	3,36818639	2,97909356	2,80054511	2,69813941	2,50331113
15	6157,28461	99,4325107	26,872195	14,1982019	9,72221948	7,56899442	6,31433088	5,51512484	4,96207836	4,5581396	3,52219368	3,08804071	2,70018034	2,52161569	2,41896141	2,22301469
20	6208,73022	99,4491709	26,6897905	14,0196087	9,55264616	7,39563189	6,15433839	5,35909494	4,80799623	4,40539477	3,37189158	2,93773528	2,54865918	2,36887612	2,2652428	2,0666461
30	6260,64858	99,4658329	26,5045337	13,8376603	9,37932921	7,22853306	5,99201017	5,19812955	4,64858167	4,2469 3282	3,21411018	2,7784849	2,38596735	2,20338205	2,09759344	1,89325403
40	6286,78205	99,4741646	26,4108127	13,7453789	9,29118878	7,1432219	5,90844856	5,1156104	4,56664872	4,1652869	3,13190557	2,69474863	2,29921107	2,11423245	2,00659151	1,79718143
50	6302,51719	99,4791638	26,3542251	13,6895798	9,23781079	7,09147513	5,85768204	5,06539774	4,51671488	4,11545174	3,08137147	2,64295447	2,24501192	2,05811339	1,94896422	1,73529179
100	6334,11004	99,4891628	26,2402417	13,5769915	9,12990713	6,98666691	5,7546573	4,96329583	4,41497995	4,01371942	2,97724156	2,53531261	2,13070988	1,93834073	1,82475324	1,59766913

$F_{mn}(p) = 1/F_{n,m}(1-p)$